하나님이 주신 구원

(구원론-개정판)

황삼석 지음

엘맨
하나님의 사랑을 만들어 가는 ELMAN

하나님이 주신 구원

초판1쇄 2020년 9월 24일

지은이 : 황삼석
펴낸이 : 이규종
펴낸곳 : 엘맨출판사
등록번호 : 제13-1562호(1985.10.29.)
등록된곳 : 서울시 마포구 토정로222
          한국출판콘텐츠센터 422-3
전화 : (02) 323-4060,6401-7004
팩스 : (02) 323-6416
이메일 : elman1985@hanmail.net

www.elman.kr

ISBN : 978-89-5515-691-1 03230

값 14,000 원

하나님이 주신 구원

(구원론-개정판)

황삼석 지음

엘맨
하나님의 사람을 만들어 가는 ELMAN

머리말

하나님 아버지께서 저를 구원해주시고 목회자가 되게 하셔서 하나님의 진리의 말씀 곧 구원의 복음을 전하며 가르치게 하심을 하나님 아버지께 감사드립니다. 저는 하나님의 말씀을 성도들이 잘 깨닫도록 전하며 가르치고 싶어서 소책자를 만들었습니다. 그리고 2004년도에 어느 목사님의 권유로 인해 그리스도론과 구원론의 말씀을 묶어 "예수 믿음을 지키라"는 제목의 책을 출판하였습니다.

그런데 이번에 구원의 복음의 중요성을 다시 한 번 깨닫고 "예수 믿음을 지키라"의 구원론의 말씀을 다시 정리하고 보충하여 개정판으로 "하나님이 주신 구원" 이란 제목의 본서를 출판하게 되었습니다. 본서는 하나님의 말씀인 성경의 말씀을 주제에 따라 모아놓은 책입니다. 저는 성령님이 역사하셔서 본서를 통하여 한 사람이라도 더 하나님이 주신 구원을 알고 받아서 누리며, 구원을 전하고 알게 하는 자가 되기를 간절히 기도합니다.

그 동안 저의 목회에 힘이 되어주신 많은 분들에게 감사드립니다. 그리고 부족한 종을 주의 사랑으로 사랑하며 목회에 협력자가 되고 20년 동안 해외 선교집회를 하며, 8번째 책을 출판할 수 있도록 협력해주신 우리 동천교회 제직들과 모든 성도님들에게 감사드립니다. 또한 목회의 동역자가 되어 준 사랑하는 아내와 두 딸과 아들에게도 감사합니다. 그리고 8번째 책까지 출판을 맡아 주신 엘맨출판사에도 감사드립니다. 하나님 아버지께 영광을 돌려드리며 ·····.

2020년 8월

빛고을 광주 두암골에서 황삼석

차례

1장
하나님의 구원 사역

모든 사람에게 가장 필요하고 중요하며 큰일은 무엇일까요? 모든 사람에게 가장 필요하고 중요하며 큰일은 하나님이 주신 구원을 받는 것입니다. 왜냐하면 모든 사람이 죄를 범하였으므로 하나님의 영광에 이르지 못하고(롬3:23), 모든 사람에게 사망이 이르렀기 때문입니다(롬5:12). 모든 사람이 죄를 범하였으므로 의인은 하나도 없으며, 깨닫는 자도 없고, 하나님을 찾는 자도 없고, 다 무익하게 되고, 선을 행하는 자는 하나도 없습니다(롬3:10-12). 그리고 죄를 범한 모든 사람은 그들의 목구멍은 열린 무덤이요, 그 혀로는 속임을 일삼으며, 그 입술에는 독사의 독이 있고, 그 입에는 저주와 악독이 가득하고, 그 발은 피 흘리는 데 빠릅니다. 그래서 그들은 파멸과 고생이 그 길에 있어 평강의 길을 알지 못하였고, 그들의 눈앞에 하나님을 두려워함이 없습니다(롬3:13-18). 곧 죄를 범한 모든 사람은 죄 때문에 하나님으로부터 분리되어(하나님을 떠나) 소망이 없는 사망의 상태에 있게 되었으며, 결국에는 영원한 불 못(둘째 사망=지옥)에 던져지게 되었습니다(계20:14-15).

롬3:23　　　"모든 사람이 죄를 범하였으매 하나님의 영광에 이르지 못하더니"

롬5:12　　　"그러므로 한 사람으로 말미암아 죄가 세상에 들어오고 죄로 말미암아 사망이 들어왔나니 이와 같이 모든 사람이 죄를 지었으므로 사망이 모든 사람에게 이르렀느니라"

롬3:10-12 "기록된 바 의인은 없나니 하나도 없으며 깨닫는 자도 없고 하
          나님을 찾는 자도 없고 다 치우쳐 함께 무익하게 되고 선을 행
          하는 자는 없나니 하나도 없도다"

롬3:13-18 "그들의 목구멍은 열린 무덤이요 그 혀로는 속임을 일삼으며 그
          입술에는 독사의 독이 있고 그 입에는 저주와 악독이 가득하고
          그 발은 피 흘리는 데 빠른지라 파멸과 고생이 그 길에 있어 평
          강의 길을 알지 못하였고 그들의 눈 앞에 하나님을 두려워함이
          없느니라 함과 같으니라"

계20:14-15 "사망과 음부도 불못에 던져지니 이것은 둘째 사망 곧 불못이라
          누구든지 생명책에 기록되지 못한 자는 불못에 던져지더라"

모든 인류는 그들의 타락으로 말미암아 하나님과의 교제를 잃었으
며, 그의 진노와 저주 아래 있으며, 따라서 이생을 온갖 비참 속에서
지내며, 죽게 되며, 그리고 지옥의 영원한 고통을 당해야만 하는 것입
니다(요리문답 19문). 그런데도 모든 사람은 사망의 상태에서 벗어나
기 위해 아무 일도 할 수 없습니다. 그 뿐만 아니라 모든 사람은 그러
한 현실을 볼 수 없으므로 하나님께로 돌아갈 마음도 가지고 있지 못
합니다. 곧 범죄 한 모든 사람은 전적 무능력과 보지 못함과 버려짐의
상태에 있으며(롬1:28), 범죄 한 모든 사람은 듣기는 들어도 깨닫지
못하고 보기는 보아도 알지 못합니다(마13:14-15). 그래서 범죄 한
모든 사람은 스스로는 구원을 받을 수 없습니다.

오직 범죄 한 모든 사람이 구원을 받기 위해서는 하나님이 구원하

셔야 합니다. 오직 하나님만이 범죄 한 모든 사람을 구원하시며, 범죄 한 모든 사람은 하나님의 구원사역으로 구원을 받을 수 있습니다. 그래서 범죄 한 모든 사람에게 가장 필요하고 중요하며 큰일은 하나님이 주신 구원을 받는 것입니다.

롬1:28 "또한 그들이 마음에 하나님 두기를 싫어하매 하나님께서 그들을 그 상실한 마음대로 내버려두사 합당하지 못한 일을 하게 하셨으니"

마13:14-15 "이사야의 예언이 그들에게 이루어졌으니 일렀으되 너희가 듣기는 들어도 깨닫지 못할 것이요 보기는 보아도 알지 못하리라 이 백성들의 마음이 완악하여져서 그 귀는 듣기에 둔하고 눈은 감았으니 이는 눈으로 보고 귀로 듣고 마음으로 깨달아 돌이켜 내게 고침을 받을까 두려워함이라 하였느니라"

1. 모든 사람이 죄를 범함

하나님이 아담을 지으시고 또 동방의 에덴에 동산을 창설하시고 아담을 거기 두셨으며, 하나님이 그 땅(동산)에서 보기에 아름답고 먹기에 좋은 나무가 나게 하셨으며, 동산 가운데에는 생명나무와 선악을 알게 하는 나무도 있었습니다(창2:8-9). 그리고 하나님이 아담에게 명하여 이르시되 "동산 각종 나무의 열매는 네가 임의로 먹되 선악을 알게 하는 나무의 열매는 먹지 말라 네가 먹는 날에는 반드시 죽으리라" 하셨으며(창2:16-17), 하나님은 아담을 위하여 돕는 배필로 하와를 지으시고 그를 아담에게 이끌어 오셨습니다.

그런데 뱀(사탄=마귀)이 하와를 거짓말로 속여 하나님이 금지하신 선악을 알게 하는 나무의 열매를 따먹게 하였습니다. 뱀은 하와에게 거짓말로 "너희가 결코 죽지 아니하리라 너희가 그것을 먹는 날에는 눈이 밝아져 하나님과 같이 되어 선악을 알 줄 하나님이 아심이니라"(창3:4-5)고 하였고, 뱀에게 속은 하와가 선악을 알게 하는 나무를 본즉 먹음직도 하고 보암직도 하고 지혜롭게 할 만큼 탐스럽기도 한 나무인지라 그 열매를 따먹고 자기와 함께 있는 남편(아담)에게도 주매 그도 먹었습니다(창3:6). 아담이 속은 것이 아니요 여자(하와)가 속아 죄에 빠졌으나(딤전2:14), 아담은 하나님의 언약을 어겼습니다(호6:7). 이렇게 아담이 죄를 범한 것은 하나님의 언약(명령)을 어긴 것입니다. 아담은 "네가 먹는 날에는 반드시 죽으리라"는 하나님의 말씀을 믿지 아니하고 "너희가 결코 죽지 아니하리라"는 마귀의 거짓말에 속아 "선악을 알게 하는 나무의 열매를 먹지 말라"는 하나님의 명령을 어긴 것입니다.

딤전2:14 "아담이 속은 것이 아니고 여자가 속아 죄에 빠졌음이라"
호6:7 "그들은 아담처럼 언약을 어기고 거기에서 반역하였느니라"

1) 모든 사람이 죄를 범함으로 죽었습니다(사망이 이르렀습니다).

아담이 죄를 범하였습니다. 그리고 아담의 범죄 곧 아담이 순종하지 아니하므로 많은 사람이 죄인이 되었습니다(롬5:19). 이를 원죄라고 합니다. 그리고 죄인이 된 모든 사람이 죄를 지었습니다. 이를 자

범죄라고 합니다. 곧 아담으로 말미암아 죄가 세상에 들어오고 죄로 말미암아 사망이 들어왔으며, 이와 같이 모든 사람이 죄를 지었으므로 사망이 모든 사람에게 이르렀습니다(롬5:12). 아담이 순종하지 아니함으로 모든 사람이 죄인이 되었으며(롬5:19), 아담 안에서 모든 사람이 죽었습니다(고전15:22). 곧 사망이 아담으로 말미암았고(고전15:21), 모든 사람이 허물과 죄로 죽었습니다. 그래서 모든 사람이 죄 아래 있으며(롬3:9), 모든 사람이 죄를 범하였으므로 하나님의 영광에 이르지 못합니다(롬3:23).

롬5:19	"한 사람이 순종하지 아니함으로 많은 사람이 죄인 된 것 같이 한 사람이 순종하심으로 많은 사람이 의인이 되리라"
롬5:12	"그러므로 한 사람으로 말미암아 죄가 세상에 들어오고 죄로 말미암아 사망이 들어왔나니 이와 같이 모든 사람이 죄를 지었으므로 사망이 모든 사람에게 이르렀느니라"
고전15:22	"아담 안에서 모든 사람이 죽은 것 같이 그리스도 안에서 모든 사람이 삶을 얻으리라"
고전15:2	"사망이 한 사람으로 말미암았으니 죽은 자의 부활도 한 사람으로 말미암는도다"
롬3:9	"그러면 어떠하냐 우리는 나으냐 아니라 유대인이나 헬라인이나 다 죄 아래 있다고 우리가 이미 선언하였느니라"
롬3:23	"모든 사람이 죄를 범하였으매 하나님의 영광에 이르지 못하더니"

　① 죄를 범함으로 죽은 것은 하나님의 생명이 없는 것입니다.

사망 곧 허물과 죄로 죽은 것은 하나님의 생명이 없는 것입니다. 불신자들은 하나님의 생명에서 떠나 있습니다(엡4:18). 그리고 그들은 마음에 하나님 두기를 싫어합니다(롬1:28). 그래서 그들은 하나님에 대하여 죽어 있고 죄에 대하여 살아 있습니다. 생명이 없는 자는 하나님과 예수님을 알지 못하며 예수님이 없습니다. 영생은 하나님과 예수님을 아는 것이며(요17:3), 아들(예수님)이 있는 자에게는 생명이 있고 하나님의 아들이 없는 자에게는 생명이 없습니다(요일5:12).

엡4:18   "그들의 총명이 어두워지고 그들 가운데 있는 무지함과 그들의 마음이 굳어짐으로 말미암아 하나님의 생명에서 떠나 있도다"

롬1:28   "또한 그들이 마음에 하나님 두기를 싫어하매 하나님께서 그들을 그 상실한 마음대로 내버려 두사 합당하지 못한 일을 하게 하셨으니"

요17:3   "영생은 곧 유일하신 참 하나님과 그가 보내신 자 예수 그리스도를 아는 것이니이다"

요일5:12   "아들이 있는 자에게는 생명이 있고 하나님의 아들이 없는 자에게는 생명이 없느니라"

② 구원은 하나님이 허물과 죄로 죽었던 우리를 살리신 것입니다.
구원은 하나님이 우리를 사랑하신 큰 사랑을 인하여 허물과 죄로 죽었던 우리를 살리신 것입니다(엡2:1, 4-5). 곧 구원은 하나님이 우리를 사망에서 생명으로 옮기신 것입니다(요5:24). 아담 안에서 죽은 자들이 예수님 안에서 삶을 얻습니다(고전15:22). 곧 예수님의 한 의

로운 행위(십자가의 죽으심)로 말미암아 죄인이 의롭다 하심을 받아 생명에 이르렀습니다(롬5:18). 그러므로 구원 받은 우리는 죄에 대하여는 죽은 자요 하나님께 대하여는 살아 있는 자입니다(롬6:11). 또 하나님이 살리신 우리는 영은 살아 있는 것이나 몸은 죽은 것이며(롬8:10), 우리의 몸은 예수님이 재림하실 때에 하나님이 우리 안에 거하시는 성령으로 말미암아 살리실 것입니다(롬8:11).

엡2:1　　　　"그는 허물과 죄로 죽었던 너희를 살리셨도다"

엡2:4-5　　　"긍휼이 풍성하신 하나님이 우리를 사랑하신 그 큰 사랑을 인
　　　　　　　하여 허물로 죽은 우리를 그리스도와 함께 살리셨고(너희는 은
　　　　　　　혜로 구원을 받은 것이라)"

요5:24　　　　"내가 진실로 진실로 너희에게 이르노니 내 말을 듣고 또 나 보
　　　　　　　내신 이를 믿는 자는 영생을 얻었고 심판에 이르지 아니하나니
　　　　　　　사망에서 생명으로 옮겼느니라"

고전15:22　　"아담 안에서 모든 사람이 죽은 것 같이 그리스도 안에서 모든
　　　　　　　사람이 삶을 얻으리라"

롬5:18　　　　"그런즉 한 범죄로 많은 사람이 정죄에 이른 것 같이 한 의로운
　　　　　　　행위로 말미암아 많은 사람이 의롭다 하심을 받아 생명에 이르
　　　　　　　렀느니라"

롬6:11　　　　"이와 같이 너희도 너희 자신을 죄에 대하여는 죽은 자요 그리스
　　　　　　　도 예수 안에서 하나님께 대하여는 살아 있는 자로 여길지어다"

롬8:10　　　　"또 그리스도께서 너희 안에 계시면 몸은 죄로 말미암아 죽은
　　　　　　　것이나 영은 의로 말미암아 살아 있는 것이니라"

롬8:11   "예수를 죽은 자 가운데서 살리신 이의 영이 너희 안에 거하시
          면 그리스도 예수를 죽은 자 가운데서 살리신 이가 너희 안에
          거하시는 그의 영으로 말미암아 너희 죽을 몸도 살리시리라"

③ 죄의 삯은 사망이요 하나님의 은사는 영생입니다.

죄의 삯은 사망이며 하나님의 은사는 그리스도 예수 우리 주 안에
있는 영생입니다(롬6:23). 예수 그리스도는 사망을 폐하시고 복음으
로써 생명과 썩지 아니할 것을 드러내셨습니다(딤후1:10). 그리고 그
리스도 예수 안에 있는 생명의 성령의 법이 죄와 사망의 법에서 우리
를 해방하였습니다(롬8:2). 사망은 맨 나중에 멸망 받을 원수이며(고
전15:26), 마지막 심판 곧 예수님의 흰 보좌 심판 후에 사망도 불못(
지옥)에 던져집니다(계20:14). 그래서 천국에는 사망이 없습니다(계
21:4).

롬6:23   "죄의 삯은 사망이요 하나님의 은사는 그리스도 예수 우리 주
          안에 있는 영생이니라"
딤후1:10 "이제는 우리 구주 그리스도 예수의 나타나심으로 말미암아 나
          타났으니 그는 사망을 폐하시고 복음으로써 생명과 썩지 아니
          할 것을 드러내신지라"
롬8:2   "이는 그리스도 예수 안에 있는 생명의 성령의 법이 죄와 사망
          의 법에서 너를 해방하였음이라"
고전15:26 "맨 나중에 멸망 받을 원수는 사망이니라"
계20:14   "사망과 음부도 불못에 던져지니 이것은 둘째 사망 곧 불못이라"

계21:4   "모든 눈물을 그 눈에서 닦아 주시니 다시는 사망이 없고 애통
         하는 것이나 곡하는 것이나 아픈 것이 다시 있지 아니하리니 처
         음 것들이 다 지나갔음이라"

2) 모든 사람이 죄를 범함으로 하나님을 떠나 마귀의 종이 되었습니다.

죄를 범한 모든 사람은 하나님을 떠났으며 마귀의 종이 되었습니
다. 마귀는 처음부터 범죄 하였으며 죄를 짓는 자는 마귀에게 속합
니다(요일3:8). 그러므로 모든 사람이 죄를 범함으로 마귀에게 속하
여 마귀를 따르며 마귀의 종노릇을 합니다(엡2:2-3, 히2:15). 마귀는
공중의 권세를 잡은 자로 불순종의 아들들 가운데 역사하는 영이며(
엡2:2-3), 죽음의 세력을 잡은 자이며(히2:14), 흑암의 권세자요(골
1:13), 이 세상 임금입니다(요16:11).

요일3:8   "죄를 짓는 자는 마귀에게 속하나니 마귀는 처음부터 범죄함이라
         하나님의 아들이 나타나신 것은 마귀의 일을 멸하려 하심이라"
엡2:2-3   "그 때에 너희는 그 가운데서 행하여 이 세상 풍조를 따르고 공
         중의 권세 잡은 자를 따랐으니 곧 지금 불순종의 아들들 가운데
         서 역사하는 영이라 전에는 우리도 다 그 가운데서 우리 육체의
         욕심을 따라 지내며 육체와 마음의 원하는 것을 하여 다른 이들
         과 같이 본질상 진노의 자녀이었더니"
히2:15   "또 죽기를 무서워하므로 한평생 매여 종 노릇 하는 모든 자들
         을 놓아 주려 하심이니"
히2:14   "자녀들은 혈과 육에 속하였으매 그도 또한 같은 모양으로 혈

과 육을 함께 지니심은 죽음을 통하여 죽음의 세력을 잡은 자
곧 마귀를 멸하시며"

골1:13   "그가 우리를 흑암의 권세에서 건져내사 그의 사랑의 아들의 나
라로 옮기셨으니"

요16:11   "심판에 대하여라 함은 이 세상 임금이 심판을 받았음이라"

① 죄를 범한 모든 사람은 하나님을 떠나 원수가 되었습니다.

죄를 범한 모든 사람은 그들의 총명이 어두워지고 무지함과 그들
의 마음이 굳어짐으로 말미암아 하나님의 생명에서 떠나 있습니다(
엡4:18). 그리고 하나님을 떠나 마귀에게 속한 모든 사람은 하나님의
원수가 되었습니다. 마귀가 하나님의 원수이므로(마13:39) 죄를 범
하여 마귀에게 속한 자도 하나님의 원수가 된 것입니다. 우리도 구원
받기 전에는 악한 행실로 하나님을 멀리 떠나 마음으로 원수가 되었
습니다(골1:21). 이제 구원 받은 우리는 세상과 벗된 것이 하나님과
원수가 되며(약4:4), 육신의 생각은 하나님과 원수 됨을 알아야 합니
다(롬8:7).

엡4:18   "그들의 총명이 어두워지고 그들 가운데 있는 무지함과 그들의
마음이 굳어짐으로 말미암아 하나님의 생명에서 떠나 있도다"

마13:39   "가라지를 뿌린 원수는 마귀요 추수 때는 세상 끝이요 추수꾼은
천사들이니"

골1:21   "전에 악한 행실로 멀리 떠나 마음으로 원수가 되었던 너희를"

약4:4   "간음한 여인들아 세상과 벗된 것이 하나님과 원수 됨을 알지

못하느냐 그런즉 누구든지 세상과 벗이 되고자 하는 자는 스스로 하나님과 원수 되는 것이니라"

롬8:7   "육신의 생각은 하나님과 원수가 되나니 이는 하나님의 법에 굴복하지 아니할 뿐 아니라 할 수도 없음이라"

② 구원은 사탄의 권세에서 하나님께로 돌아온 것입니다.

구원은 범죄 함으로 하나님을 떠나 마귀의 종이 되어 하나님의 원수가 되었던 자가 마귀에게서 해방되어 하나님께로 돌아와 하나님과 화목한 자가 되는 것입니다. 곧 구원은 우리가 마귀의 종노릇한데서 해방되어(히2:14-15), 어둠에서 빛으로 사탄의 권세에서 하나님께로 돌아온 것입니다(행26:18). 하나님이 우리를 흑암의 권세에서 건져 내사 예수님의 나라로 옮기셨습니다(골1:13). 그러므로 하나님께로 돌아온 우리는 믿지 아니하는 악한 마음을 품고 살아 계신 하나님에게서 떨어질까 조심해야 합니다(히3:12).

히2:14-15 "자녀들은 혈과 육에 속하였으매 그도 또한 같은 모양으로 혈과 육을 함께 지니심은 죽음을 통하여 죽음의 세력을 잡은 자 곧 마귀를 멸하시며 또 죽기를 무서워하므로 한평생 매여 종 노릇하는 모든 자들을 놓아 주려 하심이니"

행26:18   "그 눈을 뜨게 하여 어둠에서 빛으로, 사탄의 권세에서 하나님께로 돌아오게 하고 죄 사함과 나를 믿어 거룩하게 된 무리 가운데서 기업을 얻게 하리라 하더이다"

골1:13   "그가 우리를 흑암의 권세에서 건져내사 그의 사랑의 아들의 나라로 옮기셨으니"

히3:12   "형제들아 너희는 삼가 혹 너희 중에 누가 믿지 아니하는 악한
         마음을 품고 살아 계신 하나님에게서 떨어질까 조심할 것이요"

③ 예수님이 마귀를 멸하시고 종노릇하는 자들을 놓아주셨습니다.

예수님이 십자가의 죽음을 통하여 죽음의 세력을 잡은 자 곧 마귀를
멸하셨고 마귀의 종노릇하는 자들을 놓아주셨습니다(히2:14-15). 예
수님이 하시는 일은 우리를 원수(마귀)에게서와 우리를 미워하는 모
든 자의 손에서 구원하셔서(눅1:71), 우리가 원수(마귀)의 손에서 건
지심을 받고 종신토록 주의 앞에서 성결과 의로 두려움이 없이 섬기
게 하시는 것입니다(눅1:74-75). 그래서 예수님이 우리가 하나님과
원수 된 것을 십자가로 소멸하셨으며(엡2:16), 전에 멀리 있던 우리
가 이제는 그리스도 예수 안에서 그리스도의 피로 가까워졌습니다(엡
2:13). 곧 우리가 원수 되었을 때에 예수님의 죽으심으로 말미암아 하
나님과 화목하게 되었습니다(롬5:10).

히2:14-15 "자녀들은 혈과 육에 속하였으매 그도 또한 같은 모양으로 혈과
         육을 함께 지니심은 죽음을 통하여 죽음의 세력을 잡은 자 곧
         마귀를 멸하시며 또 죽기를 무서워하므로 한평생 매여 종 노릇
         하는 모든 자들을 놓아 주려 하심이니"
눅1:71   "우리 원수에게서와 우리를 미워하는 모든 자의 손에서 구원
         하시는 일이라"
눅1:74-75 "우리가 원수의 손에서 건지심을 받고 종신토록 주의 앞에서 성

결과 의로 두려움이 없이 섬기게 하리라 하셨도다"

엡2:16　　"또 십자가로 이 둘을 한 몸으로 하나님과 화목하게 하려 하심
　　　　　이라 원수 된 것을 십자가로 소멸하시고"

엡2:13　　"이제는 전에 멀리 있던 너희가 그리스도 예수 안에서 그리스도
　　　　　의 피로 가까워졌느니라"

롬5:10　　"곧 우리가 원수 되었을 때에 그의 아들의 죽으심으로 말미암
　　　　　아 하나님과 화목하게 되었은즉 화목하게 된 자로서는 더욱 그
　　　　　의 살아나심으로 말미암아 구원을 받을 것이니라"

3) 모든 사람이 죄를 범함으로 불의한 자(육신에 있는 자)가 되었습니다.
　죄를 범하여 죽었고, 하나님을 떠나 마귀의 종이 된 모든 사람은 불
법을 행하는 불의한 자가 되었습니다. 죄는 불신이요(요16:9), 불법이
요(요일3:4), 불의입니다(요일5:17). 죄를 범함으로 죽었고, 하나님을
떠나 마귀의 종이 된 자는 계속 죄를 짓게 되며, 죄를 짓는 자마다 의
를 행하지 아니하고 불법을 행합니다. 곧 죄를 범한 모든 사람은 죄의
종이 되어(롬6:20), 그 지체를 부정과 불법에 내주어 불법에 이르고
(롬6:19), 부끄러운 일을 하며 그 마지막은 사망입니다(롬6:21). 그리
고 의를 행하지 아니하는 자는 하나님께 속하지 아니하며(요일3:10),
불의한 자는 하나님의 나라를 유업으로 받지 못합니다. 불의한 자는
음행하는 자, 우상 숭배하는 자, 간음하는 자, 탐색하는 자, 남색하는
자, 도적, 탐욕을 부리는 자, 술 취하는 자, 모욕하는 자, 속여 빼앗는
자입니다(고전6:9-10).

요16:9	"죄에 대하여라함은 그들이 나를 믿지 아니함이요"
요일3:4	"죄를 짓는 자마다 불법을 행하나니 죄는 불법이라"
요일5:17	"모든 불의가 죄로되 사망에 이르지 아니하는 죄도 있도다"
롬6:20	"너희가 죄의 종이 되었을 때에는 의에 대하여 자유로웠느니라"
롬6:19	"너희 육신이 연약하므로 내가 사람의 예대로 말하노니 전에 너희가 너희 지체를 부정과 불법에 내주어 불법에 이른 것같이 이제는 너희 지체를 의에게 종으로 내주어 거룩함에 이르라"
롬6:21	"너희가 그 때에 무슨 열매를 얻었느냐 이제는 너희가 그 일을 부끄러워하나니 이는 그 마지막이 사망임이라"
요일3:10	"이러므로 하나님의 자녀들과 마귀의 자녀들이 드러나나니 무릇 의를 행하지 아니하는 자나 또는 그 형제를 사랑하지 아니하는 자는 하나님께 속하지 아니하니라"
고전6:9-10	"불의한 자가 하나님의 나라를 유업으로 받지 못할 줄을 알지 못하느냐 미혹을 받지 말라 음행하는 자나 우상 숭배하는 자나 간음하는 자나 탐색하는 자나 남색하는 자나 도적이나 탐욕을 부리는 자나 술 취하는 자나 모욕하는 자나 속여 빼앗는 자들은 하나님의 나라를 유업으로 받지 못하리라"

① 육신에 있는 불의한 자는 성령님이 계시지 아니합니다.

죄를 범한 모든 사람이 육신에 있는 자가 된 것은 죄를 범함으로 하나님의 영이신 성령님이 계시지 아니하기 때문입니다(창6:3). 성령님이 우리 안에 거하시면 우리가 육신에 있지 아니하고 영에 있습니다. 그러나 누구든지 그리스도의 영이신 성령님이 없으면 그리스도의 사람이 아닙니다(롬8:9). 그리고 육신에 있는 자는 육신을 따르며 육신의 일을 생각하는데 육신의 생각은 사망입니다(롬8:5-6). 육체(육신)의 일은 음행, 더러운 것, 호색, 우상 숭배, 주술, 원수 맺는 것, 분쟁, 시기, 분 냄, 당 짓는 것, 분열함, 이단, 투기, 술 취함, 방탕함과 또 그와 같은 것들입니다(갈5:19-21).

창6:3 "여호와께서 이르시되 나의 영이 영원히 사람과 함께 하지 아니하리니 이는 그들이 육신이 됨이라 그러나 그들의 날은 백이십 년이 되리라 하시니라"

롬8:9 "만일 너희 속에 하나님의 영이 거하시면 너희가 육신에 있지 아니하고 영에 있나니 누구든지 그리스도의 영이 없으면 그리스도의 사람이 아니라"

롬8:5-6 "육신을 따르는 자는 육신의 일을, 영을 따르는 자는 영의 일을 생각하나니 육신의 생각은 사망이요 영의 생각은 생명과 평안이니라"

갈5:19-21 "육체의 일은 분명하니 곧 음행과 더러운 것과 호색과 우상숭배와 시기와 분 냄과 당 짓는 것과 분열함과 이단과 투기와 술 취함과 방탕함과 또 그와 같은 것들이라 전에 너희에게 경계한 것 같이 경계하노니 이런 일을 하는 자들은 하나님의 나라를 유업으로 받지 못할 것이요"

② 구원은 불의한 자가 하나님께 의롭다 하심을 받는 것입니다.
구원은 불의한 자가 주 예수 그리스도의 이름과 하나님의 성령 안에

서 씻음과 거룩함과 의롭다 하심을 받는 것입니다(고전6:11). 불의하고 육신에 속한 자의 행실을 죽은 행실, 또는 헛된 행실이라고 하며, 예수 그리스도의 피가 우리 양심을 죽은 행실에서 깨끗하게 합니다(히9:14). 곧 우리가 우리 조상이 물려준 헛된 행실에서 그리스도의 보배로운 피로 대속함을 받았으며(벧전1:18-19), 불의한 우리가 예수 그리스도의 피로 말미암아 의롭다 하심을 받았습니다(롬5:9). 그래서 구원 받은 우리는 죄로부터 해방되어 의에게 종이 되었으며(롬6:18), 거룩함에 이르는 열매를 맺음으로 그 마지막은 영생입니다(롬6:22).

고전6:11   "너희 중에 이와 같은 자들이 있더니 주 예수 그리스도의 이름과 우리 하나님의 성령 안에서 씻음과 거룩함과 의롭다 하심을 받았느니라"

히9:14   "하물며 영원하신 성령으로 말미암아 흠 없는 자기를 하나님께 드린 그리스도의 피가 어찌 너희 양심을 죽은 행실에서 깨끗하게 하고 살아 계신 하나님을 섬기게 못하겠느냐"

벧전1:18-19 "너희가 알거니와 너희 조상이 물려준 헛된 행실에서 대속함을 받은 것은 은이나 금 같이 없어질 것으로 된 것이 아니요 오직 흠 없고 점 없는 어린 양 같은 그리스도의 보배로운 피로 된 것이니라"

롬5:9   "그러면 이제 우리가 그의 피로 말미암아 의롭다 하심을 받았으니 더욱 그로 말미암아 진노하심에서 구원을 받을 것이니"

롬6:18   "죄로부터 해방되어 의에게 종이 되었느니라"

롬6:22   "그러나 이제는 너희가 죄로부터 해방되고 하나님께 종이 되어 거룩함에 이르는 열매를 맺었으니 그 마지막은 영생이라"

③ 구원은 육신에 속한 자가 성령으로 거듭나는 것입니다.

사람이 물과 성령으로 거듭나지 아니하면 천국에 들어갈 수 없으며(요3:5), 하나님은 우리를 중생의 씻음과 성령의 새롭게 하심으로 구원하셨습니다(딛3:5). 그래서 구원 받은 우리는 옛 사람과 그 행위를 벗어버리고 새 사람을 입었습니다(골3:9-10). 그러므로 구원 받은 우리는 성령으로써 몸의 행실을 죽이며(롬8:13), 모든 행실에 거룩한 자가 되고(벧전1:15), 신성한 성품에 참여하는 자가 되어야 합니다(벧후1:4).

요3:5   "예수께서 대답하시되 진실로 진실로 네게 이르노니 사람이 물과 성령으로 나지 아니하면 하나님의 나라에 들어갈 수 없느니라"

딛3:5   "우리를 구원하시되 우리가 행한 바 의로운 행위로 말미암지 아니하고 오직 그의 긍휼하심을 따라 중생의 씻음과 성령의 새롭게 하심으로 하셨나니"

골3:9-10 "너희가 서로 거짓말을 말라 옛 사람과 그 행위를 벗어 버리고 새 사람을 입었으니 이는 자기를 창조하신 이의 형상을 따라 지식에까지 새롭게 하심을 입은 자니라"

롬8:13   "너희가 육신대로 살면 반드시 죽을 것이로되 영으로서 몸의 행실을 죽이면 살리니"

벧전1:15 "오직 너희를 부르신 거룩한 이처럼 너희도 모든 행실에 거룩한 자가 되라"

벧후1:4 "이로써 그 보배롭고 지극히 큰 약속을 우리에게 주사 이 약속
으로 말미암아 너희가 정욕 때문에 세상에서 썩어질 것을 피하
여 신성한 성품에 참여하는 자가 되게 하려 하셨느니라"

4) 모든 사람이 죄를 범함으로 마음이 부패한 자가 되었습니다.

죄를 범하여 죽었고, 하나님을 떠나 마귀의 종이 되어, 불법을 행
하는 불의한 자가 된 모든 사람은 마음으로 하나님과 원수가 되었습
니다(골1:21). 곧 마음이 부패하여지고 진리를 잃어버렸습니다(딤전
6:5). 그리고 마음이 부패하므로 진리를 대적하며 믿음에 관하여는 버
림받은 자들이 되었습니다(딤후3:8). 그래서 더럽고 믿지 아니하는 자
가 되었으며 마음과 양심이 더러워지므로 하나님을 시인하나 행위로
는 부인하는 가증한 자요 복종하지 아니하는 자요 모든 선한 일을 버
리는 자가 되었습니다(딛1:15-16). 또 입술로는 하나님을 공경하나
마음은 하나님에게서 멀어진 자가 되었습니다(마15:8). 그리고 마음
에 가득한 악을 입으로 말합니다(눅6:45). 마음에서 나오는 것은 악
한 생각과 살인과 간음과 음란과 도둑질과 거짓 증언과 비방입니다(
마15:18-19). 이렇게 사람의 마음은 만물보다 거짓되고 심히 부패하
였습니다(렘17:9).

골1:21 "전에 악한 행실로 멀리 떠나 마음으로 원수가 되었던 너희를"
딤전6:5 "마음이 부패하여지고 진리를 잃어 버려 경건을 이익의 방도로
생각하는 자들의 다툼이 일어나느니라"
딤후3:8 "얀네와 얌브레가 모세를 대적한 것 같이 그들도 진리를 대적

하니 이 사람들은 그 마음이 부패한 자요 믿음에 관하여는 버림 받은 자들이라"

딛1:15-16   "깨끗한 자들에게는 모든 것이 깨끗하나 더럽고 믿지 아니하는 자들에게는 아무 것도 깨끗한 것이 없고 오직 그들의 마음과 양심이 더러운지라 그들이 하나님을 시인하나 행위로는 부인하니 가증한 자요 복종하지 아니하는 자요 모든 선한 일을 버리는 자니라"

마15:8   "이 백성이 입술로는 나를 공경하되 마음은 내게서 멀도다"

눅6:45   "선한 사람은 마음에 쌓은 선에서 선을 내고 악한 자는 그 쌓은 악에서 악을 내나니 이는 마음에 가득한 것을 입으로 말함이니라"

마15:18-19 "입에서 나오는 것들은 마음에서 나오나니 이것이야말로 사람을 더럽게 하느니라 마음에서 나오는 것은 악한 생각과 살인과 간음과 음란과 도둑질과 거짓 증언과 비방이니"

렘17:9   "만물보다 거짓되고 심히 부패한 것은 마음이라 누가 능히 이를 알리요마는"

① 마음이 부패한 자들은 하나님께 합당하지 못한 일을 합니다.

부패한 마음은 상실한 마음(하나님을 잃어버리고 진리를 잃어버린 마음)이며, 상실한 마음대로 행하는 자들은 하나님께 합당하지 못한 일을 하는 자 곧 모든 불의, 추악, 탐욕, 악의가 가득한 자요. 시기, 살인, 분쟁, 사기, 악독이 가득한 자요. 비방하는 자요. 하나님께서 미워하시는 자요. 능욕하는 자요. 교만한 자요. 자랑하는 자요. 악을 도모하는 자요. 부모를 거역하는 자요. 우매한 자요. 배약하는 자요. 무정한 자요. 무자비한 자입니다(롬1:28-31).

롬1:28-31   "또한 그들이 마음에 하나님 두기를 싫어하매 하나님께서 그들
            을 그 상실한 마음대로 내버려 두사 합당하지 못한 일을 하게
            하셨으니 곧 모든 불의, 추악, 탐욕, 악의가 가득한 자요 시기,
            살인, 분쟁, 사기, 악독이 가득한 자요 수군수군하는 자요 비방
            하는 자요 하나님께서 미워하시는 자요 능욕하는 자요 교만한
            자요 자랑하는 자요 악을 도모하는 자요 부모를 거역하는 자요
            우매한 자요 배약하는 자요 무정한 자요 무자비한 자라"

② 구원은 하나님이 부패한 마음을 새롭게 하시고 깨끗하게 하시는 것
입니다.

구원은 죄로 말미암아 더럽고 부패한 우리의 마음을 하나님이 새롭
게 하시고 깨끗하게 하시는 것입니다. 하나님은 우리 모두의 마음을
지으십니다(시33:15). 곧 하나님은 우리에게 한(일치하는) 마음을 주
시고 돌 같은 마음을 제거하시고 살처럼 부드러운 마음을 주십니다(
겔11:19). 또 하나님은 믿음으로 우리의 마음을 깨끗이 하십니다(행
15:9). 그리고 그리스도의 피가 우리 양심을 죽은 행실에서 깨끗하게
합니다(히9:14). 그리스도의 교훈의 목적은 청결한 마음과 선한 양심
과 거짓이 없는 믿음에서 나오는 사랑입니다(딤전1:5). 그러므로 구
원 받은 우리는 이 세대를 본받지 말고 마음을 새롭게 함으로 변화를
받아야 하며(롬12:2), 우리 마음이 그리스도를 향하는 진실함과 깨끗
함에서 떠나 부패할까 두려워해야 합니다(고후11:3).

시33:15	"그는 그들 모두의 마음을 지으시며 그들이 하는 일을 굽어살피시는 이로다"
겔11:19	"내가 그들에게 한 마음을 주고 그 속에 새 영을 주며 그 몸에서 돌 같은 마음을 제거하고 살처럼 부드러운 마음을 주어서"
행15:9	"믿음으로 그들의 마음을 깨끗이 하사 그들이나 우리나 차별하지 아니하셨느니라"
히9:14	"하물며 영원하신 성령으로 말미암아 흠 없는 자기를 하나님께 드린 그리스도의 피가 어찌 너희 양심을 죽은 행실에서 깨끗하게 하고 살아 계신 하나님을 섬기게 못하겠느냐"
딤전1:5	"이 교훈의 목적은 청결한 마음과 선한 양심과 거짓이 없는 믿음에서 나오는 사랑이거늘"
롬12:2	"너희는 이 세대를 본받지 말고 오직 마음을 새롭게 함으로 변화를 받아 하나님의 선하시고 기뻐하시고 온전하신 뜻이 무엇인지 분별하도록 하라"
고후11:3	"뱀이 그 간계로 하와를 미혹한 것 같이 너희 마음이 그리스도를 향하는 진실함과 깨끗함에서 떠나 부패할까 두려워하노라"

5) 모든 사람이 죄를 범함으로 지옥에 들어갈 자가 되었습니다.

죄를 범하여 죽었고, 하나님을 떠나 마귀의 종이 되어 불법을 행하는 불의한 자가 되고, 마음이 부패한 자는 그 마지막이 사망입니다. 이는 죄의 삯은 사망이기 때문입니다(롬6:23). 그래서 죄를 범하여 사망이 이른 모든 사람이 죽으면 그 몸은 흙으로 돌아가며, 그 영혼은 음부에 들어가서 불꽃 가운데서 괴로워하며 고통 중에 있게 됩니다(눅

16:23-24). 그리고 그들은 최후의 심판 직전에 사망과 음부가 그들을 내줌으로(계20:13), 심판의 부활을 한 후에 행위의 심판을 받고(계20:12), 영원한 불 못(지옥)에 던져지게 됩니다(계20:15). 그리고 사망과 음부도 불 못에 던져지게 됩니다(계20:14). 이렇게 불 못(지옥)에 던져지는 것을 둘째 사망이라고 합니다.

롬6:23   "죄의 삯은 사망이요 하나님의 은사는 그리스도 예수 우리 주 안에 있는 영생이니라"

눅16:23-24 "그가 음부에서 고통중에 눈을 들어 멀리 아브라함과 그의 품에 있는 나사로를 보고 불러 이르되 아버지 아브라함이여 나를 긍휼히 여기사 나사로를 보내어 그 손가락 끝에 물을 찍어 내 혀를 서늘하게 하소서 내가 이 불꽃 가운데서 괴로워하나이다"

계20:13 "바다가 그 가운데에서 죽은 자들을 내주고 또 사망과 음부도 그 가운데에서 죽은 자들을 내주매 각 사람이 자기의 행위대로 심판을 받고"

계20:12 "또 내가 보니 죽은 자들이 큰 자나 작은 자나 그 보좌 앞에 서 있는데 책들이 펴 있고 또 다른 책이 펴졌으니 곧 생명책이라 죽은 자들이 자기 행위를 따라 책들에 기록된 대로 심판을 받으니"

계20:15 "누구든지 생명책에 기록되지 못한 자는 불못에 던져지더라"

계20:14 "사망과 음부도 불못에 던져지니 이것은 둘째 사망 곧 불못이라"

① 구원은 지옥에 던져질 자가 천국에 들어가는 자가 되는 것입니다.

죄의 삯은 사망이요 하나님의 은사는 그리스도 예수 우리 주 안에 있는 영생입니다(롬6:23). 그리고 지옥에 던져지는 것은 영벌에 들어가는 것이며, 천국에 들어가는 것은 영생에 들어가는 것입니다(마25:46). 영생은 하나님이 영원 전부터 약속하신 것이며(딛1:2), 하나님의 아들을 믿는 자에게는 영생이 있습니다(요3:36). 그래서 영생이 있는 자들이 죽으면 그 몸은 흙으로 돌아가며 그 영혼은 낙원에 들어가게 됩니다. 예수님은 회개한 강도에게 "네가 오늘 나와 함께 낙원에 있으리라"고 말씀하셨습니다(눅23:43). 낙원에 있는 자들에게는 예수님이 생명나무의 열매를 주어 먹게 하십니다(계2:7). 그리고 그들은 예수님이 재림하실 때 그 몸이 생명의 부활을 한 후에 천년왕국에서 왕 노릇 하며 최후의 심판 후에 천국에 들어가서 영생을 누리게 됩니다. 예수님은 우리를 모든 악한 일에서 건져내시고 천국에 들어가도록 구원하십니다(딤후4:18).

롬6:23   "죄의 삯은 사망이요 하나님의 은사는 그리스도 예수 우리 주
           안에 있는 영생이니라"

마25:46   "그들은 영벌에, 의인들은 영생에 들어가리라 하시니라"

딛1:2   "영생의 소망을 위함이라 이 영생은 거짓이 없으신 하나님이 영
           원 전부터 약속하신 것인데"

요3:36   "아들을 믿는 자에게는 영생이 있고 아들에게 순종하지 아니하
           는 자는 영생을 보지 못하고 도리어 하나님의 진노가 그 위에
           머물러 있느니라"

눅23:43   "예수께서 이르시되 내가 진실로 네게 이르노니 오늘 네가 나와
           함께 낙원에 있으리라 하시니라"

계2:7	"귀 있는 자는 성령이 교회들에게 하시는 말씀을 들을지어다 이기는 그에게는 내가 하나님의 낙원에 있는 생명나무의 열매를 주어 먹게 하리라"
딤후4:18	"주께서 나를 모든 악한 일에서 건져내시고 또 그의 천국에 들어가도록 구원하시리니 그에게 영광이 세세무궁토록 있을지어다 아멘"

② 누가 천국에 들어갈까요?

예수 그리스도를 믿고(약2:5), 거듭나서 의롭게 되어(요3:5, 마13:43), 하나님 아버지의 뜻대로 행하며(마7:21), 천국의 열매를 맺는 자는 천국에 들어갑니다(마21:43). 그리고 하나님의 성품에 참여한 자는 천국에 넉넉히 들어가며(벧후1:11), 예수님을 가장 사랑하며 예수님과 복음을 위하여 박해를 받는 자는 반드시 천국에 들어갑니다(막10:29-30).

약2:5	"내 사랑하는 형제들아 들을지어다 하나님이 세상에서 가난한 자를 택하사 믿음에 부요하게 하시고 또 자기를 사랑하는 자들에게 약속하신 나라를 상속으로 받게 하지 아니하셨느냐"
요3:5	"예수께서 대답하시되 진실로 진실로 네게 이르노니 사람이 물과 성령으로 나지 아니하면 하나님의 나라에 들어갈 수 없느니라"
마13:43	"그 때에 의인들은 자기 아버지 나라에서 해와 같이 빛나리라"
마7:21	"나더러 주여 주여 하는 자마다 다 천국에 들어갈 것이 아니요 다만 하늘에 계신 내 아버지의 뜻대로 행하는 자라야 들어가리라"

마21:43   "그러므로 내가 너희에게 이르노니 하나님의 나라를 너희는 빼

            앗기고 그 나라의 열매 맺는 백성이 받으리라"

벧후1:11   "이같이 하면 우리 주 곧 구주 예수 그리스도의 영원한 나라에

            들어감을 넉넉히 너희에게 주시리라"

막10:29-30 "예수께서 이르시되 내가 진실로 너희에게 이르노니 나와 복음

            을 위하여 집이나 형제나 자매나 어머니나 아버지나 자식이나

            전토를 버린 자는 현세에 있어 집과 형제와 자매와 어머니와 자

            식과 전토를 백배나 받되 박해를 겸하여 받고 내세에 영생을 얻

            지 못할 자가 없느니라"

모든 사람이 죄를 범하였습니다. 죄를 범한 모든 사람에게 가장 필요하고 중요하며 큰일은 하나님이 주신 구원을 받는 것입니다. 모든 사람이 죄를 범함으로 죽었고 사망이 이르렀으며, 하나님을 떠나 마귀의 종이 되었고 하나님의 원수가 되었으며, 불의한 자가 되었고 성령님이 계시지 아니하므로 육신에 있는 자가 되었으며, 더럽고 마음이 부패한 자가 되었고. 지옥에 들어갈 자가 되었습니다.

그러므로 죄를 범한 모든 사람은 하나님이 주신 구원을 받아야 합니다. 하나님이 주신 구원은 하나님께서 죄로 말미암아 죽었던 자를 그리스도와 함께 살리시고, 하나님을 떠나 마귀의 종이 된 자를 마귀에게서 해방시켜 하나님께로 돌아오게 하시며, 불의한 자를 의롭다 하시고, 육신에 있는 자를 성령을 주셔서 영에 있는 자가 되게 하시며, 더럽고 마음이 부패한 자를 깨끗하게 하시며 부패한 마음을 새롭게 하시고, 지옥에 들어갈 자를 천국에 들어가서 영생을 누리게 하시

는 것입니다.

2. 구원하시는 하나님

하나님이 죄인들을 구원하십니다. 그래서 우리를 구원하심이 하나
님과 어린 양 예수님께 있습니다(계7:10). 구원은 하나님이 우리에게
주신 선물입니다. 곧 우리는 하나님의 은혜에 의하여 믿음으로 말미
암아 구원을 받았으며, 구원은 우리에게서 난 것이 아니요 하나님의
선물입니다(엡2:8). 그러므로 우리는 구원의 하나님으로 말미암아 기
뻐해야 합니다(합3:18). 영혼의 구원을 받은 자들은 예수님을 사랑하
며 말할 수 없는 영광스러운 즐거움으로 기뻐합니다(벧전1:8-9)

계7:10   "큰 소리로 외쳐 이르되 구원하심이 보좌에 앉으신 우리 하나님
            과 어린 양에게 있도다"
엡2:8   "너희는 그 은혜에 의하여 믿음으로 말미암아 구원을 받았으니
            이것은 너희에게서 난 것이 아니요 하나님의 선물이라"
합3:18   "나는 여호와로 말미암아 즐거워하며 나의 구원의 하나님으로
            말미암아 기뻐하리로다"
벧전1:8-9   "예수를 너희가 보지 못하였으나 사랑하는도다 이제도 보지 못
            하나 믿고 말할 수 없는 영광스러운 즐거움으로 기뻐하니 믿음
            의 결국 곧 영혼의 구원을 받음이라"

1) 하나님은 우리의 구주십니다.

하나님은 모든 사람 특히 믿는 자들의 구주십니다(딤전4:10). 그러므로 하나님은 우리 구주십니다(딛1:3). 하나님은 우리 가운데 계시며 구원을 베풀 전능자십니다(습3:17). 곧 하나님은 예수 그리스도로 말미암아 구원을 받게 하시려고 우리를 세우셨으며(살전5:9), 우리를 구원하신 우리의 구주십니다.

딤전4:10   "이를 위하여 우리가 수고하고 힘쓰는 것은 우리 소망을 살아 계신 하나님께 둠이니 곧 모든 사람 특히 믿는 자들의 구주시라"

딛1:3   "자기 때에 자기의 말씀을 전도로 나타내셨으니 이 전도는 우리 구주 하나님이 명하신 대로 내게 맡기신 것이라"

습3:17   "너의 하나님 여호와가 너의 가운데 계시니 그는 구원을 베푸실 전능자시라 그가 너로 말미암아 기쁨을 이기지 못하시며 너를 잠잠히 사랑하시며 너로 말미암아 즐거이 부르며 기뻐하시리라 하리라"

살전5:9   "하나님이 우리를 세우심은 노하심에 이르게 하심이 아니요 오직 우리 주 예수 그리스도로 말미암아 구원을 받게 하심이라"

하나님은 우리를 사랑하시기에 우리를 구원하셨습니다(딛3:4-5). 하나님은 우리를 은혜로 구원하셨고(딤후1:9), 성령의 거룩하게 하심과 진리를 믿음으로 구원을 받게 하셨고(살후2:13), 중생의 씻음과 성령의 새롭게 하심으로 구원하셨습니다(딛3:4-5). 그리고 하나님이 구원하심을 모든 육체가 볼 것입니다(눅3:6). 하나님이 이스라엘 자손을 애굽에서 이끌어내신 구원을 땅 끝까지도 보았습니다(사52:10). 그러므로 우리는 하나님이 우리를 구원하심을 보고 또 나타내야 합니다.

딛3:4-5	"우리 구주 하나님의 자비와 사람 사랑하심이 나타날 때에 우리를 구원하시되 우리가 행한 바 의로운 행위로 말미암지 아니하고 오직 그의 긍휼하심을 따라 중생의 씻음과 성령의 새롭게 하심으로 하셨나니"
딤후1:9	"하나님이 우리를 구원하사 거룩하신 소명으로 부르심은 우리의 행위대로 하심이 아니요 오직 자기의 뜻과 영원 전부터 그리스도 예수 안에서 우리에게 주신 은혜대로 하심이라"
살후2:13	"주께서 사랑하시는 형제들아 우리가 항상 너희에 관하여 마땅히 하나님께 감사할 것은 하나님이 처음부터 너희를 택하사 성령의 거룩하게 하심과 진리를 믿음으로 구원을 받게 하심이니"
눅3:6	"모든 육체가 하나님의 구원하심을 보리라 함과 같으니라"
사52:10	"여호와께서 열방의 목전에서 그의 거룩한 팔을 나타내셨으므로 땅 끝까지도 모두 우리 하나님의 구원을 보았도다"

2) 하나님은 죄를 깨닫게 하려고 율법을 주셨습니다.

하나님이 죄인들을 위하여 율법을 세우셨습니다. 죄인이 구원을 받으려면 그 죄를 깨닫고, 그 죄를 회개하여, 그 죄를 사함 받아야 합니다. 그래서 하나님이 죄를 깨닫게 하려고 율법을 주셨습니다. 왜냐하면 율법으로는 죄를 깨닫기 때문입니다(롬3:20). 율법은 모세로 말미암아 주어진 것이며(요1:17), 사람들이 범법하므로 더하여진 것입니다(갈3:19). 곧 율법은 옳은 사람을 위하여 세운 것이 아니요 불법한 죄인을 위하여 세운 것입니다(딤전1:9-10). 그래서 죄인들은 율법 아래에 있는 자가 되었습니다. 곧 믿음이 오기 전에는 죄인들이 율법 아래에 매인 바 되고 믿음의 때까지 갇혔습니다(갈3:23). 그리고 율법은 율법 아래에 있는 자들에게 말하여 모든 입을 막고 하나님의 심판 아래에 있게 합니다(롬3:19).

롬3:20	"그러므로 율법의 행위로 그의 앞에 의롭다 하심을 얻을 육체가 없나니 율법으로는 죄를 깨달음이니라"
요1:17	"율법은 모세로 말미암아 주어진 것이요 은혜와 진리는 예수 그리스도로 말미암아 온 것이라"
갈3:19	"그런즉 율법은 무엇이냐 범법하므로 더하여진 것이라 천사들을 통하여 한 중보자의 손으로 베푸신 것인데 약속하신 자손이 오시기까지 있을 것이라"
딤전1:9-10	"알 것은 이것이니 율법은 옳은 사람을 위하여 세운 것이 아니요 오직 불법한 자와 복종하지 아니하는 자와 경건하지 아니한 자와 죄인과 거룩하지 아니한 자와 망령된 자와 아버지를 죽이는 자와 어머니를 죽이는 자와 살인하는 자며 음행하는 자와 남색하는 자와 인신 매매를 하는 자와 거짓말하는 자와 거짓맹세한 자와 기타 바른 교훈을 거스르는 자를 위함이니"
갈3:23	"믿음이 오기 전에 우리는 율법 아래에 매인 바 되고 계시될 믿음의 때까지 갇혔느니라"
롬3:19	"우리가 알거니와 무릇 율법이 말하는 바는 율법 아래에 있는

자들에게 말하는 것이니 이는 모든 입을 막고 온 세상으로 하나
님의 심판 아래에 있게 하려 함이라"

① 하나님은 사람들로 죄를 알게 하려고 율법을 주셨습니다.

율법으로 말미암지 않고는 사람들이 죄를 알지 못합니다(롬7:7). 죄
가 율법 있기 전에도 세상에 있었으나 율법이 없었을 때에는 사람들이
죄를 죄로 여기지 아니하였습니다(롬5:13). 이는 율법이 없으면 사람
들에게 죄가 죽은 것처럼 여겨지기 때문입니다(롬7:8). 곧 사람이 율
법을 깨닫지 못했을 때에는 죄는 죽고 자신은 살아있는 줄로 알았으
나, 율법이 이르매 죄는 살아나고 자신은 죽었음을 압니다(롬7:9). 그
래서 율법이 들어온 것은 범죄를 더하게 하려 함입니다(롬5:20). 곧
율법으로 범죄가 온전히 드러나게 됩니다. 모든 사람이 죄를 범하였
으므로 사망이 이르게 되었고, 율법이 죄를 드러내므로 죄가 사망 안
에서 왕 노릇하게 되었습니다(롬5:21). 그러므로 사망이 쏘는 것은 죄
요 죄의 권능은 율법입니다(고전15:56).

롬7:7   "그런즉 우리가 무슨 말을 하리요 율법이 죄냐 그럴 수 없느니
          라 율법으로 말미암지 않고는 내가 죄를 알지 못하였으니 곧 율
          법이 탐내지 말라 하지 아니하였더라면 내가 탐심을 알지 못하
          였으리라"

롬5:13   "죄가 율법 있기 전에도 세상에 있었으나 율법이 없었을 때에는
          죄를 죄로 여기지 아니하였느니라"

롬7:8   "그러나 죄가 기회를 타서 계명으로 말미암아 내 속에서 온갖

탐심을 이루었나니 이는 율법이 없으면 죄가 죽은 것이라"

롬7:9   "전에 율법을 깨닫지 못했을 때에는 내가 살았더니 계명이 이르
매 죄는 살아나고 나는 죽었도다"

롬5:20   "율법이 들어온 것은 범죄를 더하게 하려 함이라 그러나 죄가
더한 곳에 은혜가 넘쳤나니"

롬5:21   "이는 죄가 사망 안에서 왕 노릇한 것 같이 은혜도 또한 의로 말
미암아 왕 노릇 하여 우리 주 예수 그리스도로 말미암아 영생에
이르게 하려 함이라"

고전15:56 "사망이 쏘는 것은 죄요 죄의 권능은 율법이라"

② 하나님께서 시내산에서 모세로 말미암아 이스라엘 자손과 율법을 세
우셨습니다.

하나님께서 호렙산(시내산)에서 모세로 말미암아 이스라엘 자손과
세우신 율법은 출20:1-레27:34입니다. 그리고 이스라엘 백성이 가
나안 땅에 들어가기 전 요단 동쪽 벳브올 맞은편 골짜기(모압 땅)에서
모세가 다시 선포한 율법은 신5:1-31:23입니다.

율법에는 십계명, 성막과 기구들을 만드는 법, 제사장에 관한 법,
예물(제물)과 제사를 드리는 법, 절기를 지키는 법, 먹는 것과 정결하
게 하는 결례의 법, 사람들 간에 지켜야 하는 법이 있습니다. 율법(십
계명)은 모든 사람이 죄인임을 알게 합니다. 사도 바울은 탐내지 말라
는 제10계명을 통해 탐심을 알았습니다(롬7:7). 율법(성막과 제사장
과 제사법)은 장차 올 좋은 일(예수님의 초림)의 그림자요 참 형상이
아니며 예수님과 그의 십자가의 죽으심을 증거 합니다(히10:1). 율법

(먹고 마시는 것과 절기나 초하루나 안식일)은 장래 일의 그림자이며 우리의 몸은 그리스도의 것입니다(골2:16-17). 곧 예수님이 안식일 (절기)의 주인이십니다(마12:8). 율법(예물과 제사와 먹고 마시는 것과 여러 가지 씻는 법)은 육체의 예법일 뿐이며 그 양심상 온전하게 할 수 없습니다(히9:9-10). 율법(성막과 섬기는 일에 쓰는 모든 그릇에 뿌린 제물의 피)으로 하늘에 있는 것들의 모형은 정결하게 할 필요가 있었으나 하늘에 있는 그것들은 예수 그리스도의 피로 정결하게 합니다(히9:23). 율법(사람들 간에 지켜야 할 법)은 사람들의 마음이 완악함으로 기록한 명령입니다(막10:4-5).

롬7:7 "그런즉 우리가 무슨 말을 하리요 율법이 죄냐 그럴 수 없느니라 율법으로 말미암지 않고는 내가 죄를 알지 못하였으니 곧 율법이 탐내지 말라 하지 아니하였더라면 내가 탐심을 알지 못하였으리라"

히10:1 "율법은 장차 올 좋은 일의 그림자일 뿐이요 참 형상이 아니므로 해마다 늘 드리는 같은 제사로는 나아오는 자들을 언제나 온전하게 할 수 없느니라"

골2:16-17 "그러므로 먹고 마시는 것과 절기나 초하루나 안식일을 이유로 누구든지 너희를 비판하지 못하게 하라 이것들은 장래 일의 그림자이나 몸은 그리스도의 것이니라"

마12:8 "인자는 안식일의 주인이니라 하시니라"

히9:9-10 "이 장막은 현재까지의 비유니 이에 따라 드리는 예물과 제사는 섬기는 자를 그 양심상 온전하게 할 수 없나니 이런 것은 먹고 마시는 것과 여러 가지 씻는 것과 함께 육체의 예법일 뿐이며 개혁할 때까지 맡겨 둔 것이니라"

히9:23 "그러므로 하늘에 있는 것들의 모형은 이런 것들로써 정결하게 할 필요가 있었으나 하늘에 있는 그것들은 이런 것들보다 더 좋은 제물로 할지니라"

막10:4-5 "이르되 모세는 이혼 증서를 써주어 버리기를 허락하였나이다 예수께서 그들에게 이르시되 너희 마음이 완악함으로 말미암아 이 명령을 기록하였거니와"

③ 율법은 아무 것도 온전하게 하지 못합니다.

율법은 아무 것도 온전하게 하지 못하고(히7:19), 율법으로는 죄를 깨달을 뿐이며 율법의 행위로 하나님 앞에 의롭다 하심을 얻을 육체가 없습니다(롬3:20). 왜냐하면 율법은 전부를 항상 지켜야 하며 누구든지 온 율법을 지키다가 그 하나를 범하면 모두 범한 자가 되기 때문입니다(약2:10). 그래서 율법 전부를 항상 지킬 사람은 아무도 없습니다. 그리고 율법 책에 기록된 대로 모든 일을 항상 행하지 아니하는 자는 저주 아래 있는 자라 하였으므로 무릇 율법 행위에 속한 자들은 저주 아래 있습니다(갈3:10).

히7:19 "(율법은 아무 것도 온전하게 못할지라) 이에 더 좋은 소망이 생기니 이것으로 우리가 하나님께 가까이 가느니라"

롬3:20 "그러므로 율법의 행위로 그의 앞에 의롭다 하심을 얻을 육체가 없나니 율법으로는 죄를 깨달음이니라"

약2:10	"누구든지 온 율법을 지키다가 그 하나를 범하면 모두 범한 자가 되나니"
갈3:10	"무릇 율법 행위에 속한 자들은 저주 아래 있나니 기록된 바 누구든지 율법 책에 기록된 대로 모든 일을 항상 행하지 아니하는 자는 저주 아래에 있는 자라 하였음이라"

④ 율법은 죄인을 예수 그리스도에게로 인도합니다.

율법은 아무 것도 온전하게 못하므로 우리에게 더 좋은 소망이 생기며 더 좋은 소망으로 우리가 하나님께 가까이 갑니다(히7:19). 더 좋은 소망은 예수 그리스도십니다. 율법의 행위로 하나님 앞에 의롭다 하심을 얻을 육체가 없으므로 율법 외에 한 의가 나타났는데 율법과 선지자들에게 증거를 받은 것입니다(롬3:21). 그것은 예수 그리스도를 믿음으로 말미암아 모든 믿는 자에게 미치는 하나님의 의이며 차별이 없습니다(롬3:22). 율법은 예수 그리스도를 믿는 자에게 미치는 하나님의 의를 증거하며, 율법에는 예수 그리스도를 기록하였습니다(눅24:44, 요1:45). 그래서 율법은 우리를 그리스도께로 인도하는 초등교사가 되어 우리로 하여금 예수 그리스도를 믿음으로 말미암아 의롭다 함을 얻게 합니다(갈3:24).

히7:19	"(율법은 아무 것도 온전하게 못할지라) 이에 더 좋은 소망이 생기니 이것으로 우리가 하나님께 가까이 가느니라"
롬3:21	"이제는 율법 외에 하나님의 한 의가 나타났으니 율법과 선지자들에게 증거를 받은 것이라"

롬3:22	"곧 예수 그리스도를 믿음으로 말미암아 모든 믿는 자에게 미치는 하나님의 의니 차별이 없느니라"
눅24:44	"또 이르시되 내가 너희와 함께 있을 때에 너희에게 말한 바 곧 모세의 율법과 선지자의 글과 시편에 나를 가리켜 기록된 모든 것이 이루어져야 하리라 한 말이 이것이라 하시고"
요1:45	"빌립이 나다나엘을 찾아 이르되 모세가 율법에 기록하였고 여러 선지자가 기록한 그이를 우리가 만났으니 요셉의 아들 나사렛 예수니라"
갈3:24	"이같이 율법이 우리를 그리스도께로 인도하는 초등교사가 되어 우리로 하여금 믿음으로 말미암아 의롭다 함을 얻게 하려 함이라"

3) 하나님은 예수 그리스도를 구주로 세상에 보내셨습니다.

율법을 주셔서 죄를 깨닫게 하신 하나님은 세상 사람들이 구원을 받게 하려고 그 아들을 세상에 보내셨습니다(요3:17). 곧 하나님이 우리를 사랑하사 우리 죄를 속하기 위하여 화목제물로 그 아들을 보내셨습니다(요일4:10). 그리고 사도들은 하나님 아버지께서 아들을 세상의 구주로 보내신 것을 보았고 또 증언하였습니다(요일4:14). 하나님은 약속하신 대로 그 아들 예수님을 구주로 세우셨습니다(행13:23). 그리고 하나님께서는 구원의 창시자이신 예수님을 고난으로 말미암아 온전하게 하셨습니다(히2:10). 또 하나님께서는 회개함과 죄 사함을 주시려고 예수님을 오른손으로 높이사 임금과 구주로 삼으셨습니다(행5:31). 그러므로 우리는 예수님 외에 다른 이로써는 구원을 받을 수 없습니다. 하나님은 예수님 외에 구원 받을 만한 다른 이름을 우리에게 주신 일이 없기 때문입니다(행4:12). 예수님으로 말미암지 않고는 하나님 아버지께로 올 자가 없습니다(요14:6).

요3:17   "하나님이 그 아들을 세상에 보내신 것은 세상을 심판하려 하심이 아니요 그로 말미암아 세상이 구원을 받게 하려 하심이라"

요일4:10   "사랑은 여기 있으니 우리가 하나님을 사랑한 것이 아니요 하나님이 우리를 사랑하사 우리 죄를 속하기 위하여 화목제물로 그 아들을 보내셨음이라"

요일4:14   "아버지가 아들을 세상의 구주로 보내신 것을 우리가 보았고 또 증언하노니"

행13:23   "하나님이 약속하신 대로 이 사람의 후손에서 이스라엘을 위하여 구주를 세우셨으니 곧 예수라"

히2:10   "그러므로 만물이 그를 위하고 또한 그로 말미암은 이가 많은 아들들을 이끌어 영광에 들어가게 하시는 일에 그들의 구원의 창시자를 고난을 통하여 온전하게 하심이 합당 하도다"

행5:31   "이스라엘에게 회개함과 죄 사함을 주시려고 그를 오른손으로 높이사 임금과 구주로 삼으셨느니라"

행4:12   "다른 이로써는 구원을 받을 수 없나니 천하 사람 중에 구원을 받을 만한 다른 이름을 우리에게 주신 일이 없음이라 하였더라"

요14:6   "예수께서 이르시되 내가 곧 길이요 진리요 생명이니 나로 말미암지 않고는 아버지께로 올 자가 없느니라"

① 하나님이 보내신 예수님이 우리의 구주십니다.

하나님께서 구주로 보내신 예수님이 우리의 구주(구원자)십니다. 오직 예수님이 우리의 구원의 근원이시며 구원의 창시자십니다. 예수님은 자기 백성을 그들의 죄에서 구원할 자십니다(마1:21). 예수님은 우리를 구원하는 자시며(빌3:20), 교회의 머리되시며 교회의 구주십니다(엡5:23). 그러므로 우리는 예수님이 우리의 구주이신 줄을 알고 믿어야 합니다(요4:42).

마1:21 "아들을 낳으리니 이름을 예수라 하라 이는 그가 자기 백성을 그들의 죄에서 구원할 자이심이라 하니라"

빌3:20 "그러나 우리의 시민권은 하늘에 있는지라 거기로부터 구원하는 자 곧 주 예수 그리스도를 기다리노니"

엡5:23 "이는 남편이 아내의 머리 됨이 그리스도께서 교회의 머리됨과 같음이니 그가 바로 몸의 구주시니라"

요4:42 "그 여자에게 말하되 이제 우리가 믿는 것은 네 말로 인함이 아니니 이는 우리가 친히 듣고 그가 참으로 세상의 구주신줄 앎이라 하였더라"

② 우리를 구원하심이 하나님과 예수님께 있습니다

구원 받은 자들은 구원하심이 보좌에 앉으신 하나님과 어린 양 예수님에게 있음을 찬양합니다(계7:10). 하나님은 우리를 구원하시려고 그 아들을 세상의 구주로 보내셨습니다. 그리고 하나님 아버지께서 세상의 구주로 보내신 예수님은 하나님 아버지의 뜻대로 죄인을 구원하려고 세상에 오셨고 죄인을 구원하셨습니다. 곧 우리의 구주이신 예수님이 죄인을 구원하려고 세상에 임하셨습니다. 이 말씀은 모든 사람이 받을만한 미쁜 말씀입니다(딤전1:15). 그리고 세상에 오신 예수님은 우리가 범죄한 것 때문에 십자가에 죽으시고 우리를 의롭다 하시기 위하여 살아나셨습니다(롬4:25). 그래서 우리의 구주이신 예수님은 사망을 폐하시고 복음으로써 생명을 나타내셨습니다(딤후1:10). 예수님은 하나님의 아들이시면서도 받으신 고난으로 순종함을 배워서 온전하게 되셨으며, 자기를 순종하는 모든 자에게 구원의 근원이 되십니다(히5:8-9). 그리고 우리는 주 예수의 은혜로 구원을 받았습니다(행15:11). 곧 구원 받은 우리는 영이 살았습니다.

계7:10   "큰 소리로 외쳐 이르되 구원하심이 보좌에 앉으신 우리 하나님과 어린 양에게 있도다"

딤전1:15   "미쁘다 모든 사람이 받을 만한 이 말이여 그리스도 예수께서 죄인을 구원하시려고 세상에 임하셨다 하였도다 죄인 중에 내가 괴수니라"

롬4:25   "예수는 우리가 범죄한 것 때문에 내줌이 되고 또한 우리를 의롭다 하시기 위하여 살아나셨느니라"

딤후1:10   "이제는 우리 구주 그리스도 예수의 나타나심으로 말미암아 나타났으니 그는 사망을 폐하시고 복음으로써 생명과 썩지 아니할 것을 드러내신지라"

히5:8-9   "그가 아들이시면서도 받으신 고난으로 순종함을 배워서 온전하게 되셨은즉 자기에게 순종하는 모든 자에게 영원한 구원의 근원이 되시고"

행15:11   "그러나 우리는 그들이 우리와 동일하게 주 예수의 은혜로 구원
            받는 줄을 믿노라 하니라"

4) 하나님은 성령을 주셨습니다.

우리를 구원하시기 위하여 세상에 오셔서 십자가에 죽으시고 부활
하신 예수님은 승천하셔서 하나님 아버지께로 가셨습니다. 승천하셔
서 하늘에서 지극히 크신 하나님의 보좌 우편에 계신 예수님은 우리
의 대제사장이십니다(히8:1). 우리의 대제사장이신 예수님은 자기의
피로 영원한 속죄를 이루시고 단번에 하늘 성소에 들어가셨습니다(히
9:12). 그리고 하나님 아버지께로 가신 예수님은 영원히 계시므로 항
상 살아서 자기를 힘입어 하나님께 나아가는 자들을 위하여 간구하시
며 온전히 구원하십니다(히7:24-25). 승천하신 예수님은 하나님 앞
에서 우리의 대언자(보혜사)이십니다(요일2:1). 또 승천하신 예수님
은 구원 받은 자들에게 성령을 부어주셨습니다(행2:33). 예수님이 성
령을 부어주심은 하나님께서 그 아들들에게 성령을 그 마음 가운데
보내신 것입니다(갈4:6). 그래서 하나님의 아들들은 성령으로 인도함
을 받습니다(롬8:14). 곧 구원 받은 우리는 성령님의 인도를 받으며
보호를 받고 양육을 받습니다.

히8:1   "지금 우리가 하는 말의 요점은 이러한 대제사장이 우리에게 있
          다는 것이라 그는 하늘에서 지극히 크신 이의 보좌 우편에 앉으
          셨으니"

히9:12	"염소와 송아지의 피로 하지 아니하고 오직 자기의 피로 영원한 속죄를 이루사 단번에 성소에 들어가셨느니라"
히7:24-25	"예수는 영원히 계시므로 그 제사장 직분도 갈리지 아니하느니라 그러므로 자기를 힘입어 하나님께 나아가는 자들을 온전히 구원하실 수 있으니 이는 그가 항상 살아 계셔서 그들을 위하여 간구하심이라"
요일2:1	"나의 자녀들아 내가 이것을 너희에게 씀은 너희로 죄를 범하지 않게 하려 함이라 만일 누가 죄를 범하여도 아버지 앞에서 우리에게 대언자가 있으니 곧 의로우신 예수 그리스도시라"
행2:33	"하나님이 오른손으로 예수를 높이시매 그가 약속하신 성령을 아버지께 받아서 너희 보고 듣는 이것을 부어 주셨느니라"
갈4:6	"너희가 아들이므로 하나님이 그 아들의 영을 우리 마음 가운데 보내사 아빠 아버지라 부르게 하셨느니라"
롬8:14	"무릇 하나님의 영으로 인도함을 받는 사람은 곧 하나님의 아들이라"

　예수님이 성령을 부어주심은 예수님 자신이 영으로 오신 것입니다. 예수님은 제자들에게 "내가 너희를 고아와 같이 버려두지 아니하고 너희에게로 오리라"고 말씀하셨습니다(요14:18). 그러므로 우리는 그리스도께서 우리 안에 계신 줄을 알아야 합니다. 그렇지 않으면 우리는 버림받은 자입니다(고후13:5). 그리고 누구든지 그리스도의 영이 없으면 그리스도의 사람이 아니며, 그리스도께서 우리 안에 계시면 몸은 죄로 말미암아 죽은 것이나 영은 의로 말미암아 살아

있는 것입니다(롬8:9-10). 또한 이제 우리가 사는 것은 우리 안에 그리스도께서 사시는 것입니다(갈2:20). 그리고 우리에게 주신 성령으로 말미암아 그리스도께서 우리 안에 거하시는 줄을 우리가 압니다(요일3:24).

요14:18	"내가 너희를 고아와 같이 버려두지 아니하고 너희에게로 오리라"
고후13:5	"너희는 믿음 안에 있는가 너희 자신을 시험하고 너희 자신을 확증하라 예수 그리스도께서 너희 안에 계신 줄을 너희가 스스로 알지 못하느냐 그렇지 않으면 너희는 버림 받은 자니라"
롬8:9-10	"만일 너희 속에 하나님의 영이 거하시면 너희가 육신에 있지 아니하고 영에 있나니 누구든지 그리스도의 영이 없으면 그리스도의 사람이 아니라 또 그리스도께서 너희 안에 계시면 몸은 죄로 말미암아 죽은 것이나 영은 의로 말미암아 살아 있는 것이니라"
갈2:20	"내가 그리스도와 함께 십자가에 못 박혔나니 그런즉 이제 내가 사는 것이 아니요 오직 내 안에 그리스도께서 사시는 것이라 이제 내가 육체 가운데 사는 것은 나를 사랑하사 나를 위하여 자기 자신을 버리신 하나님의 아들을 믿는 믿음 안에서 사는 것이라"
요일3:24	"그의 계명을 지키는 자는 주 안에 거하고 주는 그의 안에 거하시나니 우리에게 주신 성령으로 말미암아 그가 우리 안에 거하시는 줄을 우리가 아느니라"

5) 하나님은 승천하신 예수님을 다시 세상에 보내실 것입니다.

하나님 아버지께로 가시고 항상 살아 계셔서 자기를 힘입어 하나님께 나아가는 자들을 위하여 간구하시며 온전히 구원하시는 예수님이 세상에 다시 오실 것입니다. 예수님은 자기를 바라는 자들을 천국에 들어가는 구원에 이르게 하기 위하여 두 번째 나타나실 것입니다(재림하실 것입니다)(히9:28). 곧 예수님은 우리를 모든 악한 일에서 건져내시고 그의 천국에 들어가도록 구원하실 것입니다(딤후4:18). 그래서 우리는 하늘로부터 구원하는 자 곧 주 예수 그리스도를 기다립니다(빌3:20). 곧 구원 받은 우리는 "주 예수여 어서 오시옵소서"(계22:20)라고 고백하며 예수님의 재림을 기다리다가 천국에 들어가서 영생을 누리게 될 것입니다.

히9:28   "이와 같이 그리스도도 많은 사람의 죄를 담당하시려고 단번에 드리신 바 되셨고 구원에 이르게 하기 위하여 죄와 상관없이 자기를 바라는 자들에게 두 번째 나타나시리라

딤후4:18   "주께서 나를 모든 악한 일에서 건져내시고 또 그의 천국에 들어가도록 구원하시리니 그에게 영광이 세세무궁토록 있을지어다 아멘"

빌3:20   "그러나 우리의 시민권은 하늘에 있는지라 거기로부터 구원하는 자 곧 주 예수 그리스도를 기다리노니"

계22:20   "이것들을 증언하신 이가 이르시되 내가 진실로 속히 오리라 하시거늘 아멘 주 예수여 오시옵소서"

6) 이방인의 구원과 이스라엘(유대인)의 구원

하나님은 이스라엘의 구원과 이방인의 구원을 말씀하셨습니다. 하

나님은 유대인(이스라엘 사람)의 하나님이시며 이방인의 하나님도 되십니다(롬3:29). 그래서 하나님은 유대인도 구원하시며 이방인도 구원하십니다. 그런데 이스라엘의 구원과 이방인의 구원은 나무의 접붙임과 같습니다. 이스라엘은 참 감람나무요 이방인은 돌 감람나무인데 참 가람나무 가지인 이스라엘이 꺾이므로 돌 감람나무 가지인 이방인이 참 감람나무에 접붙임이 됩니다(롬11:17). 곧 이스라엘은 믿지 아니하므로 꺾이고 이방인은 믿으므로 섰습니다(롬11:20). 곧 이스라엘이 넘어짐으로 구원이 이방인에게 이르렀습니다(롬11:11). 그러면 하나님이 자기 백성인 이스라엘을 버리셨을까요? 하나님이 그 미리 아신 자기 백성을 버리지 아니하셨습니다(롬11:1-2). 이스라엘 중에도 은혜로 택하심을 따라 남은 자들이 있습니다(롬11:5). 그래서 이스라엘도 믿지 아니하는 데 머무르지 아니하면 그들을 접붙일 능력이 하나님께 있음으로 그들도 접붙임을 받게 됩니다(롬11:23). 그러므로 유대인도 또한 이방인도 하나님이 택하시고 부르신 자만 구원을 받습니다(롬9:23-24). 그리고 하나님의 부르심에는 후회하심이 없습니다(롬11:29).

롬3:29   "하나님은 다만 유대인의 하나님이시냐 또한 이방인의 하나님은 아니시냐 진실로 이방인의 하나님도 되시느니라"

롬11:17   "또한 가지 얼마가 꺾이었는데 돌감람나무인 네가 그들 중에 접붙임이 되어 참감람나무 뿌리의 진액을 함께 받는 자가 되었은즉"

롬11:20   "옳도다 그들은 믿지 아니하므로 꺾이고 너는 믿으므로 섰느니라 높은 마음을 품지 말고 도리어 두려워하라"

롬11:11	"그러므로 내가 말하노니 그들이 넘어지기까지 실족하였느냐 그럴 수 없느니라 그들이 넘어짐으로 구원이 이방인에게 이르러 이스라엘로 시기나게 함이니라"
롬11:1-2	"그러므로 내가 말하노니 하나님이 자기 백성을 버리셨느냐 그럴 수 없느니라 나도 이스라엘인이요 아브라함의 씨에서 난 자요 베냐민 지파라 하나님이 그 미리 아신 자기 백성을 버리지 아니하셨나니 너희가 성경이 엘리야를 가리켜 말한 것을 알지 못하느냐 그가 이스라엘을 하나님께 고발하되"
롬11:5	"그런즉 이와 같이 지금도 은혜로 택하심을 따라 남은 자가 있느니라"
롬11:23	"그들도 믿지 아니하는 데 머무르지 아니하면 접붙임을 받으리니 이는 그들을 접붙일 능력이 하나님께 있음이라"
롬9:23-24	"또한 영광 받기로 예비하신 바 긍휼의 그릇에 대하여 그 영광의 풍성함을 알게 하고자 하셨을지라도 무슨 말을 하리요 이 그릇은 우리니 곧 유대인 중에서 뿐 아니라 이방인 중에서도 부르신 자니라"
롬11:29	"하나님의 은사와 부르심에는 후회하심이 없느니라"

① 이방인의 충만한 수가 구원받기까지 이스라엘의 더러는 우둔하게 됩니다.

하나님의 신비는 이방인의 충만한 수가 들어오기까지 이스라엘의 더러는 우둔하게 된 것입니다(롬11:25). 곧 이스라엘이 구하는 그것을 얻지 못하고 오직 택하심을 입은 자가 얻었고 그 남은 자들은 우둔하여졌습니다(롬11:7). 전에는 이방인들이 하나님께 순종하지 아니하더니 이스라엘이 순종하지 아니함으로 이제는 이방인들이 긍휼을 입었습니다(롬11:30). 곧 이스라엘은 믿지 아니하므로 꺾이고 이방인은 믿으므로 섰습니다(롬11:20). 그래서 이방인의 충만한 수가 구원을 받습니다. 이방인의 충만한 수는 하나님만 아시는 수요 아무도 능히 셀 수 없는 수입니다(계7:9). 이들은 어린양의 피에 그 옷을 씻어 희게 하였습니다(계7:14).

롬11:25   "형제들아 너희가 스스로 지혜 있다 하면서 이 신비를 너희가 모르기를 내가 원하지 아니하노니 이 신비는 이방인의 충만한 수가 들어오기까지 이스라엘의 더러는 우둔하게 된 것이라"

롬11:7   "그런즉 어떠하냐 이스라엘이 구하는 그것을 얻지 못하고 오직 택하심을 입은 자가 얻었고 그 남은 자들은 우둔하여졌느니라"

롬11:30   "너희가 전에는 하나님께 순종하지 아니하더니 이스라엘이 순종하지 아니함으로 이제 긍휼을 입었는지라"

롬11:20   "옳도다 그들은 믿지 아니하므로 꺾이고 너는 믿으므로 섰느니라 높은 마음을 품지 말고 도리어 두려워하라"

계7:9-10 "이 일 후에 내가 보니 각 나라와 족속과 백성과 방언에서 아무도 능히 셀 수 없는 큰 무리가 나와 흰 옷을 입고 손에 종려 가지를 들고 보좌 앞과 어린 양 앞에 서서 큰 소리로 외쳐 이르되 구원하심이 보좌에 앉으신 우리 하나님과 어린 양에게 있도다 하니"

계7:14   "내가 말하기를 내 주여 당신이 아시나이다 하니 그가 나에게 이르되 이는 큰 환난에서 나오는 자들인데 어린 양의 피에 그

② 이방인의 충만한 수가 구원을 받으면 이스라엘도 긍휼을 얻게 됩니다.

이방인의 충만한 수가 구원을 받으면 순종하지 아니한 이방인들에게 베푸신 긍휼로 순종하지 아니한 유대인도 긍휼을 얻게 됩니다(롬 11:31). 곧 믿지 아니하므로 꺾었던 유대인이 믿지 아니하는데 머무르지 아니하므로 접붙임을 받을 것입니다(롬11:23). 그러나 이스라엘 자손들의 수가 비록 바다의 모래 같이 많을지라도 남은 자만 구원을 받습니다(롬9:27-28). 대환난이 오기 전 이스라엘 자손의 각 지파 중에서 일만 이천씩 십사만 사천이 인침을 받습니다(계7:4). 유다 지파, 루으벤 지파, 갓 지파, 아셀 지파, 납달리 지파, 므낫세 지파, 시므온 지파, 레위 지파, 잇사갈 지파, 스불론 지파, 요셉 지파, 베냐민 지파 중에서 각 일만 이천이 인침을 받습니다. 이들은 대환난 날에 예수님을 믿는 믿음을 지키고 대환난 후에 예수님과 함께 하늘의 시온산에 서게 됩니다(계14:1). 이 사람들은 순결한 자며 예수님이 어디로 인도하든지 따라가는 자며, 하나님과 어린양에게 속한 자들이며, 그 입에 거짓말이 없고 흠이 없는 자들입니다(계14:4-5). 그런데 단 지파와 에브라임 지파는 빠져 있습니다.

하나님이 구원하신 자의 수는 이방인 중에서 충만한 수요(롬11:25), 유대인 중에서는 남은 자요(롬9:27), 또 순교자의 수가 있습니다(계 6:11). 그리고 그 수는 사람은 아무도 알 수 없고 오직 하나님만 아시는 수입니다.

롬11:31	"이와 같이 이 사람들이 순종하지 아니하니 이는 너희에게 베푸시는 긍휼로 이제 그들도 긍휼을 얻게 하려 하심이라"
롬11:23	"그들도 믿지 아니하는 데 머무르지 아니하면 접붙임을 받으리니 이는 그들을 접붙이실 능력이 하나님께 있음이라"
롬9:27-28	"또 이사야가 이스라엘에 관하여 외치되 이스라엘 자손들의 수가 비록 바다의 모래 같을지라도 남은 자만 구원을 받으리니 주께서 땅 위에서 그 말씀을 이루고 속히 시행하리라 하셨느니라"
계7:4	"내가 인침 받은 자의 수를 들으니 이스라엘 자손의 각 지파 중에서 인침을 받은 자들이 십사만 사천이니"
계14:1	"또 내가 보니 보라 어린 양이 시온 산에 섰고 그와 함께 십사만 사천이 서 있는데 그들의 이마에는 어린 양의 이름과 그 아버지의 이름을 쓴 것이 있더라"
계14:4-5	"이 사람들은 여자와 더불어 더럽히지 아니하고 순결한 자라 어린양이 어디로 인도하든지 따라가는 자며 사람 가운데에서 속량함을 받아 처음 익은 열매로 하나님과 어린 양에게 속한 자들이니 그 입에 거짓말이 없고 흠이 없는 자들이더라"
롬11:25	"형제들아 너희가 스스로 지혜 있다 하면서 이 신비를 너희가 모르기를 내가 원하지 아니하노니 이 신비는 이방인의 충만한 수가 들어오기까지 이스라엘의 더러는 우둔하게 된 것이라"
롬9:27	"또 이사야가 이스라엘에 관하여 외치되 이스라엘 자손들의 수가 비록 바다의 모래 같을지라도 남은 자만 구원을 받으리니"
계6:11	"각각 그들에게 흰 두루마기를 주시며 이르시되 아직 잠시 동안 쉬되 그들의 동무 종들과 형제들도 자기처럼 죽임을 당하여

하나님이 죄인들을 구원하십니다. 구원은 하나님이 주신 선물입니다. 죄인이 구원을 얻으려면 그 죄를 깨닫고, 그 죄를 회개하여, 그 죄를 사함 받아야 합니다. 그래서 하나님이 죄를 깨닫게 하시려고 율법을 주셨습니다. 그리하여 죄인들은 율법 아래에 있는 자가 되었고, 율법은 율법 아래에 있는 자들에게 말하여 모든 입을 막고 하나님의 심판 아래에 있게 합니다. 그러나 율법은 아무 것도 온전하게 하지 못합니다. 그래서 율법에는 예수 그리스도를 기록하였으며, 율법은 죄인들을 예수 그리스도에게로 인도합니다.

율법을 주셔서 죄를 깨닫게 하신 하나님은 죄인들이 구원을 받게 하려고 그 아들을 세상에 보내셨습니다. 그리고 세상에 오신 예수님이 죄인들을 구원하셨습니다. 죄인들을 구원하려고 세상에 오신 예수님은 우리가 범죄 한 것 때문에 십자가에 죽으시고 우리를 의롭다 하시기 위하여 살아나셨습니다. 그리고 우리는 주 예수의 은혜로 구원을 받았습니다. 곧 구원 받은 우리는 영이 살았습니다.

그리고 부활하신 예수님은 승천하셔서 하나님 아버지께로 가셨습니다. 하나님 아버지께로 가신 예수님은 영원히 계시므로 항상 살아서 자기를 힘입어 나아가는 자들을 온전히 구원하십니다. 또한 승천하신 예수님은 하나님의 자녀들에게 성령을 부어주셨습니다. 승천하신 예수님이 성령을 부어주심은 예수님이 자신이 영으로 오신 것입니다. 그래서 구원받은 자들은 그리스도께서 그 마음에 계신 자이며, 그리스도의 영이 그 마음에 계신 자입니다. 곧 구원 받은 우리는 이 세상에서 성령님의 인도를 받으며 보호를 받고 양육을 받습니다.

승천하신 예수님이 다시 오실 것입니다. 승천하신 예수님은 자기를 바라는 자들을 천국에 들어가는 구원에 이르게 하기 위하여 두 번째 나타나실 것입니다. 예수님은 우리를 모든 악한 일에서 건져내시고 천국에 들어가도록 구원하실 것입니다. 그래서 우리는 하늘로부터 구원하는 자 곧 주 예수 그리스도를 기다립니다. 곧 구원 받은 우리는 "주 예수여 어서 오시옵소서"라고 예수님의 재림을 기다리다가 천국에 들어가게 될 것입니다. 할렐루야! 아멘.

3. 하나님의 구원사역

오직 하나님만이 죄인들을 구원하십니다. 구원은 하나님이 주신 선물입니다. 그러면 하나님이 죄인들을 어떻게 구원하실까요? 하나님이 죄인들을 구원하심을 구원사역이라고 합니다. 하나님의 구원 사역에는 택하심(예정), 부르심(소명), 회개와 죄 사함, 믿음(신앙), 의롭다하심(칭의), 거듭남(중생), 양자됨, 그리스도와의 연합, 성화, 견인, 영화, 영생(천국에서 삶)이 있습니다. 이를 하나님의 구원의 요소(여정)라고도 합니다. 곧 하나님이 우리를 구원하시되 우리를 택하시고, 부르시고, 회개하게 하사 죄 사함을 받게 하시고, 믿게 하시고, 의롭다 하시고, 거듭나게 하시고, 아들 되게 하시고, 그리스도와 연합하게 하시고, 거룩하게 하시고, 끝까지 견디게 하시고, 영화롭게 하셔서, 천국에 들어가도록(영생을 누리도록) 구원하십니다.

1) 택하심(예정)

하나님께서 모든 사람들 중에서 어떤 자들을 구원하시기 위하여 택하셨습니다(미리 정하셨습니다). 구원하심은 하나님의 주권입니다(롬9:20-21). 구원은 원하는 자로 말미암은 것이 아니요 오직 긍휼히 여기시는 하나님으로 말미암습니다(롬9:15-16). 곧 하나님이 미리 아신 자들을 그 아들의 형상을 본받게 하기 위하여 미리 정하셨습니다(롬8:29). 그러므로 하나님 아버지께서 예수님에게 주신 자는 다 예수님께로 옵니다(요6:37). 반면에 하나님 아버지께서 이끌지 아니하시면 아무라도 예수님께로 올 수 없습니다(요6:44). 그래서 이방인들이 복음을 듣고 영생을 주시기로 작정된 자는 다 믿었습니다(행13:48). 그러나 망하는 자들에게는 복음이 가리었습니다(고후4:3).

롬9:20-21 "이 사람아 네가 누구이기에 감히 하나님께 반문하느냐 지음을 받은 물건이 지은 자에게 어찌 나를 이같이 만들었느냐 말하겠느냐 토기장이가 진흙 한 덩이로 하나는 귀히 쓸 그릇을, 하나는 천히 쓸 그릇을 만들 권한이 없느냐"

롬9:15-16 "모세에게 이르시되 내가 긍휼히 여길 자를 긍휼히 여기고 불쌍히 여길 자를 불쌍히 여기리라 하셨으니 그런즉 원하는 자로 말미암음도 아니요 달음박질하는 자로 말미암음도 아니요 오직 긍휼히 여기시는 하나님으로 말미암음이니라"

롬8:29 "하나님이 미리 아신 자들을 또한 그 아들의 형상을 본받게 하기 위하여 미리 정하셨으니 이는 그로 많은 형제 중에서 맏아들이 되게 하려 하심이니라

요6:37	"아버지께서 내게 주시는 자는 다 내게로 올 것이요 내게 오는 자는 내가 결코 내쫓지 아니하리라"
요6:44	"나를 보내신 아버지께서 이끌지 아니하시면 아무도 내게 올 수 없으니 오는 그를 내가 마지막 날에 다시 살리리라"
행13:48	"이방인들이 듣고 기뻐하여 하나님의 말씀을 찬송하며 영생을 주시기로 작정된 자는 다 믿더라"
고후4:3	"만일 우리 복음이 가리었으면 망하는 자들에게 가리어진 것이라"

우리는 하나님의 미리 아심을 따라 성령이 거룩하게 하심으로 순종함과 예수 그리스도의 피 뿌림을 얻기 위하여 택하심을 입었습니다(벧전1:2). 곧 하나님은 창세전에 그리스도 안에서 우리를 택하셔서 그 기쁘신 뜻대로 우리를 예정하사 예수 그리스도로 말미암아 하나님의 아들들이 되게 하셨습니다(엡1:4-5). 하나님이 처음부터 우리를 택하셔서 성령의 거룩하게 하심과 진리를 믿음으로 구원을 받게 하셨습니다(살후2:13).

벧전1:2	"곧 하나님 아버지의 미리 아심을 따라 성령이 거룩하게 하심으로 순종함과 예수 그리스도의 피 뿌림을 얻기 위하여 택하심을 받은 자들에게 편지하노니 은혜와 평강이 너희에게 더욱 많을 지어다"
엡1:4-5	"곧 창세 전에 그리스도 안에서 우리를 택하사 우리로 사랑 안에서 그 앞에 거룩하고 흠이 없게 하시려고 그 기쁘신 뜻대로 우리를 예정하사 예수 그리스도로 말미암아 자기의 아들들이

되게 하셨으니"

살후2:13　　"주께서 사랑하시는 형제들아 우리가 항상 너희에 관하여 마땅

히 하나님께 감사할 것은 하나님이 처음부터 너희를 택하사 성

령의 거룩하게 하심과 진리를 믿음으로 구원을 받게 하심이니"

2) 부르심(소명)

하나님은 모든 사람들 중에서 어떤 자들을 구원하시기 위하여 택하셨고, 택하신 자들을 부르십니다.

모든 사람은 죄를 범하였음으로 하나님의 영광에 이르지 못하며, 영적으로 소경이며, 믿고 구원 받을 능력이 없습니다. 그래서 사람이 구원을 받기 위해서는 하나님의 역사가 개입되어야 합니다. 이러한 하나님의 역사를 부르심(소명)이라고 합니다.

하나님은 택하신(예정하신) 자들을 부르셨습니다(롬8:30). 하나님의 부르심은 거룩한 부르심이며(딤후1:9), 하나님의 부르심은 후회하심이 없습니다(롬11:29). 또 하나님의 부르심을 입은 자들에게는 그리스도는 하나님의 능력이요 하나님의 지혜입니다(고전1:24).

그런데 하나님께서 택하신 자들만을 부르신 것이 아닙니다. 하나님은 땅 끝의 모든 백성을 구원을 얻으라고 부르셨습니다(사45:22). 그러나 청함을 받은 자는 많지만 택하심 받은 자들만 부르심에 응답하게 됩니다. 그래서 청함을 받은 자는 많지만 택함을 받은 자는 적습니다(마22:14).

롬8:30　　"또 미리 정하신 그들을 또한 부르시고 부르신 그들을 또한 의

롭다 하시고 의롭다 하신 그들을 또한 영화롭게 하셨느니라"

딤후1:9   "하나님이 우리를 구원하사 거룩하신 소명으로 부르심은 우리
의 행위대로 하심이 아니요 오직 자기의 뜻과 영원 전부터 그리
스도 예수 안에서 우리에게 주신 은혜대로 하심이라"

롬11:29   "하나님의 은사와 부르심에는 후회하심이 없느니라"

고전1:24   "오직 부르심을 받은 자들에게는 유대인이나 헬라인이나 그리
스도는 하나님의 능력이요 하나님의 지혜니라"

사45:22   "땅의 모든 끝이여 내게로 돌이켜 구원을 받으라 나는 하나님이
라 다른 이가 없느니라"

마22:14   "청함을 받은 자는 많되 택함을 입은 자는 적으니라"

    우리는 하나님의 부르심과 택하심을 굳게 해야 합니다(벧후1:10).
그리고 우리는 하나님의 부르심의 소망이 무엇임을 알아야 합니다(
엡1:18). 하나님은 우리를 하나님의 나라와 영광에 이르게 하려고 부
르셨고(살전2:12), 예수 그리스도와 교제하게 하려고 부르셨고(고전
1:9), 자유를 주려고 부르셨습니다(갈5:13). 하나님의 부르심을 입은
우리는 하나님께 합당히 행하며, 사랑으로 서로 종노릇하며, 믿는 도
리의 사도시며 대제사장이신 예수님을 깊이 생각해야 합니다(히3:1).

벧후1:10   "그러므로 형제들아 더욱 힘써 너희 부르심과 택하심을 굳게하
라 너희가 이것을 행한즉 언제든지 실족하지 아니하리라"

엡1:18   "너희 마음의 눈을 밝히사 그의 부르심의 소망이 무엇이며 성도
안에서 그 기업의 영광의 풍성함이 무엇이며"

살전2:12	"이는 너희를 부르사 자기 나라와 영광에 이르게 하시는 하나님께 합당히 행하게 하려 함이라"
고전1:9	"너희를 불러 그의 아들 예수 그리스도 우리 주와 더불어 교제하게 하시는 하나님은 미쁘시도다"
갈5:13	"형제들아 너희가 자유를 위하여 부르심을 입었으나 그러나 그 자유로 육체의 기회를 삼지 말고 오직 사랑으로 서로 종 노릇하라"
히3:1	"그러므로 함께 하늘의 부르심을 받은 거룩한 형제들아 우리가 믿는 도리의 사도이시며 대제사장이신 예수를 깊이 생각하라"

3) 회개와 죄 사함

하나님은 모든 사람들 중에서 어떤 자들을 구원하시기 위하여 택하셨고, 택하신 자들을 부르시고, 부르신 자들에게 회개함을 주셔서 죄 사함을 받게 하십니다.

그리스도인은 그가 구원 받기 전에 살던 삶과는 아주 다른 삶을 사는 자입니다. 즉 그리스도인은 그가 전에 죄와 불법 가운데서 살던 삶과는 다른 새로운 삶 곧 의로운 삶을 사는 자입니다. 그리고 그리스도인은 이 새로운 삶이 전 생애 동안 계속되어야 하고 온전해져야 합니다. 그런데 그리스도인이 이 새로운 삶을 시작하는 시점이 있습니다. 그리스도인이 새로운 삶을 시작하는 시점이 바로 회개입니다. 회개란 죄를 자백하고 버리며 죄를 거부하는 것입니다. 곧 회개란 모든 죄악을 버리고 모든 죄에서 떠나는 것이며, 죄를 사함(죄를 없이함) 받는 것입니다.

하나님께서 회개함을 주십니다(딤후2:25-26). 하나님은 어디든지 사람에게 다 명하사 회개하라 하셨습니다(행17:30). 곧 하나님은 돌이켜 회개하고 모든 죄악을 버리고 모든 죄에서 떠나라고 명하셨습니다(겔18:30-31). 그리고 예수 그리스도의 이름으로 죄 사함을 얻게 하는 회개가 예루살렘으로부터 시작하여 모든 족속에게 전파될 것이 기록되었으며(눅24:47), 예수님은 이 세상에 오셔서 회개하라고 전파하셨습니다(마4:17).

딤후2:25-26 "거역하는 자를 온유함으로 훈계할지니 혹 하나님이 그들에게 회개함을 주사 진리를 알게 하실까 하며 그들로 깨어 마귀의 올무에서 벗어나 하나님께 사로잡힌 바 되어 그 뜻을 따르게 하실까 함이라"

행17:30 "알지 못하던 시대에는 하나님이 간과하셨거니와 이제는 어디든지 사람에게 다 명하사 회개하라 하셨으니"

겔18:30-31 "주 여호와의 말씀이니라 이스라엘 족속아 내가 너희 각 사람이 행한 대로 심판할지라 너희는 돌이켜 회개하고 모든 죄에서 떠날지어다 그리한즉 그것이 너희에게 죄악의 걸림돌이 되지 아니하리라 너희는 너희가 범한 모든 죄악을 버리고 마음과 영을 새롭게 할지어다 이스라엘 족속아 너희가 어찌하여 죽고자 하느냐"

눅24:47 "또 그의 이름으로 죄 사함을 받게 하는 회개가 예루살렘에서 시작하여 모든 족속에게 전파될 것이 기록되었으니"

마4:17 "이 때부터 예수께서 비로소 전파하여 이르시되 회개하라 천국이 가까이 왔느니라 하시더라"

우리가 우리 죄를 자백(회개)하면 하나님은 미쁘시고 의로우사 우리 죄를 사하시며 우리를 모든 불의에서 깨끗하게 하십니다(요일1:9). 그러므로 우리는 회개하여 죄 사함을 받아야 합니다. 우리가 회개하여 죄 사함(죄 없이함)을 받으면 구원을 받고(눅1:77), 성령을 선물로 받으며(행2:38), 새롭게 되는 날이 주 앞으로부터 이릅니다(행3:19).

요일1:9   "만일 우리가 우리 죄를 자백하면 그는 미쁘시고 의로우사 우리 죄를 사하시며 우리를 모든 불의에서 깨끗하게 하실 것이요"

눅1:77   "주의 백성에게 그 죄 사함으로 말미암는 구원을 알게 하리니"

행2:38   "베드로가 이르되 너희가 회개하여 각각 예수 그리스도의 이름으로 세례를 받고 죄 사함을 받으라 그리하면 성령의 선물을 받으리니"

행3:19   "그러므로 너희가 회개하고 돌이켜 너희 죄 없이 함을 받으라 이같이 하면 새롭게 되는 날이 주 앞으로부터 이를 것이요"

4) 믿음

하나님은 모든 사람들 중에서 어떤 자들을 구원하시기 위하여 택하셨고, 택하신 자들을 부르시고, 부르신 자들에게 회개함을 주셔서 죄 사함을 얻게 하시고, 예수 그리스도를 믿게 하십니다.

회개하여 죄를 버린 자는 예수 그리스도를 믿고 그에게 나아가게 됩니다. 믿음이란 우리가 그리스도의 약속들과 그 사역을 붙잡는 것입니다. 그리고 우리가 예수님의 이름을 믿는다는 것은 그를 인격적으로 신뢰하는 것입니다. 곧 우리가 예수님을 믿음은 그분이 하신 말씀을 진리로 받아들이고 그 분을 신뢰하는 것입니다.

　믿음은 하나님이 주십니다(유1:3). 하나님은 알고 믿게 하시려고 택하셨으며(사43:10), 택하신 자를 믿음에 부요하게 하십니다(약2:5). 우리는 사도들과 함께 동일한 보배로운 믿음을 하나님께 받았습니다(벧후1:1).

유1:3 　　"사랑하는 자들아 우리가 일반으로 받은 구원에 관하여 내가 너희에게 편지하려는 생각이 간절하던 차에 성도에게 단번에 주신 믿음의 도를 위하여 힘써 싸우라는 편지로 너희를 권하여야 할 필요를 느꼈노니"

사43:10 　"나 여호와가 말하노라 너희는 나의 증인, 나의 종으로 택함을 입었나니 이는 너희가 나를 알고 믿으며 내가 그인 줄 깨닫게 하려 함이라 나의 전에 지음을 받은 신이 없었느니라 나의 후에도 없으리라"

약2:5 　　"내 사랑하는 형제들아 들을지어다 하나님이 세상에서 가난한 자를 택하사 믿음에 부요하게 하시고 또 자기를 사랑하는 자들에게 약속하신 나라를 상속으로 받게 하지 아니하셨느냐"

벧후1:1 　"예수 그리스도의 종이며 사도인 시몬 베드로는 우리 하나님과 구주 예수 그리스도의 의를 힘입어 동일하게 보배로운 믿음을 우리와 함께 받은 자들에게 편지하노니"

　우리는 예수 그리스도를 믿어야 합니다. 왜냐하면 하나님은 예수님의 이름을 믿는 자들에게는 하나님의 자녀가 되는 권세를 주셨으며(

요1:12), 예수 그리스도를 믿는 자들이 다 그 이름을 힘입어 죄 사함을 받기 때문입니다(행10:43). 그래서 우리는 사람이 의롭게 되는 것은 율법의 행위에서 난 것이 아니요 오직 예수 그리스도를 믿음으로 말미암는 줄 아는 고로 예수 그리스도를 믿습니다(갈2:16).

요1:12   "영접하는 자 곧 그 이름을 믿는 자들에게는 하나님의 자녀가 되는 권세를 주셨으니"

행10:43   "그에 대하여 모든 선지자도 증언하되 그를 믿는 사람들이 다 그의 이름을 힘입어 죄 사함을 받는다 하였느니라"

갈2:16   "사람이 의롭게 되는 것은 율법의 행위로 말미암음이 아니요 오직 예수 그리스도를 믿음으로 말미암는 줄 알므로 우리도 그리스도 예수를 믿나니 이는 우리가 율법의 행위로써가 아니고 그리스도를 믿음으로써 의롭다 함을 얻으려 함이라 율법의 행위로써는 의롭다 함을 얻을 육체가 없느니라"

5) 의롭다 하심(칭의)

하나님은 모든 사람들 중에서 어떤 자들을 구원하시기 위하여 택하셨고, 택하신 자들을 부르시고, 부르신 자들에게 회개함을 주셔서 죄 사함을 얻게 하시고, 예수 그리스도를 믿게 하시며, 예수 그리스도를 믿는 자들을 의롭다 하십니다.

경건하지 않지만 예수 그리스도를 믿으면 하나님은 그를 의롭다고 하십니다. 이를 '칭의'라고 합니다. '칭의'란 어떠한 성취를 통해서 얻어지는 것이 아니며 그냥 주어지는 것입니다. '칭의'란 하나님께서 그리스도의 의(하나님의 의)를 그를 믿는 자들에게 주시는 것입니다. 그러므로 '칭의'란 예수 그리스도를 믿는 우리의 죄가 용서 받았다는 선언이며, 하나님의 법이 우리에게 요구하는 모든 것을 우리가 성취했다는 선언이며, 우리가 하나님의 심판을 받지 아니한다는 선언입니다. 그리고 하나님의 이 선언의 말씀은 실제로 이루어집니다.

하나님은 모든 믿는 자들을 의롭다 하시기 위하여 아브라함을 믿음의 조상으로 세우시고 의롭다 하셨습니다. 하나님은 아브라함을 부르시고 그로 큰 민족을 이루겠다고 언약하셨습니다. 그런데 그 후 10년이 지나도 아들이 없음으로 아브라함은 그 종 엘리에셀을 상속자로 여겼습니다(창15:2). 그러나 하나님은 아브라함에게 "네 몸에서 날 자가 네 상속자가 되리라"고 하시며, 아브라함의 자손이 하늘의 뭇별과 같으리라고 언약하셨습니다(창15:4-5). 이에 아브라함이 하나님을 믿었으며 하나님은 이를 그의 의로 여기셨습니다(창15:6). 곧 아브라함이 하나님을 믿으매 그것이 그에게 의로 여겨진바 되었습니다(롬4:3). 그리고 아브라함은 백세나 되어 자기 몸이 죽은 것 같고 사라의 태가 죽은 것 같음을 알고도 믿음이 없어 하나님의 약속을 의심하지 않고 약속하신 그것을 또한 능히 이루실 줄을 확신하였으므로 그것이 그에게 의로 여겨졌습니다(롬4:19-22). 또한 아브라함은 그 아들 이삭을 제단에 바칠 때에 행함으로 의롭다 하심을 받았습니다(약2:21). 이는 아브라함이 하나님을 믿으니 이것을 의로 여기셨다는 말씀이 이루어진 것입니다(약2:23). 곧 하나님께서 의로 여기신 믿음이 확신하고 순종하도록 온전하게 자랐습니다.

창15:2	"아브라함이 이르되 주 여호와여 무엇을 내게 주시려 하나이까 나는 자식이 없사오니 나의 상속자는 이 다메섹 사람 엘리에셀 이니이다"
창15:4-5	"여호와의 말씀이 그에게 임하여 이르시되 그 사람이 네 상속자 가 아니라 네 몸에서 날 자가 네 상속자가 되리라 하시고 그를 이끌고 밖으로 나가 이르시되 하늘을 우러러 뭇별을 셀 수 있나 보라 또 그에게 이르시되 네 자손이 이와 같으리라"
창15:6	"아브람이 여호와를 믿으니 여호와께서 이를 그의 의로 여기시고"
롬4:3	"성경이 무엇을 말하느냐 아브라함이 하나님을 믿으매 그것이 그에게 의로 여겨진 바 되었느니라"
롬4:19-22	"그가 백세나 되어 자기 몸이 죽은 것 같고 사라의 태가 죽은것 같음을 알고도 믿음이 약하여지지 아니하고 믿음이 없어 하나 님의 약속을 의심하지 않고 믿음으로 견고하여져서 하나님께 영광을 돌리며 약속하신 그것을 또한 능히 이루실 줄을 확신하 였으니 그러므로 그것이 그에게 의로 여겨졌느니라"
약2:21	"우리 조상 아브라함이 그 아들 이삭을 제단에 바칠 때에 행함 으로 의롭다 하심을 받은 것이 아니냐"
약2:23	"이에 성경에 이른 바 아브라함이 하나님을 믿으니 이것을 의 로 여기셨다는 말씀이 이루어졌고 그는 하나님의 벗이라 칭함 을 받았느니라"

아브라함에게 의로 여겨졌다 기록된 것은 아브라함만 위한 것이 아 니요 의로 여기심을 받을 우리 곧 예수 우리 주를 죽은 자 가운데서 살

리신 하나님을 믿는 우리도 위함입니다(롬4:23-24). 의롭다 하신 이는 하나님이십니다(롬8:33-34). 하나님은 경건하지 아니한 자를 의롭다 하시는 하나님을 믿는 자에게는 그의 믿음을 의로 여기십니다(롬4:5). 또 하나님은 예수님을 믿는 자를 의롭다 하십니다(롬3:26). 그러므로 우리를 의롭다하심을 받게 하는 것은 우리의 믿음입니다. 우리는 예수님이 우리의 범죄 한 것 때문에 내줌이 되고 또한 우리를 의롭다 하시기 위하여 살아나셨음을 믿고(롬4:25), 예수님을 죽은 자 가운데서 살리신 하나님을 믿으므로 의로 여기심을 받았습니다(롬4:24). 곧 예수님이 우리에게 의롭다 하심이 되셨습니다(고전1:30). 그리고 하나님이 우리를 의로 여기신 말씀이 이루어져서 우리가 의롭게 되고 의를 행하는 자가 되었습니다.

롬4:23-24 "그에게 의로 여겨졌다 기록된 것은 아브라함만 위한 것이 아니요 의로 여기심을 받을 우리도 위함이니 곧 예수 우리 주를 죽은 자 가운데서 살리신 이를 믿는 자니라"

롬8:33-34 "누가 능히 하나님께서 택하신 자들을 고발하리요 의롭다 하신 이는 하나님이시니 누가 정죄하리요 죽으실 뿐 아니라 다시 살아나신 이는 그리스도 예수시니 그는 하나님 우편에 계신 자요 우리를 위하여 간구하시는 자시니라"

롬4:5 "일을 아니할지라도 경건하지 아니한 자를 의롭다 하시는 이를 믿는 자에게는 그의 믿음을 의로 여기시나니"

롬3:26 "곧 이 때에 자기의 의로우심을 나타내사 자기도 의로우시며 또한 예수 믿는 자를 의롭다 하려 하심이라"

롬4:25	"예수는 우리가 범죄한 것 때문에 내줌이 되고 또한 우리를 의롭다 하시기 위하여 살아나셨느니라"
롬4:24	"의로 여기심을 받을 우리도 위함이니 곧 예수 우리 주를 죽은 자 가운데서 살리신 이를 믿는 자니라"
고전1:30	"너희는 하나님으로부터 나서 그리스도 예수 안에 있고 예수는 하나님으로부터 나와서 우리에게 지혜와 의로움과 거룩함과 구원함이 되셨으니"

6) 거듭남(중생)

하나님은 모든 사람들 중에서 어떤 자들을 구원하시기 위하여 택하셨고, 택하신 자들을 부르시고, 부르신 자들에게 회개함을 주셔서 죄 사함을 얻게 하시고, 예수 그리스도를 믿게 하시며, 예수 그리스도를 믿는 자들을 의롭다 하시고, 거듭나게 하십니다.

범죄한 사람은 변화를 받아야 합니다. 범죄한 사람은 영적으로 죽었기에 새 생명이 요구됩니다. 즉 범죄로 죽은 사람은 새로 태어나야 합니다. 거듭남은 이렇게 사람이 새로 태어나는 것입니다. 거듭남은 육으로 태어난 자가 새로 영으로 태어나는 것입니다. 곧 거듭남은 사람이 성령으로 다시 나는 것을 말합니다. 거듭남은 사람의 노력으로 이루어지는 것이 아닙니다. 거듭남은 성령님의 초자연적인 사역입니다. 또한 거듭남은 그 자체가 목적이 아닙니다. 거듭남은 영적 성숙 과정의 끝이 아니고 시작입니다. 그리고 영적 성숙 과정을 성화라고 합니다. 그러므로 거듭난 자는 계속하여 성화되어야 합니다.

우리는 성령으로 거듭나야 합니다. 사람이 거듭나지 아니하면 하나님 나라를 볼 수 없고(요3:3), 하나님 나라에 들어갈 수도 없습니다(요3:5). 그래서 하나님이 우리를 구원하시되 중생의 씻음과 성령의 새롭게 하심으로 구원하셨습니다(딛3:5). 또한 하나님은 예수 그리스도를 죽은 자 가운데서 부활하게 하심으로 말미암아 우리를 거듭나게 하셨습니다(벧전1:3). 곧 하나님이 우리를 진리의 말씀으로 낳으셨습니다(약1:18). 우리가 거듭난 것은 하나님의 살아 있고 항상 있는 말씀으로 되었습니다(벧전1:23). 그리고 거듭난 우리는 예수께서 그리스도이심을 믿고(요일5:1), 세상을 이기며(요일5:4), 범죄 하지 아니합니다(요일5:18).

요3:3	"예수께서 대답하여 이르시되 진실로 진실로 네게 이르노니 사람이 거듭나지 아니하면 하나님의 나라를 볼 수 없느니라"
요3:5	"예수께서 대답하시되 진실로 진실로 네게 이르노니 사람이 물과 성령으로 나지 아니하면 하나님의 나라에 들어갈 수 없느니라"
딛3:5	"우리를 구원하시되 우리가 행한 바 의로운 행위로 말미암지 아니하고 오직 그의 긍휼하심을 따라 중생의 씻음과 성령의 새롭게 하심으로 하셨나니"
벧전1:3	"우리 주 예수 그리스도의 아버지 하나님을 찬송하리로다 그의 많으신 긍휼대로 예수 그리스도를 죽은 자 가운데서 부활하게 하심으로 말미암아 우리를 거듭나게 하사 산 소망이 있게 하시며"
약1:18	"그가 그 피조물 중에 우리로 한 첫 열매가 되게 하시려고 자기의 뜻을 따라 진리의 말씀으로 우리를 낳으셨느니라"

벧전1:23	"너희가 거듭난 것은 썩어질 씨로 된 것이 아니요 썩지 아니할 씨로 된 것이니 살아 있고 항상 있는 하나님의 말씀으로 되었느니라"
요일5:1	"예수께서 그리스도이심을 믿는 자마다 하나님께로부터 난 자니 또한 낳으신 이를 사랑하는 자마다 그에게서 난 자를 사랑하느니라"
요일5:4	"무릇 하나님께로부터 난 자마다 세상을 이기느니라 세상을 이기는 승리는 이것이니 우리의 믿음이니라"
요일5:18	"하나님께로부터 난 자는 다 범죄하지 아니하는 줄을 우리가 아노라 하나님께로부터 나신 자가 그를 지키시매 악한 자가 그를 만지지도 못하느니라"

7) 양자됨

하나님은 모든 사람들 중에서 어떤 자들을 구원하시기 위하여 택하셨고, 택하신 자들을 부르시고, 부르신 자들에게 회개함을 주셔서 죄 사함을 얻게 하시고, 예수 그리스도를 믿게 하시며, 예수 그리스도를 믿는 자들을 의롭다 하시고, 거듭나게 하시며, 하나님의 아들이 되게 하십니다.

양자됨은 우리가 예수 그리스도(독생자)를 믿음으로 말미암아 하나님의 아들(양자)이 되는 것을 의미합니다. 우리가 양자됨으로 말미암아 하나님의 아들의 특권을 누리게 된 것입니다.

하나님이 우리를 예정하사 예수 그리스도로 말미암아 하나님의 아들들이 되게 하셨습니다(엡1:5). 곧 하나님이 그 아들을 보내사 우리로 아들의 명분을 얻게 하신 것입니다(갈4:4-5). 하나님은 예수 이름을 믿는 우리에게 하나님의 자녀가 되는 권세를 주셨습니다(요1:12). 또 하나님은 아들인 우리에게 그 아들의 영(양자의 영)을 우리 마음 가운데 보내사 아빠 아버지라 부르게 하셨습니다(갈4:6). 그래서 우리는 무서워하는 종의 영을 받지 아니하고 양자의 영을 받았으므로 하나님을 아빠 아버지라 부릅니다(롬8:15).

엡1:5　　　"그 기쁘신 뜻대로 우리를 예정하사 예수 그리스도로 말미암아 자기의 아들들이 되게 하셨으니"

갈4:4-5　　"때가 차매 하나님이 그 아들을 보내사 여자에게서 나게 하시고 율법 아래에 나게 하신 것은 율법 아래에 있는 자들을 속량하시고 우리로 아들의 명분을 얻게 하려 하심이라"

요1:12　　　"영접하는 자 곧 그 이름을 믿는 자들에게는 하나님의 자녀가 되는 권세를 주셨으니"

갈4:6　　　"너희가 아들이므로 하나님이 그 아들의 영을 우리 마음 가운데 보내사 아빠 아버지라 부르게 하셨느니라"

롬8:15　　　"너희는 다시 무서워하는 종의 영을 받지 아니하고 양자의 영을 받았으므로 우리가 아빠 아버지라고 부르짖느니라"

8) 그리스도와의 연합

하나님은 모든 사람들 중에서 어떤 자들을 구원하시기 위하여 택하셨고, 택하신 자들을 부르시고, 부르신 자들에게 회개함을 주셔서 죄사함을 얻게 하시고, 예수 그리스도를 믿게 하시며, 예수 그리스도를 믿는 자들을 의롭다 하시고, 거듭나게 하시며, 하나님의 아들이 되게 하시고, 하나님의 아들이 된 자들을 그리스도와 연합하게 하십니다. 곧 하나님이 그의 아들이 된 자들의 마음에 그 아들의 영이신 성령을 보내셔서 아빠 아버지라 부르게 하셨으며(갈4:6), 하나님이 성령을 보내신 것은 그리스도와 연합하게 하신 것입니다.

그리스도와의 연합은 그리스도와 성도들이 서로의 안에 있는 것입니다. 성도들이 그리스도 안에 있으며, 그리스도께서 성도들 안에 계십니다. 그런데 그리스도와의 연합은 하나님이 주시는 구원의 전 영역을 표현하는 의미가 있습니다. 구원 받은 자는 그리스도와 연합한 자이며, 그리스도 안에서 구원을 받았습니다. 그러므로 우리는 그리스도 안에 거해야 하고 그리스도께서 우리 안에 거하셔야 합니다(요15:4-5). 우리는 그리스도 안에서 죄 사함을 받았고(엡1:7), 지으심을 받았습니다(엡2:10). 그리고 우리 안에 계신 그리스도는 영광의 소망이시며(골1:27). 그리스도께서 우리 안에 계시지 아니하면 우리는 버림받은 자입니다(고후13:5).

갈4:6   "너희가 아들이므로 하나님이 그 아들의 영을 우리 마음 가운데 보내사 아빠 아버지라 부르게 하셨느니라"

요15:4-5   "내 안에 거하라 나도 너희 안에 거하리라 가지가 포도나무에 붙어 있지 아니하면 스스로 열매를 맺을 수 없음 같이 너희도 내 안에 있지 아니하면 그러하리라"

엡1:7   "우리는 그리스도 안에서 그의 은혜의 풍성함을 따라 그의 피로 말미암아 속량 곧 죄 사함을 받았느니라"

엡2:10   "우리는 그가 만드신 바라 그리스도 예수 안에서 선한 일을 위

하여 지으심을 받은 자니 이 일은 하나님이 전에 예비하사 우리
로 그 가운데서 행하게 하려 하심이니라"

골1:27   "하나님이 그들로 하여금 이 비밀의 영광이 이방인 가운데 얼
마나 풍성한지를 알게 하려 하심이라 이 비밀은 너희 안에 계신
그리스도시니 곧 영광의 소망이니라"

고후13:5   "너희는 믿은 안에 있는가 너희 자신을 시험하고 너희 자신을
확증하라 예수 그리스도께서 너희 안에 계신 줄을 너희가 스스
로 알지 못하느냐 그렇지 않으면 너희는 버림 받은 자니라"

　　우리가 그리스도와 연합하는 것은 세례를 받는 것입니다. 믿고 세
례를 받는 사람은 구원을 얻습니다(막16:16). 우리가 그리스도 예수
와 합하여 세례를 받은 것은 그의 죽으심과 합하여 세례를 받은 것입
니다(롬6:3). 그리고 우리가 예수 그리스도의 죽으심과 합하여 세례를
받음으로 그와 함께 장사되었습니다(롬6:4). 만일 우리가 예수 그리스
도의 죽으심과 같은 모양으로 연합한 자가 되었으면 또한 그의 부활과
같은 모양으로 연합한 자도 될 것입니다(롬6:5). 곧 우리가 그리스도
와 함께 죽었으면 또한 그와 함께 살아납니다(롬6:8). 그러므로 우리
는 우리 자신을 죄에 대하여는 죽은 자요 그리스도 예수 안에서 하나
님께 대하여는 살아 있는 자로 여겨야 합니다(롬6:11).

막16:16   "믿고 세례를 받는 사람은 구원을 얻을 것이요 믿지 않는 사람
은 정죄를 받으리라"

롬6:3   "무릇 그리스도 예수와 합하여 세례를 받은 우리는 그의 죽으심

과 합하여 세례를 받은 줄을 알지 못하느냐"

롬6:4 "그러므로 우리가 그의 죽으심과 합하여 세례를 받음으로 그와
함께 장사되었나니 이는 아버지의 영광으로 말미암아 그리스
도를 죽은 자 가운데서 살리심과 같이 우리로 또한 새 생명 가
운데서 행하게 하려 함이라"

롬6:5 "만일 우리가 그의 죽으심과 같은 모양으로 연합한 자가 되었으
면 또한 그의 부활과 같은 모양으로 연합한 자도 되리라"

롬6:8 "만일 우리가 그리스도와 함께 죽었으면 또한 그와 함께 살 줄
을 믿노니"

롬6:11 "이와 같이 너희도 너희 자신을 죄에 대하여는 죽은 자요 그리스
도 예수 안에서 하나님께 대하여는 살아 있는 자로 여길지어다"

그리스도께서 우리와 연합하시는 것은 성령 세례입니다. 성령 세
례는 성령님이 예수님을 믿는 하나님의 아들들에게 임하시는 것입니
다.즉 성령 세례는 성령님이 우리 마음에 오신 것입니다. 성령님이 우
리 마음에 오신 것은 곧 예수님이 영으로 우리 마음에 오신 것입니다(
요14:18-19). 그리고 성령님이 우리에게 오시면 우리가 예수님 안에
예수님이 우리 안에 계심을 우리가 압니다(요14:20). 그러나 만일 누
구든지 그리스도의 영이신 성령님이 계시지 아니하면 그리스도의 사
람이 아닙니다(롬8:9).

요14:18-19 "내가 너희를 고아와 같이 버려두지 아니하고 너희에게로 오리
라 조금 있으면 세상은 다시 나를 보지 못할 것이로되 너희는

나를 보리니 이는 내가 살아 있고 너희도 살아 있겠음이라"

요14:20   "그 날에는 내가 아버지 안에, 너희가 내 안에, 내가 너희 안에
있는 것을 너희가 알리라"

롬8:9   "만일 너희 속에 하나님의 영이 거하시면 너희가 육신에 있지
아니하고 영에 있나니 누구든지 그리스도의 영이 없으면 그리
스도의 사람이 아니라"

9) 성화

하나님은 모든 사람들 중에서 어떤 자들을 구원하시기 위하여 택하
셨고, 택하신 자들을 부르시고, 부르신 자들에게 회개함을 주셔서 죄
사함을 얻게 하시고, 예수 그리스도를 믿게 하시며, 예수 그리스도를
믿는 자들을 의롭다 하시고, 거듭나게 하시며, 하나님의 아들이 되게
하시고, 하나님의 아들이 된 자들을 그리스도와 연합하게 하시며, 그
리스도와 연합한 자들을 점점 성화되게 하십니다.

성화란 성도의 삶 속에서 성령으로 말미암아 그를 거룩하게 하시는
하나님의 계속적인 사역을 말합니다. 또한 성화란 하나님께서 예수님
이 이루신 구속사역을 성령으로 성도들의 삶에 적용하시는 사역이라
고 할 수 있습니다. 그리고 성도가 거룩하게 되는 것은 하나님과 같은
성품을 가지게 됨을 의미합니다. 성화는 초자연적인 하나님의 역사입
니다. 또한 성화는 점진적인 하나님의 역사입니다. 그리고 성화의 목
표는 그리스도의 형상을 이루는 것입니다. 성화는 전 생애를 통해서
완성되는 것이며, 그 정도나 차이가 있고, 성도의 상태나 성품이 실제
적으로 변화되는 것입니다.

하나님은 초태생은 다 거룩히 구별하여 하나님께 돌리라고 명하셨습니다(출13:1-2). 이렇게 하나님은 거룩히 구별하십니다. 하나님은 친히 우리로 온전히 거룩하게 하십니다(살전5:23). 하나님은 우리를 말씀으로 깨끗하게 하사 거룩하게 하십니다(엡5:26). 그래서 우리는 그리스도 예수 안에서 거룩하여지고 성도라 부르심을 입었으며(고전1:2), 우리는 거룩한 나라입니다(벧전2:9). 예수님이 우리에게 거룩함이 되셨습니다(고전1:30).

출13:1-2   "여호와께서 모세에게 일러 이르시되 이스라엘 자손 중에서 사람이나 짐승을 막론하고 태에서 처음난 모든 것은 다 거룩히 구별하여 내게 돌리라 이는 내 것이니라 하시니라"

살전5:23   "평강의 하나님이 친히 너희를 온전히 거룩하게 하시고 또 너희의 온 영과 혼과 몸이 우리 주 예수 그리스도께서 강림하실때에 흠 없게 보전되기를 원하노라"

엡5:26   "이는 곧 물로 씻어 말씀으로 깨끗하게 하사 거룩하게 하시고"

고전1:2   "고린도에 있는 하나님의 교회 곧 그리스도 예수 안에서 거룩하여지고 성도라 부르심을 받은 자들과 또 각처에서 우리의 주 곧 그들과 우리의 주 되신 예수 그리스도의 이름을 부르는 모든 자들에게"

벧전2:9   "그러나 너희는 택하신 족속이요 왕 같은 제사장들이요 거룩한 나라요 그의 소유가 된 백성이니 이는 너희를 어두운 데서 불러내어 그의 기이한 빛에 들어가게 하신 이의 아름다운 덕을 선포하게 하려 하심이라"

고전1:30   "너희는 하나님으로부터 나서 그리스도 예수 안에 있고 예수는
           하나님으로부터 나와서 우리에게 지혜와 의로움과 거룩함과 구
           원함이 되셨으니"

10) 견인

하나님은 모든 사람들 중에서 어떤 자들을 구원하시기 위하여 택하
셨고, 택하신 자들을 부르시고, 부르신 자들에게 회개함을 주셔서 죄
사함을 얻게 하시고, 예수 그리스도를 믿게 하시며, 예수 그리스도를
믿는 자들을 의롭다 하시고, 거듭나게 하시며, 하나님의 아들이 되게
하시고, 하나님의 아들이 된 자들을 그리스도와 연합하게 하시며, 그
리스도와 연합한 자들을 점점 성화되게 하시고, 끝까지 인내하며 믿
도록 견인하게 하십니다.

우리는 육체적 죽음을 경험하게 될 것입니다. 그리고 우리는 육체
적 죽음 후에 영원한 세계에서 살게 될 것입니다. 그런데 우리는 이
세상에 사는 동안 하나님의 은혜로 보호되므로 육체적 죽음에 이르
기까지 신실한 하나님의 자녀로 살게 될 것입니다. 이를 성도의 견인
이라고 합니다.

그러면 참으로 거듭났으며 의롭다 하심을 얻고 하나님의 자녀가 되
고 그리스도와 연합한 성도는 육체적 죽음에 이르기까지 항상 성도로
서의 믿음의 삶을 지속하게 될까요? 우리가 이를 아는 것은 매우 중요
합니다. 만일 우리의 구원이 육체적 죽음에 이르기까지 지속될 수 없
는 것이라면 우리는 큰 염려와 불안감을 느끼게 될 것입니다. 반면에
우리의 구원이 육체적 죽음에 이르기까지 우리가 어떻게 살든지 상관

없이 절대적으로 보장된 것이라면 거룩한 행실과 경건함으로 사는 것을 포기해 버릴 것입니다.

우리의 구원은 우리가 육체적 죽음에 이르기까지 지속될 수 있습니다. 그러므로 우리는 우리의 구원에 대하여 염려하거나 불안해하지 않아도 됩니다. 참으로 거듭났고 의롭다 하심을 받고 하나님의 자녀가 되고 그리스도와 연합한 우리는 육체적 죽음에 이르기까지 성도로서의 믿음의 삶을 지속할 수 있습니다. 왜냐하면 하나님께서 우리로 천국에 들어가는 구원을 얻게 하기 위해 능력으로 우리를 보호하시기 때문입니다(벧전1:5). 하나님께서 우리를 지키시매 아무도 우리를 하나님 아버지의 손에서 빼앗을 수 없습니다(요10:28-29). 그리고 아무도 우리를 우리 주 그리스도 예수 안에 있는 하나님의 사랑에서 끊을 수 없습니다(롬8:38-39). 하나님은 우리로 능히 시험을 감당하게 하시며(고전10:13), 능히 우리를 지키십니다(딤후1:12).

벧전1:5   "너희는 말세에 나타내기로 예비하신 구원을 얻기 위하여 믿음으로 말미암아 하나님의 능력으로 보호하심을 받았느니라"

요10:28-29 "내가 그들에게 영생을 주노니 영원히 멸망하지 아니할 것이요 또 그들을 내 손에서 빼앗을 자가 없느니라 그들을 주신 내 아버지는 만물보다 크시매 아무도 아버지 손에서 빼앗을 수 없느니라"

롬8:38-39 "내가 확신하노니 사망이나 생명이나 천사들이나 권세자들이나 현재 일이나 장래 일이나 능력이나 높음이나 깊음이나 다른 어떤 피조물이라도 우리를 우리 주 그리스도 예수 안에 있는 하나님의 사랑에서 끊을 수 없으리라"

고전10:13 "사람이 감당할 시험 밖에는 너희가 당한 것이 없나니 오직 하나님은 미쁘사 너희가 감당하지 못할 시험 당함을 허락하지 아니하시고 시험 당할 즈음에 또한 피할 길을 내사 너희로 능히 감당하게 하시느니라"

딤후1:12 "이로 말미암아 내가 또 이 고난을 받되 부끄러워하지 아니함은 내가 믿는 자를 내가 알고 또한 내가 의탁한 것을 그 날까지 그가 능히 지키실 줄을 확신함이라"

그런데 우리가 참으로 구원을 받았고 하나님께서 지키시는 자라면 구원이 보장된 자라고 해서 아무렇게 살거나 거룩한 행실과 경건함으로 사는 것을 포기하지 않습니다. 오히려 구원 받은 우리는 부지런함을 나타내어 끝까지 소망의 풍성함에 이르고 게으르지 아니하고 믿음과 오래 참음으로 말미암아 약속들을 기업으로 받게 될 것입니다(히6:11-12). 우리가 믿음에 거하고 복음의 소망에서 흔들리지 아니하면 거룩하고 흠 없고 책망할 것이 없는 자로 하나님 앞에 세워집니다(골1:21-23).

히6:11-12 "우리가 간절히 원하는 것은 너희 각 사람이 동일한 부지런함을 나타내어 끝까지 소망의 풍성함에 이르러 게으르지 아니하고 믿음과 오래 참음으로 말미암아 약속들을 기업으로 받는 자들을 본받는 자 되게 하려는 것이니라"

골1:21-23 "전에 악한 행실로 멀리 떠나 마음으로 원수가 되었던 너희를 이제는 그의 육체의 죽음으로 말미암아 화목하게 하사 너희를 거룩하고 흠 없고 책망할 것이 없는 자로 그 앞에 세우고자 하셨으니 만일 너희가 믿음에 거하고 터 위에 굳게 서서 너희 들은 바 복음의 소망에서 흔들리지 아니하면 그리하리라 이 복음은 천하 만민에게 전파된 바요 나 바울은 이 복음의 일꾼이 되었노라"

예수님은 끝까지 견디는 자는 구원을 얻으리라고 말씀하시고(마 24:13), 사람의 미혹을 받지 않도록 주의하라고 명하셨습니다(마 24:4). 그러므로 우리는 넘어질까 조심해야 하고(고전10:12), 믿지 아니하는 악심을 품고 살아계신 하나님에게서 떨어질까 조심해야 하며(히3:12), 항상 복종하여 두렵고 떨림으로 우리 구원을 이루어야 합니다(빌2:12). 성도는 인내하며 하나님의 계명과 예수님을 믿는 믿음을 지키는 자입니다(계14:12).

마24:13 "그러나 끝까지 견디는 자는 구원을 얻으리라"
마24:4   "예수께서 대답하여 이르시되 너희가 사람의 미혹을 받지 않도록 주의하라"
고전10:12 "그런즉 선줄로 생각하는 자는 넘어질까 조심하라"
히3:12   "형제들아 너희는 삼가 혹 너희 중에 누가 믿지 아니하는 악한 마음을 품고 살아 계신 하나님에게서 떨어질까 조심할 것이요"
빌2:12   "그러므로 나의 사랑하는 자들아 너희가 나 있을 때뿐 아니라 더욱 지금 나 없을 때에도 항상 복종하여 두렵고 떨림으로 너희 구원을 이루라"

계14:12   "성도들의 인내가 여기 있나니 그들은 하나님의 계명과 예수에
          대한 믿음을 지키는 자니라"

　성도라도 믿음에서 타락할 수 있습니다. 그러나 하나님은 성도가 타락하지 않도록 보호해 주십니다. 하나님께서 보호하시되 성도들이 타락하는 것이 불가능하도록 하신 것이 아니라 타락하지 않을 것을 확실히 믿게 하심으로 보호하십니다. 그래서 성도들은 그들의 믿음을 포기하려고 하지 않습니다. 또한 하나님은 구원받은 성도들이 타락의 길로 가지 못하도록 하기 위해 타락에 대한 경고의 말씀을 하셨습니다(히6:4-6). 그리고 하나님은 성도들이 믿음 안에서 견인해낼 수 있도록 능력을 주십니다. 그러므로 성도인 우리의 구원은 영원한 것입니다. 그리고 성도의 견인은 우리로 하여금 게으르게 하거나 거룩한 행실과 경건한 삶을 포기하도록 하지는 않습니다. 만일 누가 구원을 받았으니 내가 원하는 대로 살아갈 수 있다고 생각하는 사람은 구원을 받은 사람이 아닐 것입니다. 구원 받은 사람은 구원을 받았으니 하나님의 뜻대로 살아갈 것입니다.

히6:4-6   "한 번 빛을 받고 하늘의 은사를 맛보고 성령에 참여한 바 되고
          하나님의 선한 말씀과 내세의 능력을 맛보고도 타락한 자들은
          다시 새롭게 하여 회개하게 할 수 없나니 이는 그들이 하나님의
          아들을 다시 십자가에 못 박아 드러내 놓고 욕되게 함이라"

11) 영화

하나님은 모든 사람들 중에서 어떤 자들을 구원하시기 위하여 택하셨고, 택하신 자들을 부르시고, 부르신 자들에게 회개함을 주셔서 죄 사함을 얻게 하시고, 예수 그리스도를 믿게 하시며, 예수 그리스도를 믿는 자들을 의롭다 하시고, 거듭나게 하시며, 하나님의 아들이 되게 하시고, 하나님의 아들이 된 자들을 그리스도와 연합하게 하시며, 그리스도와 연합한 자들을 점점 성화되게 하시고, 끝까지 인내하며 믿도록 견인하게 하시며, 영화롭게 하십니다.

성도의 육체의 죽음 후에 영원한 세계에서의 삶은 이 세상에서의 삶의 완성이 될 것입니다. 성도의 육체적 죽음 후의 영원한 세계에서의 삶은 이 세상에서 사는 삶 속에서의 연약함은 모두 제거되고 완전하게 될 것입니다. 이렇게 성도가 완전하게 되는 것을 영화라고 합니다.

영화는 성도들이 영적으로, 곧 영이 온전해지는 것인데 이는 몸이 죽을 때에 이루어집니다. 또 영화는 성도들의 몸이 온전해지는 것이 포함되는데 이는 예수님의 재림 때에 몸이 부활하면서 이루어집니다. 영화는 이렇게 성도들이 온전하게 되는 것입니다. 성도는 영화롭게 되는데 영적으로 도덕적으로 온전하게 될 것이며 그 낮은 몸이 예수님의 영광의 몸의 형체와 같이 변하게 될 것입니다(빌3:20-21).

하나님은 정하신 자들을 부르시고 의롭다 하시고 영화롭게 하십니다(롬8:30). 그래서 모든 성도들은 영화롭게 될 것입니다. 하나님은 우리를 거룩하고 흠 없고 책망할 것이 없는 자로 그 앞에 세우실 것이며(골1:22, 고전1:8), 우리로 진실하여 허물없이 그리스도의 날까지 이르게 하시고 예수 그리스도로 말미암아 의의 열매가 가득하게 하실 것이며(빌1:9-11), 우리로 하늘에 있는 썩지 않고 더럽지 않고 쇠하지 아니하는 기업을 잇게 하실 것입니다(벧전1:3-5). 또 우리가 육체를 벗고 주님 앞에 서게 되면 부분적으로 아는 것이 아니라 주님께서 우리를 아신 것 같이 우리가 온전히 알게 될 것입니다(고전13:12).

빌3:20-21 "그러나 우리의 시민권은 하늘에 있는지라 거기로부터 구원하는 자 곧 주 예수 그리스도를 기다리노니 그는 만물을 자기에게 복종하게 하실 수 있는 자의 역사로 우리의 낮은 몸을 자기 영광의 몸의 형체와 같이 변하게 하시리라"

롬8:30 "또 미리 정하신 그들을 또한 부르시고 부르신 그들을 또한 의롭다 하시고 의롭다 하신 그들을 또한 영화롭게 하셨느니라"

골1:22 "이제는 그의 육체의 죽음으로 말미암아 화목하게 하사 너희를 거룩하고 흠 없고 책망할 것이 없는 자로 그 앞에 세우고자 하셨으니"

고전1:8 "주께서 너희를 우리 주 예수 그리스도의 날에 책망할 것이 없는 자로 끝까지 견고하게 하시리라"

빌1:9-11 "내가 기도하노라 너희 사랑을 지식과 모든 총명으로 점점 더 풍성하게 하사 너희로 지극히 선한 것을 분별하며 또 진실하여 허물없이 그리스도의 날까지 이르고 예수 그리스도로 말미암아 의의 열매가 가득하여 하나님의 영광과 찬송이 되기를 원하노라"

벧전1:3-5 "우리 주 예수 그리스도의 아버지 하나님을 찬송하리로다 그의 많으신 긍휼대로 예수 그리스도를 죽은 자 가운데서 부활하게 하심으로 말미암아 우리를 거듭나게 하사 산 소망이 있게 하시며 썩지 않고 더럽지 않고 쇠하지 아니하는 유업을 잇게 하시나니 곧 너희를 위하여 하늘에 간직하신 것이라 너희는 말세에 나타내기로 예비하신 구원을 얻기 위하여 믿음으로 말미암아 하나님의 능력으로 보호하심을 받았느니라"

고전13:12 "우리가 지금은 거울로 보는 것 같이 희미하나 그 때에는 얼굴과 얼굴을 대하여 볼 것이요 지금은 내가 부분적으로 아나 그 때에는 주께서 나를 아신 것 같이 내가 온전히 알리라"

12) 영생(천국에서 삶)

하나님은 모든 사람들 중에서 어떤 자들을 구원하시기 위하여 택하셨고, 택하신 자들을 부르시고, 부르신 자들에게 회개함을 주셔서 죄 사함을 얻게 하시고, 예수 그리스도를 믿게 하시며, 예수 그리스도를 믿는 자들을 의롭다 하시고, 거듭나게 하시며, 하나님의 아들이 되게 하시고, 하나님의 아들이 된 자들을 그리스도와 연합하게 하시며, 그리스도와 연합한 자들을 점점 성화되게 하시고, 끝까지 인내하며 믿도록 견인하게 하시며, 영화롭게 하셔서, 천국에 들어가서 살게 하십니다.

영생은 천국에서 영원히 사는 것이며, 영벌은 지옥에서 영원히 사는 것입니다. 그런데 악한 일을 행한 자(악인)는 심판의 부활을 하며, 선한 일을 행한 자(의인)는 생명의 부활을 하여(요5:29), 악인들은 영벌에, 의인들은 영생에 들어갑니다(마25:46). 영벌인 지옥은 마귀와 그 사자들을 위하여 예비 된 영원한 불 못으로 가장 고통스러운 곳입니다(마25:41, 계20:14-15). 반면에 영생인 천국은 창세로부터 성도들을 위하여 예비 된 가장 아름답고, 빛나며, 평안하고 행복한 곳입니다(마25:34, 계21:18, 계21:3-4).

요5:29   "선한 일을 행한 자는 생명의 부활로, 악한 일을 행한 자는 심판의 부활로 나오리라"

마25:46   "그들은 영벌에, 의인들은 영생에 들어가리라 하시니라"

마25:41   "또 왼편에 있는 자들에게 이르시되 저주를 받은 자들아 나를 떠나 마귀와 그 사자들을 위하여 예비된 영원한 불에 들어가라"

계20:14-15 "사망과 음부도 불못에 던져지니 이것은 둘째 사망 곧 불못이라 누구든지 생명책에 기록되지 못한 자는 불못에 던져지더라"

마25:34   "그 때에 임금이 그 오른편에 있는 자들에게 이르시되 내 아버지께 복 받을 자들이여 나아와 창세로부터 너희를 위하여 예비된 나라를 상속받으라"

계21:18   "그 성곽은 벽옥으로 쌓였고 그 성은 정금인데 맑은 유리 같더라"

계21:3-4 "내가 들으니 보좌에서 큰 음성이 나서 이르되 보라 하나님의 장막이 사람들과 함께 있으매 하나님이 그들과 함께 계시리니 그들은 하나님의 백성이 되고 하나님은 그들과 함께 계셔서 모든 눈물을 그 눈에서 닦아 주시니 다시는 사망이 없고 애통하는 것이나 곡하는 것이나 아픈 것이 다시 있지 아니하리니 처음 것들이 다 지나갔음이라"

죄의 삯은 사망이요 하나님의 은사는 그리스도 예수 안에 있는 영생이며(롬6:23), 영생은 하나님이 영원 전부터 약속하신 것입니다(딛 1:2). 그리고 예수 그리스도가 영생이시며(요일5:20), 예수 그리스도 를 믿는 자에게는 영생이 있고(요3:36), 성령을 위하여 심는 자는 성 령으로부터 영생을 거둡니다(갈6:8). 우리가 죄로부터 해방되고 하나 님께 종이 되어 거룩함에 이르는 열매를 맺었으므로 그 마지막은 영 생입니다(롬6:22).

롬6:23   "죄의 삯은 사망이요 하나님의 은사는 그리스도 예수 우리 주
          안에 있는 영생이니라"

딛1:2   "영생의 소망을 위함이라 이 영생은 거짓이 없으신 하나님이 영
          원전부터 약속하신 것인데"

요일5:20   "또 아는 것은 하나님의 아들이 이르러 우리에게 지각을 주사
          우리로 참된 자를 알게 하신 것과 또한 우리가 참된 자 곧 그의
          아들 예수 그리스도 안에 있는 것이니 그는 참 하나님이시요 영
          생이시라"

요3:36   "아들을 믿는 자에게는 영생이 있고 아들에게 순종하지 아니하
          는 자는 영생을 보지 못하고 도리어 하나님의 진노가 그 위에
          머물러 있느니라"

갈6:8   "자기의 육체를 위하여 심는 자는 육체로부터 썩어질 것을 거두
          고 성령을 위하여 심는 자는 성령으로부터 영생을 거두리라"

롬6:22   "그러나 이제는 너희가 죄로부터 해방되고 하나님께 종이 되어
          거룩함에 이르는 열매를 맺었으니 그 마지막은 영생이라"

하나님은 악인이라도 죽는 것을 기뻐하지 아니하시며 모든 사람이 구원 받기를 원하십니다. 그래서 하나님은 죄와 허물로 죽은 우리를 구원하셨습니다. 죄인인 우리를 구원하신 하나님은 우리를 미리 아시고 예정(선택)하셨습니다(예정:선택). 또한 우리를 택하신 하나님은 우리를 부르셨습니다(소명:부르심). 그리고 우리를 부르신 하나님은 우리로 회개하게 하사 죄 사함을 받게 하시며(회개와 죄 사함), 예수 그리스도를 믿게 하시고(믿음), 의롭다 하심을 받게 하시며(칭의: 의롭다 하심), 성령으로 거듭나게 하시고(중생:거듭남), 하나님의 아들이 되게 하시며(양자됨), 그리스도와 연합하게 하셨습니다(그리스도와의 연합). 그 뿐만 아니라 하나님은 우리를 거룩하게 하시고(성화), 끝까지 믿음을 지키게 하시고(견인), 영화롭게 하셔서(영화), 천국에 들어가서 영원히 살게 하실 것입니다(영생). 할렐루야! 아멘.

2장
하나님이 주신 구원

모든 사람이 죄를 지었으므로 사망이 모든 사람에게 이르렀습니다. 그러므로 죄를 지은 모든 사람은 구원을 받아야 합니다. 그런데 죄인의 구원은 오직 하나님만이 하십니다(계7:10). 죄인의 구원은 성부, 성자, 성령 삼위일체 하나님의 사역입니다. 성부 하나님이 구원하시며, 성자 하나님(예수님)이 구원의 창시자이시며 구원의 근원이시고 구원을 이루셨으며, 성령 하나님이 예수님이 이루신 구원을 받도록 역사하십니다. 곧 하나님이 예수 그리스도를 믿음으로 말미암아 우리를 구원하시는데, 성령님이 우리로 예수 그리스도를 믿어 구원을 받게 하십니다.

하나님의 구원 사역은 하나님께서 모든 사람들 중에서 어떤 자들을 구원하시기 위하여 택하셨고, 택하신 자들을 부르시고, 부르신 자들에게 회개함을 주셔서 죄 사함을 얻게 하시고, 예수 그리스도를 믿게 하시며, 예수 그리스도를 믿는 자들을 의롭다 하시고, 거듭나게 하시며, 하나님의 아들이 되게 하시고, 하나님의 아들이 된 자들을 그리스도와 연합하게 하시며(성령을 주시며), 그리스도와 연합한 자들을 점점 성화되게 하시고, 끝까지 인내하며 믿도록 견인하게 하시며, 영화롭게 되게 하셔서 천국에 들어가 영생 복락을 누리게 하십니다.

우리는 하나님의 은혜에 의하여 믿음으로 말미암아 구원을 받았으며 구원은 우리에게서 난 것이 아니요 하나님의 선물 곧 하나님이 주신 것입니다(엡2:8). 하나님이 우리에게 주신 구원은 큰 구원입니다. 우리는 하나님이 주신 큰 구원을 소중히 여겨야 합니다. 만일 우리가 하나님이 주신 큰 구원을 등한히 여기면 하나님의 보응을 피할 수 없습니다(히2:3).

계7:10	"큰 소리로 외쳐 이르되 구원하심이 보좌에 앉으신 하나님과 어린 양에게 있도다 하니"
엡2:8	"너희는 그 은혜에 의하여 믿음으로 말미암아 구원을 받았으니 이것은 너희에게서 난 것이 아니요 하나님의 선물이라"
히2:3	"우리가 이같이 큰 구원을 등한히 여기면 어찌 그 보응을 피하리요 이 구원은 처음에 주로 말씀하신 바요 들은 자들이 우리에게 확증한 바니"

하나님이 주신 큰 구원은 선지자들이 연구하고 부지런히 살폈으며 그들 속에 계신 그리스도의 영(성령)이 그리스도가 받으실 고난과 후에 받으실 영광을 미리 증언하셨습니다(벧전1:10-11). 그리고 이 구원은 처음에 예수님으로 말씀하셨고, 예수님에게 들은 사도들이 확증하였습니다(히2:3). 또 하나님도 표적들과 기사들과 여러 가지 능력과 및 자기의 뜻을 따라 성령이 나누어 주신 것(은사)으로써 사도들과 함께 이 구원을 증언하셨습니다(히2:4). 우리도 하나님이 주신 큰 구원을 듣고 구원을 받아 구원을 증언하는 자가 되어야 합니다. 또한 우리는 구원의 즐거움을 누려야 합니다(시51:12).

벧전1:10-11 "이 구원에 대하여는 너희에게 임할 은혜를 예언하던 선지자들이 연구하고 부지런히 살펴서 자기 속에 계신 그리스도의 영이 그 받으실 고난과 후에 받으실 영광을 미리 증언하여 누구를 또는 어떠한 때를 지시하시는지 상고하니라"

히2:3 "우리가 이같이 큰 구원을 등한히 여기면 어찌 그 보응을 피하리요 이 구원은 처음에 주로 말씀하신 바요 들은 자들이 우리에게 확증한 바니"

히2:4 "하나님도 표적들과 기사들과 여러 가지 능력과 및 자기의 뜻을 따라 성령이 나누어 주신 것으로써 그들과 함께 증언하셨느니라"

시51:12 "주의 구원의 즐거움을 내게 회복시켜 주시고 자원하는 심령을 주사 나를 붙드소서"

1. 영을 살리신 구원

하나님이 우리를 구원하셨습니다. 하나님이 우리에게 주신 구원은 우리의 영을 살리신 구원이요, 우리를 이 세상에서 보호하시고 양육하시는 구원이며, 우리를 천국에 들어가게 하시는 구원입니다. 구원은 하나님이 허물과 죄로 죽었던 우리의 영을 살리신 것이며 흑암의 권세에서 우리를 건져내셔서 그리스도의 나라로 곧 사망에서 생명으로 옮기신 것입니다. 예수님이 육신을 입고 이 세상에 오셔서 허물과 죄로 죽은 우리의 영을 살리셨습니다. 그리고 우리는 우리의 영을 살리신 구원 곧 사망에서 생명으로 옮기신 구원을 예수 그리스도를 믿음으로 받았습니다.

1) 하나님이 허물과 죄로 죽었던 우리의 영을 살리셨습니다.

우리가 구원 받기 전에는 허물과 죄 가운데서 행하여 이 세상 풍조를 따르고 마귀를 따랐으며 육체의 욕심을 따라 지내며 육체와 마음의 원하는 것을 하여 본질상 진노의 자녀였습니다(엡2:2-3). 그런데 우리를 사랑하신 하나님이 허물과 죄로 죽은 우리를 그리스도와 함께 살리셨습니다(엡2:5). 그런데 하나님이 살리신 것은 우리의 영입니다 (요6:63). 그래서 구원 받은 우리의 몸은 죄로 인하여 죽은 것이나 우리의 영은 의로 말미암아 살아 있습니다(롬8:10). 그리고 우리의 몸은 예수님이 재림하실 때 부활하므로 살아나게 될 것입니다(롬8:11). 믿음의 결국은 영혼의 구원이며 영혼의 구원을 받은 우리는 예수님을 보지 못하였으나 사랑하며 믿고 말할 수 없는 영광스러운 즐거움으로 기뻐합니다(벧전1:8-9).

엡2:2-3   "그 때에 너희는 그 가운데서 행하여 이 세상 풍조를 따르고 공중의 권세 잡은 자를 따랐으니 곧 지금 불순종의 아들들 가운데서 역사하는 영이라 전에는 우리도 다 그 가운데서 우리 육체의 욕심을 따라 지내며 육체와 마음의 원하는 것을 하여 다른 이들과 같이 본질상 진노의 자녀이었더니"

엡2:5   "허물로 죽은 우리를 그리스도와 함께 살리셨고(너희는 은혜로 구원을 받은 것이라)"

요6:63   "살리는 것은 영이니 육은 무익하니라 내가 너희에게 이른 말이 영이요 생명이라"

<table>
<tr><td>롬8:10</td><td>"또 그리스도께서 너희 안에 계시면 몸은 죄로 인하여 죽은 것이나 영은 의로 말미암아 살아 있는 것이니라"</td></tr>
<tr><td>롬8:11</td><td>"예수를 죽은 자 가운데서 살리신 이의 영이 너희 안에 거하시면 그리스도 예수를 죽은 자 가운데서 살리신 이가 너희 안에 거하시는 그의 영으로 말미암아 너희 죽을 몸도 살리시리라"</td></tr>
<tr><td>벧전1:8-9</td><td>"예수를 너희가 보지 못하였으나 사랑하는도다 이제도 보지 못하나 믿고 말할 수 없는 영광스러운 즐거움으로 기뻐하니 믿음의 결국 곧 영혼의 구원을 받음이라"</td></tr>
</table>

① 하나님이 우리의 영을 살리신 것은 우리에게 영생을 주신 것입니다.
하나님께서 우리에게 약속하신 것은 영원한 생명입니다(요일2:25). 하나님은 약속하신 영원한 생명을 예수 그리스도로 말미암아 우리에게 주셨습니다. 하나님 아버지께서 자기 속에 생명이 있음 같이 아들(예수님)에게도 생명을 주어 그 속에 있게 하셨습니다(요5:26). 그래서 예수님 안에 생명이 있었으며 이 생명은 사람들의 빛입니다(요1:4). 예수님 안에 생명이 있음은 예수님이 곧 생명이신 것입니다(요14:6). 예수님은 태초에 생명의 말씀으로 계셨습니다(요일1:1). 그리고 이 생명이 나타내신바 되셨습니다(요일1:2). 곧 생명이신 예수님이 이 세상에 오셨습니다. 생명이신 예수님은 우리로 생명을 얻게 하고 더 풍성히 얻게 하려고 이 세상에 오셨습니다(요10:10). 그리고 이 세상에 오신 예수님의 말씀을 듣고 예수님을 보내신 하나님을 믿는 자는 영생을 얻었고 사망에서 생명으로 옮겼습니다(요5:24). 그래서 예수님을

믿는 자에게는 영생이 있고 예수님에게 순종하지 아니하는 자는 영생을 보지 못하고 도리어 하나님의 진노가 그 위에 머물러 있습니다(요 3:36). 곧 예수님이 계신 자에게는 생명이 있고 예수님이 없는 자에게는 생명이 없습니다(요일5:12). 그리스도 예수께서 우리 안에 계시면 우리의 몸은 죄로 말미암아 죽은 것이나 영은 의로 말미암아 살아 있는 것입니다(롬8:10). 그리고 성령님이 우리 안에 계시면 하나님이 성령으로 말미암아 예수님이 재림하실 때 우리 죽을 몸도 살리실 것입니다(롬8:11). 그러나 예수 그리스도께서 우리 안에 계시지 아니하면 우리는 버림받은 자입니다(고후13:5). 그러므로 우리는 생명이신 예수 그리스도께서 우리 안에 계심을 믿음으로 알아야 합니다.

요일2:25	"그가 우리에게 약속하신 것은 이것이니 곧 영원한 생명이니라"
요5:26	"아버지께서 자기 속에 생명이 있음 같이 아들에게도 생명을 주어 그 속에 있게 하셨고"
요1:4	"그 안에 생명이 있었으니 이 생명은 사람들의 빛이라"
요14:6	"예수께서 이르시되 내가 곧 길이요 진리요 생명이니 나로 말미암지 않고는 아버지께로 올 자가 없느니라"
요일1:1	"태초부터 있는 생명의 말씀에 관하여는 우리가 들은 바요 눈으로 본 바요 자세히 보고 우리 손으로 만진 바라"
요일1:2	"이 생명이 나타내신 바 된지라 이 영원한 생명을 우리가 보았고 증언하여 너희에게 전하노니 이는 아버지와 함께 계시다가 우리에게 나타내신 바 된 이시니라"
요10:10	"도둑이 오는 것은 도둑질하고 죽이고 멸망시키려는 것뿐이요

내가 온 것은 양으로 생명을 얻게 하고 더 풍성히 얻게 하려는 것이라"

요5:24   "내가 진실로 진실로 너희에게 이르노니 내 말을 듣고 또 나보내신 이를 믿는 자는 영생을 얻었고 심판에 이르지 아니하나니 사망에서 생명으로 옮겼느니라"

요3:36   "아들을 믿는 자에게는 영생이 있고 아들에게 순종하지 아니하는 자는 영생을 보지 못하고 도리어 하나님의 진노가 그 위에 머물러 있느니라"

요일5:12   "아들이 있는 자에게는 생명이 있고 하나님의 아들이 없는 자에게는 생명이 없느니라"

롬8:10   "또 그리스도께서 너희 안에 계시면 몸은 죄로 말미암아 죽은 것이나 영은 의로 말미암아 살아 있는 것이니라"

롬8:11   "예수를 죽은 자 가운데서 살리신 이의 영이 너희 안에 거하시면 그리스도 예수를 죽은 자 가운데서 살리신 이가 너희 안에 거하시는 그의 영으로 말미암아 너희 죽을 몸도 살리시리라"

고후13:5   "너희는 믿음 안에 있는가 너희 자신을 시험하고 너희 자신을 확증하라 예수 그리스도께서 너희 안에 계신 줄을 스스로 알지 못하느냐 그렇지 않으면 너희는 버림 받은 자니라"

　　예수님을 믿고 구원 받은 우리는 우리에게 영생이 있음을 알아야 합니다(요일5:13). 곧 우리는 하나님이 우리에게 영생을 주신 증거와 이 생명이 예수님 안에 있는 증거가 우리 안에 있어야 합니다(요일5:10-11). 생명이 있는 우리는 그리스도 예수 안에 있는 생명의 성령의 법이 죄와 사망의 법에서 우리를 해방하였습니다(롬8:2). 그리고 영생이 있는 우리는 예수님이 재림하실 때 우리 몸이 생명의 부활을 하게 되며(요5:29), 영생에 들어가게 될 것입니다(천국에 들어가서 살 것입니다)(마25:46).

요일5:13　"내가 하나님의 아들의 이름을 믿는 너희에게 이것을 쓰는 것은 너희로 하여금 너희에게 영생이 있음을 알게 하려 함이라"

요일5:11　"또 증거는 이것이니 하나님이 우리에게 영생을 주신 것과 이 생명이 그의 아들 안에 있는 그것이니라"

롬8:2　"이는 그리스도 예수 안에 있는 생명의 성령의 법이 죄와 사망의 법에서 너를 해방하였음이라"

요5:29　"선한 일을 행한 자는 생명의 부활로, 악한 일을 행한 자는 심판의 부활로 나오리라"

마25:46　"그들은 영벌에, 의인들은 영생에 들어가리라 하시니라"

② 하나님이 우리의 영을 살리신 것은 우리를 거듭나게 하신 것입니다.

우리가 물과 성령으로 거듭나야 천국에 들어갈 수 있는데(요3:5), 우리가 살아 있고 항상 있는 하나님의 말씀으로 거듭났습니다(벧전1:23). 그런데 거듭난 것은 우리의 영이며(요3:6), 영이 거듭난 우리는 하나님의 아들입니다. 우리가 하나님의 아들이므로 하나님이 그 아들의 영을 우리 마음 가운데 보내셔서 하나님을 아빠 아버지라 부르게 하셨습니다(갈4:6). 그리고 우리 마음에 하나님의 영이 거하시므로 우리가 육신에 있지 아니하고 영에 있습니다(롬8:9). 그래서 우리는 육신을 따르지 아니하고 영을 따라 행하며 영의 일을 생각합니다(롬8:4-5). 그리고 영의 일을 생각하는 우리에게는 생명과 평안이 있습니다(롬8:6). 또한 육신을 따르지 않고 영을 따라 행하는 우리에게는 율법의 요구가 이루어졌고(롬8:4), 우리가 성령의 인도하시는 바가 되므로 율법 아래에 있지 아니합니다(갈5:18).

요3:5   "예수께서 대답하시되 진실로 진실로 네게 이르노니 사람이 물과 성령으로 나지 아니하면 하나님의 나라에 들어갈 수 없느니라"

벧전1:23   "너희가 거듭난 것은 썩어질 씨로 된 것이 아니요 썩지 아니할 씨로 된 것이니 살아 있고 항상 있는 하나님의 말씀으로 되었느니라"

요3:6   "육으로 난 것은 육이요 영으로 난 것은 영이니"

갈4:6   "너희가 아들이므로 하나님이 그 아들의 영을 우리 마음 가운데 보내사 아빠 아버지라 부르게 하셨느니라"

롬8:9   "만일 너희 속에 하나님의 영이 거하시면 너희가 육신에 있지 아니하고 영에 있나니 누구든지 그리스도의 영이 없으면 그리스도의 사람이 아니라"

롬8:4-5   "육신을 따르지 않고 그 영을 따라 행하는 우리에게 율법의 요구가 이루어지게 하려 하심이니라 육신을 따르는 자는 육신의 일을, 영을 따르는 자는 영의 일을 생각하나니"

롬8:6   "육신의 생각은 사망이요 영의 생각은 생명과 평안이니라"

갈5:18   "너희가 만일 성령의 인도하시는 바가 되면 율법 아래에 있지 아니하리라"

③ 하나님이 우리의 영을 살리신 것은 우리를 새 사람으로 지으신 것입니다.

우리에게 중요한 것은 오직 우리가 새로 지으심을 받는 것입니다(갈6:15). 그러므로 우리는 유혹의 욕심을 따라 썩어져 가는 구습을 따르는 옛 사람을 벗어 버리고 오직 우리의 심령이 새롭게 되어 하나님을 따라 의와 진리의 거룩함으로 지으심을 받은 새 사람을 입어야 합니다(엡4:22-24). 그런데 예수님이 유대인과 이방인을 자기 안에서 한 새 사람을 지어 화평하게 하셨습니다(엡2:15). 그래서 우리는 옛 사람과 그 행위를 벗어버리고 새 사람을 입었습니다. 곧 우리는 우리를 창조하신 하나님의 형상(예수 그리스도)을 따라 지식에까지 새롭게 하심을 입은 자입니다(골3:9-10).

갈6:15 "할례나 무할례가 아무 것도 아니로되 오직 새로 지으심을 받는 것만이 중요하니라"

엡4:22-24 "너희는 유혹의 욕심을 따라 썩어져 가는 구습을 따르는 옛 사람을 벗어 버리고 오직 너희의 심령이 새롭게 되어 하나님을 따라 의와 진리의 거룩함으로 지으심을 받은 새 사람을 입으라"

엡2:15 "법조문으로 된 계명의 율법을 폐하셨으니 이는 이 둘로 자기 안에서 한 새 사람을 지어 화평하게 하시고"

골3:9-10 "너희가 서로 거짓말을 하지 말라 옛 사람과 그 행위를 벗어 버리고 새 사람을 입었으니 이는 자기를 창조하신 이의 형상을 따라 지식에까지 새롭게 하심을 입은 자니라"

④ 하나님이 우리의 영을 살리신 것은 우리에게 새 마음을 주신 것입니다.

하나님은 우리에게 한(일치한) 마음을 주시고 우리 속에 새 영을 주시며 돌 같은 마음을 제거하시고 살처럼 부드러운 마음을 주십니다(겔11:19). 곧 하나님은 우리의 마음을 아시며 성령을 주어 증언하시고 믿음으로 우리의 마음을 깨끗이 하십니다(행15:8-9). 그러므로 구원 받은 우리는 모든 죄악을 버리고 마음과 영을 새롭게 해야 합니다(겔18:31). 곧 우리는 마음을 찢어 회개해야 하고(욜2:13), 마음에 할례를 받아야 합니다(롬2:29). 그래서 우리는 그리스도의 마음을 가져야 합니다(고전2:16). 곧 우리는 하나님의 성품에 참여해야 합니다(벤후1:4).

겔11:19   "내가 그들에게 한 마음을 주고 그 속에 새 영을 주며 그 몸에서 돌 같은 마음을 제거하고 살처럼 부드러운 마음을 주어"

행15:8-9   "또 마음을 아시는 하나님이 우리에게와 같이 그들에게도 성령을 주어 증언하시고 믿음으로 그들의 마음을 깨끗이 하사 그들이나 우리나 차별하지 아니하셨느니라"

겔18:31   "너희는 너희가 범한 모든 죄악을 버리고 마음과 영을 새롭게 할지어다 이스라엘 족속아 너희가 어찌하여 죽고자 하느냐"

욜2:13   "너희는 옷을 찢지 말고 마음을 찢고 너희 하나님 여호와께로 돌아올지어다 그는 은혜로우시며 자비로우시며 노하기를 더디하시며 인애가 크시사 뜻을 돌이켜 재앙을 내리지 아니하시나니"

롬2:29   "오직 이면적 유대인이 유대인이며 할례는 마음에 할지니 영에 있고 율법 조문에 있지 아니한 것이라 그 칭찬이 사람에게서가 아니요 다만 하나님에게서니라"

고전2:16   "누가 주의 마음을 알아서 주를 가르치겠느냐 그러나 우리가 그 리스도의 마음을 가졌느니라"

벧후1:4   "이로써 그 보배롭고 지극히 큰 약속을 우리에게 주사 이 약속 으로 말미암아 너희가 정욕 때문에 세상에서 썩어질 것을 피하 여 신성한 성품에 참여하는 자가 되게 하려 하셨느니라"

하나님이 우리에게 주신 마음은 두려워하는 마음이 아니요 오직 능력과 사랑과 절제하는 마음입니다(딤후1:7). 그러므로 구원 받은 우리의 마음은 능력과 사랑과 절제하는 마음(딤후1:7), 한 마음(겔 11:19), 착하고 좋은 마음(눅8:15), 순전한 마음(행2:46), 굳건한 마 음(행11:23), 담대한 마음(행28:15), 온유한 마음(고전4:21), 깨달은 마음(고전14:19), 믿음의 마음(고후4:13), 기쁜 마음(엡6:7), 겸손한 마음(빌2:3), 감사하는 마음(골3:16), 성실한 마음(골3:22), 청결한 마음(딤전1:5), 자족하는 마음(딤전6:6), 참 마음(히10:22), 진실한 마음(벧후3:1), 도와 줄 마음(요일3:17)이어야 합니다.

하나님은 멸망하는 자들에게 자기 뜻대로 할 마음을 주십니다(계 17:17). 그리고 멸망할 짐승은 짐승의 마음을 받아 대환난의 때에 성 도들을 박해할 것입니다(단4:16). 그러므로 우리는 두려워하는 마음 (딤후1:7), 자기 뜻대로 할 마음(계171:17), 짐승의 마음(단4:16), 미 련한 마음(롬1:21), 상실한 마음(롬1:28), 회개하지 아니하는 마음(롬 2:5), 높은 마음(롬11:20), 교만한 마음(고전4:6), 믿지 아니하는 악한 마음(히3:12), 무서운 마음(히10:27), 두 마음(약4:8), 탐욕에 연단된 마음(벧후2:14)은 버려야 합니다.

딤후1:7	"하나님이 우리에게 주신 것은 두려워하는 마음이 아니요 오직 능력과 사랑과 절제하는 마음이니"
계17:17	"이는 하나님이 자기 뜻대로 할 마음을 그들에게 주사 한 뜻을 이루게 하시고 그들의 나라를 그 짐승에게 주게 하시되 하나님의 말씀이 응하기까지 하심이라"
단4:16	"또 그 마음은 변하여 사람의 마음 같지 아니하고 짐승의 마음을 받아 일곱 때를 지내리라"

⑤ 영이 산 자들은 이 세상에 사는 동안 예수 그리스도와 성령님과 말씀으로 살아야 합니다.

하나님은 사람이 죄를 범하여 사망이 이르기 전에는 곧 영과 몸이 살았을 때에는 에덴동산에서 생명나무의 열매를 먹게 하셨습니다(창2:9, 16-17). 그리고 하나님은 구원 받은 자(몸은 죽은 것이나 영은 산 자)가 이 세상을 떠나 그 영이 낙원에 들어가면 낙원에 있는 생명나무의 열매를 주어 먹게 하시고(계2:7), 그가 부활하여 영과 몸이 천국에 들어가면 생명나무의 열두 가지 열매를 먹게 하시며(계22:2), 생명수 샘물을 주실 것입니다(계21:6). 이렇게 하나님은 몸과 영이 산 자들이 사는 곳(에덴동산과 낙원과 천국)에서는 그들에게 생명나무 열매를 주시며 생명수 샘물을 주십니다. 그러나 하나님은 사람이 죄를 범하여 영과 몸이 죽은 후로는 그를 에덴동산에서 쫓아내시고 그가 생명나무 열매를 따먹지 못하도록 그룹들(천사들)과 두루 도는 불 칼을 두어 생명나무의 길을 지키게 하셨습니다(창3:24).

창2:9   "여호와 하나님이 그 땅에서 보기에 아름답고 먹기에 좋은 나무가 나게 하시니 동산 가운데에는 생명나무와 선악을 알게 하는 나무도 있더라"

창2:16-17 "여호와 하나님이 그 사람에게 명하여 이르시되 동산 각종 나무의 열매는 네가 임의로 먹되 선악을 알게 하는 나무의 열매는 먹지 말라 네가 먹는 날에는 반드시 죽으리라 하시니라"

계2:7   "귀 있는 자는 성령이 교회들에게 하시는 말씀을 들을지어다 이기는 그에게는 내가 하나님의 낙원에 있는 생명나무의 열매를 주어 먹게 하리라"

계22:2   "길 가운데로 흐르더라 강 좌우에 생명나무가 있어 열두 가지 열매를 맺고 그 나무 잎사귀들은 만국을 치료하기 위하여 있더라"

계21:6   "또 내게 말씀하시되 이루었도다 나는 알파와 오메가요 처음과 마지막이라 내가 생명수 샘물을 목마른 자에게 값없이 주리니"

창3:24   "이같이 하나님이 그 사람을 쫓아내시고 에덴동산 동쪽에 그룹들과 두루 도는 불 칼을 두어 생명나무의 길을 지키게 하시니라"

하나님은 구원을 받아 몸은 죽은 것이나 영이 산 사람이 이 세상에 사는 동안에는 예수님의 살과 피를 먹게 하시며, 성령을 받게 하시고, 생명의 말씀을 먹게 하십니다. 곧 구원 받은 우리는 이 세상에서 사는 동안 예수 그리스도로 살고, 성령으로 살고, 하나님의 말씀으로 살아야 합니다. 구원 받은 우리는 예수님의 살을 먹고 피를 마셔야 우리 속에 생명이 있습니다(요6:53). 예수님은 하늘에서 내려온 살아 있는 떡이며 사람이 이 떡을 먹으면 영생합니다(요6:51). 그리고 예수님께 오는 자는 결코 주리지 아니하고 예수님을 믿는 자는 영원히 목마르지 아니합니다(요6:35). 그런데 우리가 예수님의 살을 먹고 피를 마심은 예수님이 우리를 위하여 십자가에 못 박혀 피 흘려 죽으심을 믿고 성찬을 통해 그리스도의 피와 몸에 참여하는 것입니다(고전10:16). 또 우리가 예수님의 살을 먹고 피를 마심은 예수님으로 말미암아 사는 것입니다(요6:57). 우리가 예수님으로 말미암아 사는 것은 예수님을 믿는 것이며 예수님에게 순종하는 것입니다(요3:36).

요6:53   "예수께서 이르시되 내가 진실로 진실로 너희에게 이르노니 인자의 살을 먹지 아니하고 인자의 피를 마시지 아니하면 너희 속에 생명이 없느니라"

요6:51   "나는 하늘에서 내려온 살아 있는 떡이니 사람이 이 떡을 먹으면 영생하리라 내가 줄 떡은 곧 세상의 생명을 위한 내 살이니라 하시니라"

요6:35   "예수께서 이르시되 나는 생명의 떡이니 내게 오는 자는 결코 주리지 아니할 터이요 나를 믿는 자는 영원히 목마르지 아니하리라"

고전10:16   "우리가 축복하는 바 축복의 잔은 그리스도의 피에 참여함이 아니며 우리가 떼는 떡은 그리스도의 몸에 참여함이 아니냐"

요6:57   "살아 계신 아버지께서 나를 보내시매 내가 아버지로 말미암아 사는 것 같이 나를 먹는 그 사람도 나로 말미암아 살리라"

요3:36   "아들을 믿는 자에게는 영생이 있고 아들에게 순종하지 아니하는 자는 영생을 보지 못하고 도리어 하나님의 진노가 그 위에 머물러 있느니라"

하나님이 주신 구원을 받아 예수 그리스도로 말미암아 사는 우리는 성령으로 살아야 합니다(갈5:25). 예수님을 믿는 자는 그 배에서 생수의 강이 흘러나오는데 이는 예수님을 믿는 자가 받을 성령입니다(요7:38). 그러므로 성령을 받아 성령으로 사는 우리는 목마르지 않습니다. 또한 하나님이 주신 구원을 받아 예수 그리스도로 말미암아 사는 우리는 하나님의 말씀으로 살아야 합니다(마4:4). 하나님의 말씀은 생명의 말씀이며(빌2:16), 하나님의 명령이 영생이며(요12:50) 예수님이 이르신 말씀은 영이요 생명입니다(요6:63). 그리고 사람이 예수님이 하신 말씀을 지키지 아니하면 그 말씀이 마지막 날에 그를 심판할 것입니다(요12:48-49). 그러므로 우리는 의의 도를 안후에 받은 거룩한 명령을 반드시 지켜야 합니다(벧후2:21). 우리가 하나님의 말씀으로 사는 것은 하나님의 말씀을 지키는 것입니다.

갈5:25　　"만일 우리가 성령으로 살면 또한 성령으로 행할지니"

마4:4　　"예수께서 대답하여 이르시되 기록되었으되 사람이 떡으로만 살것이 아니요 하나님의 입으로부터 나오는 모든 말씀으로 살 것이라 하였느니라 하시니"

요7:38　　"나를 믿는 자는 성경에 이름과 같이 그 배에서 생수의 강이 흘러나오리라 하시니"

빌2:16　　"생명의 말씀을 밝혀 나의 달음질이 헛되지 아니하고 수고도

	헛되지 아니함으로 그리스도의 날에 내가 자랑할 것이 있게 하려 함이라"
요12:50	"나는 그의 명령이 영생인 줄 아노라 그러므로 내가 이르는 것은 내 아버지께서 내게 말씀하신 그대로니라 하시니라"
요6:63	"살리는 것은 영이니 육은 무익하니라 내가 너희에게 이른 말이 영이요 생명이라"
요12:48-49	"사람이 내 말을 듣고 지키지 아니할지라도 내가 그를 심판하지 아니하노라 내가 온 것은 세상을 심판하려 함이 아니요 세상을 구원하려 함이로라 나를 저버리고 내 말을 받지 아니하는 자를 심판할 이가 있으니 곧 내가 한 그 말이 마지막 날에 그를 심판하리라"
벧후2:21	"의의 도를 안 후에 받은 거룩한 명령을 저버리는 것보다 알지 못하는 것이 도리어 그들에게 나으니라"

　하나님은 영과 몸이 죽은 자가 생명나무 열매도 따 먹고 영생할까 하여 생명나무 열매를 따 먹지 못하게 하셨습니다(창3;22). 왜냐하면 영과 몸이 죽은 상태로 영생하면 안 되기 때문입니다. 세례 요한은 회개하지 않으면서 세례 받으러 나아오는 무리(바리새인들과 사두개인들)를 책망하였습니다(눅3:7-8). 왜냐하면 회개를 하지 아니하고 외식으로 세례를 받으면 안 되기 때문입니다. 성찬 예식 때 주의 떡이나 잔을 합당하지 않게 먹고 마시는 자는 주의 몸과 피에 대하여 죄를 짓는 것이 됩니다(고전11:27). 왜냐하면 죄 사함을 받지 못하고 성찬에 참여하면 자기의 죄를 먹고 마시는 것이기 때문입니다(고전11:29).

그러므로 우리는 죄 사함을 받는 회개를 하고 세례를 받아서 성찬에 참여하여 합당하게 먹고 마셔야 합니다. 그리고 우리는 하나님의 말씀을 들을 때 우리 마음을 완고하게 하지 말아야 합니다(히4:7). 이스라엘 백성은 하나님의 말씀을 들을 때 믿음을 결부시키지(화합하지) 못하므로 유익되지 못했습니다(히4:2).

창3:22	"여호와 하나님이 이르시되 보라 이 사람이 선악을 아는 일에 우리 중 하나 같이 되었으니 그가 그의 손을 들어 생명나무 열매도 따먹고 영생할까 하노라 하시고"
눅3:7-8	"요한이 세례 받으러 나아오는 무리에게 이르되 독사의 자식들아 누가 너희에게 일러 장차 올 진노를 피하라 하더냐 그러므로 회개에 합당한 열매를 맺고 속으로 아브라함이 우리 조상이라 말하지 말라 내가 너희에게 이르노니 하나님이 능히 이 돌들로도 아브라함의 자손이 되게 하시리라""
고전11:27	"그러므로 누구든지 주의 떡이나 잔을 합당하지 않게 먹고 마시는 자는 주의 몸과 피에 대하여 죄를 짓는 것이니라"
고전11:29	"주의 몸을 분별하지 못하고 먹고 마시는 자는 자기의 죄를 먹고 마시는 것이니라"
히4:7	"오랜 후에 다윗의 글에 다시 어느 날을 정하여 오늘이라고 이같이 일렀으되 오늘 너희가 그의 음성을 듣거든 너희 마음을 완고하게 하지 말라 하였나니"
히4:2	"그들과 같이 우리도 복음 전함을 받은 자이나 들은 바 그 말씀이 그들에게 유익하지 못한 것은 듣는 자가 믿음과 결부시키지

아니함이라"

⑥ 영생이 있는 자들의 이름이 생명책에 기록되어 있습니다.

하나님의 보좌 앞에 생명책이 있습니다. 최후의 심판을 받기 위해 죽은 자들이 큰 자나 작은 자나 크고 흰 보좌 앞에 서 있는데 책들이 펴 있고 또 다른 책이 펴졌는데 곧 생명책입니다. 하나님의 보좌 앞에 있는 책들은 모든 사람들의 행위가 기록된 책들이며, 죽은 자들이 책들에 기록된 대로 심판을 받습니다(계20:11-12). 그리고 하나님의 보좌 앞에 있는 다른 책은 생명책(어린양의 생명책)이며 창세 이후로 생명책에 기록되지 못한 자들이 마귀가 세운 장차 나올 짐승을 보고 놀랍게 여기며(계17:8), 어린 양의 생명책에 창세 이후로 기록되지 못하고 사는 자들은 대환난의 때에 마귀가 세운 짐승에게 경배하게 되고(계13:8), 누구든지 생명책에 기록되지 못한 자는 불 못(지옥)에 던져집니다(계20:15).

오직 어린 양의 생명책에 기록된 자들만 천국에 들어갑니다(계21:27). 예수님은 그 옷(행위)을 더럽히지 아니하여 예수님께 합당한 자들은 흰옷을 입고 예수님과 함께 다니며, 그 이름을 생명책에서 결코 지우지 아니하리라고 약속하셨습니다(계3:4-5). 그리고 사도 바울은 그의 동역자의 이름들이 생명책에 있다고 증언했습니다(빌4:3). 또한 다윗은 대적하는 자들을 생명책에서 지우사 의인들과 함께 기록되지 말게 하시기를 하나님께 간구하였습니다(시69:28).

계20:11-12 "또 내가 크고 흰 보좌와 그 위에 앉으신 이를 보니 땅과 하늘이 그 앞에서 피하여 간 데 없더라 또 내가 보니 죽은 자들이 큰 자나 작은 자나 그 보좌 앞에 서 있는데 책들이 펴 있고 또 다른 책이 펴졌으니 곧 생명책이라 죽은 자들이 자기 행위를 따라 책들에 기록된 대로 심판을 받으니"

계17:8 "네가 본 짐승은 전에 있었다가 지금은 없으나 장차 무저갱으로 부터 올라와 멸망으로 들어갈 자니 땅에 사는 자들로서 창세 이후로 그 이름이 생명책에 기록되지 못한 자들이 이전에 있었다가 지금은 없으나 장차 나올 짐승을 보고 놀랍게 여기리라"

계13:8 "죽임을 당한 어린 양의 생명책에 창세 이후로 이름이 기록되지 못하고 이 땅에 사는 자들은 다 그 짐승에게 경배하리라"

계20:15 "누구든지 생명책에 기록되지 못한 자는 불못에 던져지더라"

계21:27 "무엇이든지 속된 것이나 가증한 일 또는 거짓말하는 자는 결코 그리로 들어가지 못하되 오직 어린 양의 생명책에 기록된 자들만 들어가리라"

계3:4-5 "그러나 사데에 그 옷을 더럽히지 아니한 자 몇 명이 네게 있어 흰옷을 입고 나와 함께 다니리니 그들은 합당한 자인 연고라 이기는 자는 이와 같이 흰 옷을 입을 것이요 내가 그 이름을 생명책에서 결코 지우지 아니하고 그 이름을 내 아버지 앞과 그의 천사들 앞에서 시인하리라"

빌4:3 "또 참으로 나와 멍에를 같이한 네게 구하노니 복음에 나와 함께 힘쓰던 저 여인들을 돕고 또한 글레멘드와 그 외에 나의 동역자들을 도우라 그 이름들이 생명책에 있느니라"

시69:28 "그들을 생명책에서 지우사 의인들과 함께 기록되지 말게 하소서"

2) 하나님이 우리를 흑암의 권세에서 그리스도의 나라로 옮기셨습니다.

하나님께서 우리를 구원하신 것은 우리를 흑암의 권세에서 건져내사 그리스도의 나라로 옮기신 것입니다(골1:13-14). 곧 하나님이 우리를 구원하신 것은 어둠에서 빛으로, 사탄의 권세에서 하나님께로 돌아오게 하고, 죄 사함과 예수님을 믿어 거룩하게 된 무리 가운데서 기업을 얻게 하신 것입니다(행26:18).

골1:13-14 "그가 우리를 흑암의 권세에서 건져내사 그의 사랑의 아들의 나라로 옮기셨으니 그 아들 안에서 우리가 속량 곧 죄 사함을 얻었도다"

행26:18 "그 눈을 뜨게 하여 어둠에서 빛으로, 사탄의 권세에서 하나님 돌아오게 하고 죄 사함과 나를 믿어 거룩하게 된 무리 가운데서 기업을 얻게 하리라 하더이다"

① 하나님이 우리를 흑암의 권세에서 그리스도의 나라로 옮기신 것은 우리를 마귀(사탄)에게서 하나님께로 돌아오게 하신 것입니다.

죄를 짓는 자는 마귀에게 속합니다(요일3:8). 죄를 지어 마귀에게 속한 자는 하나님을 떠난 자입니다. 그리고 죄를 지어 마귀에게 속한 자는 죽기를 무서워하므로 한평생 죽음의 세력을 잡은 자 곧 마귀에게 매여 종노릇합니다(히2:14-15). 곧 허물과 죄로 죽은 자는 이 세상 풍조를 따르고 공중의 권세 잡은 자 마귀를 따릅니다(엡2:1-2). 이에 태초에 생명의 말씀으로 계신 하나님이신 예수님이 마귀의 일(죄)을 멸하려고 세상에 오셨습니다(요일3:8). 곧 예수님이 육신이 되어 세상에 오셔서 죽음의 세력을 잡은 자 마귀를 멸하시고 죽기를 무서워하므로 한평생 매여 종노릇 하는 모든 자들을 놓아 주셨습니다(히2:14-15). 그래서 구원 받은 우리는 마귀의 올무에서 벗어나 하나님께 사로잡힌 바 되어 하나님의 뜻을 따릅니다(딤후2:26). 곧 우리는 영혼의 목자와 감독되신 예수님에게 돌아왔습니다(벧전2:25).

요일3:8   "죄를 짓는 자는 마귀에게 속하나니 마귀는 처음부터 범죄함이라 하나님의 아들이 나타나신 것은 마귀의 일을 멸하려 하심이라"

히2:14-15   "자녀들은 혈과 육에 속하였으매 그도 또한 같은 모양으로 혈과 육을 함께 지니심은 죽음을 통하여 죽음의 세력을 잡은 자 곧 마귀를 멸하시며 또 죽기를 무서워하므로 한평생 매여 종 노릇하는 모든 자들을 놓아 주려 하심이니"

엡2:1-2   "그는 허물과 죄로 죽었던 너희를 살리셨도다 그 때에 너희는 그 가운데서 행하여 이 세상 풍조를 따르고 공중의 권세 잡은 자를 따랐으니 지금 불순종의 아들들 가운데서 역사하는 영이라"

딤후2:26   "그들로 깨어 마귀의 올무에서 벗어나 하나님께 사로잡힌 바 되어 그 뜻을 따르게 하실까 함이라"

벧전2:25   "너희가 전에는 양과 같이 길을 잃었더니 이제는 너희 영혼의 목자와 감독 되신 이에게 돌아왔느니라"

② 하나님이 우리를 흑암의 권세에서 그리스도의 나라로 옮기신 것은 우리를 어둠에서 빛으로 돌아오게 하신 것입니다.

마귀의 권세는 어둠(흑암)의 권세이며(눅22:53), 죄는 어둠의 일이며(엡5:11), 이 세상은 어둠입니다(엡6:12). 반면에 하나님은 빛이시며(요일1:5), 예수님이 세상의 빛이십니다(요8:12). 그리고 예수님이 빛으로 세상에 오셨습니다(요12:46). 그러나 빛이 어둠에 비치되 어둠이 깨닫지 못하였습니다(요1:5). 곧 빛이 세상에 왔으되 사람들이 자기 행위가 악하므로 빛보다 어둠을 더 사랑하였으며 이는 정죄를 받은 것입니다(요3:19). 그러나 세상에 빛으로 오신 예수님을 믿는 자는 어둠에 거하지 아니하며(요12:46), 어둠에 다니지 아니하고 생명의 빛을 얻습니다(요8:12). 곧 구원 받은 우리는 어둠에서 빛으로 돌아온 것입니다. 그리고 우리가 빛 가운데 행하면 하나님의 아들 예수의 피가 우리를 모든 죄에서 깨끗하게 하시며(요일1:7), 하나님은 우리로 하여금 빛 가운데서 성도의 기업의 부분을 얻기에 합당하게 하십니다(골1:12).

눅22:53 "내가 날마다 너희와 함께 성전에 있을 때에 내게 손을 대지 아니하였도다 그러나 이제는 너희 때요 어둠의 권세로다 하시더라"

엡5:11 "너희는 열매 없는 어둠의 일에 참여하지 말고 도리어 책망하라"

엡6:12 "우리의 씨름은 혈과 육을 상대하는 것이 아니요 통치자들과 권세들과 이 어둠의 세상 주관자들과 하늘에 있는 악의 영들을 상대함이라"

요일1:5 "우리가 그에게서 듣고 너희에게 전하는 소식은 이것이니 곧 하나님은 빛이시라 그에게는 어둠이 조금도 없으시다는 것이니라"

요8:12 "예수께서 또 말씀하여 이르시되 나는 세상의 빛이니 나를 따르는 자는 어둠에 다니지 아니하고 생명의 빛을 얻으리라"

요12:46	"나는 빛으로 세상에 왔나니 무릇 나를 믿는 자로 어둠에 거하지 않게 하려 함이로라"
요1:5	"빛이 어둠에 비치되 어둠이 깨닫지 못하더라"
요3:19	"그 정죄는 이것이니 곧 빛이 세상에 왔으되 사람들이 자기 행위가 악하므로 빛보다 어둠을 더 사랑한 것이니라"
요일1:7	"그가 빛 가운데 계신 것 같이 우리도 빛 가운데 행하면 우리가 서로 사귐이 있고 그 아들 예수의 피가 우리를 모든 죄에서 깨끗하게 하실 것이요"
골1:12	"우리로 하여금 빛 가운데서 성도의 기업의 부분을 얻기에 합당하게 하신 아버지께 감사하게 하시기를 원하노라"

　우리가 전에는 어둠이었는데 이제는 주 안에서 빛이며, 빛의 자녀들처럼 행해야 합니다(엡5:8). 구원 받은 우리는 빛의 아들이요 낮의 아들이며 밤이나 어둠에 속하지 아니합니다(살전5:5). 그러므로 우리는 어둠의 일을 벗고 빛의 갑옷을 입어야 합니다(롬13:12). 그리고 우리는 어둠의 일에 참여하지 말고 도리어 책망해야 합니다(엡5:11). 빛의 열매는 모든 착함과 의로움과 진실함에 있습니다(엡5:9).

| 엡5:8 | "너희가 전에는 어둠이더니 이제는 주 안에서 빛이라 빛의 자녀들처럼 행하라" |
| 살전5:5-6 | "너희는 다 빛의 아들이요 낮의 아들이라 우리가 밤이나 어둠에 속하지 아니하나니 그러므로 다른 이들과 같이 자지 말고 오직 깨어 정신을 차릴지라" |

롬13:12	"밤이 깊고 낮이 가까웠으니 그러므로 우리가 어둠의 일을 벗고 빛의 갑옷을 입자"
엡5:11	"너희는 열매 없는 어둠의 일에 참여하지 말고 도리어 책망하라"
엡5:9	"빛의 열매는 모든 착함과 의로움과 진실함에 있느니라"

천국 비유에서 밭의 가라지 비유(마13:24-30)는 하나님이 우리를 구원하신 것을 말씀합니다. 밭의 주인이 좋은 씨(곡식)를 뿌렸는데 사람들이 잘 때에 그 원수가 와서 곡식 가운데 가라지를 덧뿌리고 갔습니다. 그래서 곡식이 싹이 나고 결실할 때에 가라지도 보였습니다. 그리고 곡식과 가라지는 추수 때까지 자라며, 추수 때에는 추수꾼들이 가라지는 먼저 불사르게 단으로 묶고 곡식은 모아 주인의 곡간에 넣습니다.

밭의 가라지 비유에서 좋은 씨를 뿌리는 자는 예수님이요, 밭은 세상이요, 좋은 씨는 천국의 아들들이요, 가라지는 악한 자 곧 마귀의 아들들이요, 가라지를 뿌린 원수는 마귀요, 추수 때는 세상 끝이요, 추수꾼은 천사들입니다(마13:36-40).

| 마13:36-40 | "이에 예수께서 무리를 떠나사 집에 들어가시니 제자들이 나아와 이르되 밭의 가라지 비유를 우리에게 설명하여 주소서 대답하여 이르시되 좋은 씨를 뿌리는 이는 인자요 밭은 세상이요 좋은 씨는 천국의 아들들이요 가라지는 악한 자의 아들들이요 가라지를 뿌린 원수는 마귀요 추수 때는 세상 끝이요 추수꾼은 천사들이니 그런즉 가라지를 거두어 불에 사르는 것 같이 세상 |

구원 받은 자 곧 영이 산 자는 하나님의 자녀(사람)로 이 세상에 뿌려진 것입니다. 그러므로 영을 살리신 구원은 끝이 아니요 시작입니다. 우리의 영을 살리신 구원은 우리가 이 세상에서 하나님의 자녀로 사는 시작입니다. 그러므로 영을 살리신 구원을 받은 우리는 하나님의 자녀로 살아가야 하며, 하나님의 사람으로 온전하게 자라가야 합니다. 그래서 하나님이 영을 살리신 우리를 이 세상에서 사는 동안 온전하게 자라도록 보호하시고 양육하십니다.

2. 보호하시고 양육하시는 구원

구원은 하나님이 우리의 영을 살리신 것이며 또한 우리의 영을 살리신 하나님이 우리를 이 세상에서 사는 동안 보호하시고 양육하시는 것입니다. 곧 하나님이 우리를 악한 자와 악한 일(악한 세대)에서 건지시며 온전하게 자라도록 양육하십니다. 곧 승천하셔서 하나님 보좌 우편에 계신 예수님이 성령님을 보내셔서 우리를 보호하시고 양육하시며, 우리는 믿음으로 보호를 받고 양육을 받습니다. 예수님이 교회를 양육하여 보호하십니다(엡5:29).

엡5:29   "누구든지 언제나 자기 육체를 미워하지 않고 오직 양육하여 보호하기를 그리스도께서 교회에게 함과 같이 하나니"

1) 하나님은 우리를 천국에 들어가도록 이 세상에서 사는 동안 능력으로 보호하십니다.

영을 살리신 구원을 얻은 우리는 천국에 들어가는 구원을 얻기 위하여 믿음으로 말미암아 하나님의 능력으로 보호하심을 받았습니다(벧전1:5). 하나님께서 구원 얻은 우리를 보호하시는 것은 우리는 하나님께 속하고 온 세상은 악한 자(마귀)에게 처하였기 때문이며(요일5:19), 세상에 있는 모든 것이 육신의 정욕과 안목의 정욕과 이생의 자랑이기 때문입니다(요일2:16). 곧 이 세상에는 구원 받은 우리를 미혹하고 대적하는 마귀와 마귀에게 속한 자들이 있기 때문입니다.

벧전1:5   "너희는 말세에 나타내기로 예비하신 구원을 얻기 위하여 믿음으로 말미암아 하나님의 능력으로 보호하심을 받았느니라"

요일5:19   "또 아는 것은 우리는 하나님께 속하고 온 세상은 악한 자 안에 처한 것이며"

요일2:16   "이는 세상에 있는 모든 것이 육신의 정욕과 안목의 정욕과 이생의 자랑이니 다 아버지께로부터 온 것이 아니요 세상으로부터 온 것이라"

① 예수님과 성령님이 우리의 보혜사이십니다.

예수님이 이 세상에 계실 때는 예수님이 그 제자들을 지키시는 보혜사이셨습니다. 예수님은 이 세상에 계실 때 그 제자들을 보전하고 지키셨습니다(요17:12). 왜냐하면 예수님이 세상에 속하지 아니함 같이 그 제자들도 세상에 속하지 아니하였기 때문입니다(요17:14). 그래서 예수님은 자신이 아버지께로 가면 하나님이 그 제자들을 악에 빠지지 않게 보전하시기를 기도하셨습니다(요17:15). 또 예수님은 이 세대가 악한 세대임을 말씀하셨고(눅11:29), 예수님은 이 악한 세대에서 우리를 건지시려고 우리 죄를 대속하기 위하여 자기 몸을 주셨습니다(갈1:4).

요17:12   "내가 그들과 함께 있을 때에 내게 주신 아버지의 이름으로 그들을 보전하고 지키었나이다 그 중의 하나도 멸망하지 않고 다만 멸망의 자식뿐이오니 이는 성경을 응하게 함이니이다"

요17:14   "내가 아버지의 말씀을 그들에게 주었사오매 세상이 그들을 미워하였사오니 이는 내가 세상에 속하지 아니함 같이 그들도 세상에 속하지 아니함으로 인함이니이다"

요17:15   "내가 비옵는 것은 그들을 세상에서 데려가시기를 위함이 아니요 다만 악에 빠지지 않게 보전하시기를 위함이니이다"

눅11:29   "무리가 모였을 때에 예수께서 말씀하시되 이 세대는 악한 세대라 표적을 구하되 요나의 표적 밖에는 보일 표적이 없나니"

갈1:4   "그리스도께서 하나님 곧 우리 아버지의 뜻을 따라 이 악한 세대에서 우리를 건지시려고 우리 죄를 대속하기 위하여 자기 몸을 주셨으니"

예수님이 승천하신 후에는 예수님이 보내신 성령님이 우리의 보혜사이십니다. 승천하신 예수님이 보내신 성령님이 보혜사로 오셔서 영원토록 우리와 함께 계십니다(요14:16). 그리고 우리에게 오신 성령님은 예수님을 증언하십니다(요15:26). 또한 우리에게 오신 성령님은 우리에게 모든 것을 가르치시고 예수님이 하신 모든 말씀을 생각나게 하십니다(요14;26).

요14:16   "내가 아버지께 구하겠으니 그가 또 다른 보혜사를 너희에게 주사 영원토록 너희와 함께 있게 하리니"

요15:26   "내가 아버지께로부터 너희에게 보낼 보혜사 곧 아버지께로부터 나오시는 진리의 성령이 오실 때에 그가 나를 증언하실 것이요"

요14:26   "보혜사 곧 아버지께서 내 이름으로 보내실 성령 그가 너희에게 모든 것을 가르치고 내가 너희에게 말한 모든 것을 생각나게 하리라"

② 하나님은 우리를 모든 악한 자들과 악한 일에서 건지십니다.

하나님은 우리를 모든 악한 사람들에게서 건지시며(살후3:2), 모든 악한 일에서 건지십니다(딤후4:18). 하나님은 성도의 영혼을 보전하사 악인의 손에서 건지시며(시97:10), 자기를 사랑하는 자들을 다 보호하시고(시145:20), 진실한 자를 보호하십니다(시31:23). 끝까지 견디는 자가 천국에 들어가는 구원을 얻는데(마24:13), 하나님이 우리를 끝까지 견디게 하십니다.

살후3:2   "또한 우리를 부당하고 악한 사람들에게서 건지시옵소서 하라 믿음은 모든 사람의 것이 아니니라"

딤후4:18   "주께서 나를 모든 악한 일에서 건져내시고 또 그의 천국에 들어가도록 구원하시리니 그에게 영광이 세세무궁토록 있을지어다 아멘"

시97:10   "여호와를 사랑하는 너희여 악을 미워하라 그가 그의 성도의 영혼을 보전하사 악인의 손에서 건지시느니라"

시145:20 "여호와께서 자기를 사랑하는 자들은 다 보호하시고 악인들은 다 멸하시리로다"

시31:23   "너희 모든 성도들아 여호와를 사랑하라 여호와께서 진실한 자를 보호하시고 교만하게 행하는 자에게 엄중히 갚으시느니라"

마24:13   "그러나 끝까지 견디는 자는 구원을 얻으리라"

③ 악한 자는 마귀와 그에게 속한 자들이며 악한 일은 마귀의 일입니다.

악한 자는 마귀(사탄)이며, 마귀에게 속한 악령들과 귀신들이며, 마귀에게 속한 사람들입니다. 그리고 악한 일은 마귀가 하는 일이며, 마귀에게 속한 자들은 마귀의 일을 하므로 악한 일을 합니다. 마귀의 일(악한 일)은 성도들을 박해하며(갈4:29), 그리스도의 일꾼들을 대적하며(요삼1:10-11), 그리스도의 교훈이 아닌 다른 교훈으로 성도들을 미혹하는 것입니다(요이1:10). 가인은 악한 자(마귀)에게 속하여 그 아우를 죽였습니다(요일3:12). 사탄의 회당인 유대인들은 교회를 비방하였습니다(계2:9). 사탄에게 그의 능력과 보좌와 큰 권세를 받은 짐승(멸망의 아들=불법한 사람)은 과장되고 신성모독을 말하는 입을 받고 대환난의 후 삼년 반(마흔두 달) 동안 일할 권세를 받아 하나님을 비방하고 성도들을 비방하며 성도들을 박해할 것입니다(계13:2, 5-6). 그런데 악한 자의 나타남은 사탄의 활동을 따라 모든 능력과 표적과 거짓 기적과 불의의 모든 속임으로 멸망하는 자들에게 있습니다. 이는 그들이 진리의 사랑을 받지 아니하여 구원함을 받지 못했기 때문입니다(살후2:9-10).

갈4:29   "그러나 그 때에 육체를 따라 난 자가 성령을 따라 난 자를 박해한 것 같이 이제도 그러하도다"

요삼1:10-11 "그러므로 내가 가면 그 행한 일을 잊지 아니하리라 그가 악한 말로 우리를 비방하고도 오히려 부족하여 형제들을 맞아 들이지도 아니하고 맞아들이고자 하는 자를 금하여 교회에서 내쫓는도다 사랑하는 자여 악한 것을 본받지 말고 선한 것을 본받으라 선을 행하는 자는 하나님께 속하고 악을 행하는 자는 하나님을 뵈옵지 못하였느니라"

요이1:10   "누구든지 이 교훈을 가지지 않고 너희에게 나아가거든 그를 집에 들이지도 말고 인사도 하지 말라 그에게 인사하는 자는 그 악한 일에 참여하는 자임이라"

요일3:12   "가인 같이 하지 말라 그는 악한 자에게 속하여 그 아우를 죽였으니 어떤 이유로 죽였느냐 자기의 행위는 악하고 그의 아우의 행위는 의로움이라"

계2:9   "내가 네 환난과 궁핍을 알거니와 실상은 네가 부요한 자니라 자칭 유대인이라 하는 자들의 비방도 알거니와 실상은 유대인이 아니요 사탄의 회당이라"

계13:2   "내가 본 짐승은 표범과 비슷하고 그 발은 곰의 발 같고 그 입은 사자의 입 같은데 용이 자기의 능력과 보좌와 권세를 그에게 주었더라"

계13:5-6   "또 짐승이 과장되고 신성모독을 말하는 입을 받고 또 마흔두
           달 동안 일할 권세를 받으니라"

살후2:9-10 "악한 자의 나타남은 사탄의 활동을 따라 모든 능력과 표적과
           거짓 기적과 불의의 모든 속임으로 멸망하는 자들에게 있으리
           니 이는 그들이 진리의 사랑을 받지 아니하여 구원함을 받지 못
           함이라"

④ 우리는 마귀를 멸하신 예수님을 믿음으로 악한 자를 이겨야 합니다.
예수님은 마귀의 일을 멸하려고 이 세상에 오셨으며(요일3:8), 십자
가의 죽으심으로 마귀를 멸하셨습니다(히2:14). 그래서 예수님이 우
리를 지키시매 악한 자가 우리를 만지지도 못합니다(요일5:18). 그러
므로 우리는 악한 날에 악한 자를 능히 대적하고 하나님이 맡기신 모
든 일을 행한 후에 서기 위하여 하나님의 전신 갑주(진리, 의, 평안의
복음, 믿음, 구원, 하나님의 말씀)를 취해야 합니다(엡6:13). 그래서
우리는 악한 자를 이겨야 합니다(요일2:13). 그리고 우리는 예수님께
서 우리를 악한 자에게서 지키심을 믿고(살후3:3), 부당하고 악한 사
람들에게서 건지시기를 하나님께 기도하며(살후3:2), 악에서 구하시
기를 하나님께 기도해야 합니다(마6:13).

요일3:8   "죄를 짓는 자는 마귀에게 속하나니 마귀는 처음부터 범죄함이라
           하나님의 아들이 나타나신 것은 마귀의 일을 멸하려 하심이라"

히2:14   "자녀들은 혈과 육에 속하였으매 그도 또한 같은 모양으로 혈과

육을 함께 지니심은 죽음을 통하여 죽음의 세력을 잡은 자 곧 마귀를 멸하시며"

요일5:18   "하나님께로부터 난 자는 다 범죄하지 아니하는 줄을 우리가 아노라 하나님께로부터 나신 자가 그를 지키시매 악한 자가 그를 만지지도 못하느니라"

엡6:13   "그러므로 하나님의 전신 갑주를 취하라 이는 악한 날에 너희가 능히 대적하고 모든 일을 행한 후에 서기 위함이라"

요일2:13   "아비들아 내가 너희에게 쓰는 것은 너희가 태초부터 계신 이를 알았음이요 청년들아 내가 너희에게 쓰는 것은 너희가 악한 자를 이기었음이라"

살후3:3   "주는 미쁘사 너희를 굳건하게 하시고 악한 자에게서 지키시리라"

살후3:2   "또한 우리를 부당하고 악한 사람들에게서 건지시옵소서 하라 믿음은 모든 사람의 것이 아니니라"

마6:13   "우리를 시험에 들게 하지 마시옵고 다만 악에서 구하시옵소서 (나라와 권세와 영광이 아버지께 영원히 있사옵나이다 아멘)"

2) 하나님은 우리가 온전하게 자라도록 양육하십니다.

하나님이 우리의 영을 살리신 구원은 끝이 아니라 시작입니다. 우리가 영을 살리신 구원을 받음은 하나님의 자녀, 하나님의 사람(그리스도의 사람), 천국의 백성으로 태어난 것입니다. 그래서 하나님은 태어난 우리를 보호하시며 우리를 온전한 하나님의 자녀, 온전한 하나님의 사람(그리스도의 사람), 온전한 천국의 백성이 되도록 양육하십니다. 하나님이 우리를 양육하심은 승천하신 예수님이 성령을 보내셔서 우리를 보호하시고 양육하십니다. 성령님은 우리의 보혜사로 오셨습니다. 또한 예수님은 교회를 세우시고, 교회에 사자(목회자)를 세우셔서 교회를 양육하십니다(엡5:29).

엡5:29 　"누구든지 언제나 자기 육체를 미워하지 않고 오직 양육하여 보호하기를 그리스도께서 교회에게 함과 같이 하나니"

① 하나님은 우리를 은혜로 양육하십니다.

우리를 은혜로 구원하신 하나님은 은혜로 우리를 양육하십니다. 하나님이 우리를 은혜로 양육하시되 경건하지 않은 것과 이 세상 정욕을 다 버리도록 양육하시고, 신중함과 의로움과 경건함으로 살도록 양육하십니다(딛2:11-12). 또 하나님은 우리가 복스러운 소망으로 예수님의 재림을 기다리도록 우리를 양육하십니다(딛2:13).

딛2:11-12 　"모든 사람에게 구원을 주시는 하나님의 은혜가 나타나 우리를 양육하시되 경건하지 않은 것과 이 세상 정욕을 다 버리고 신중함과 의로움과 경건함으로 이 세상에 살고"

딛2:13 　"복스러운 소망과 우리의 크신 하나님 구주 예수 그리스도의 영광이 나타나심을 기다리게 하셨으니"

② 하나님은 말씀으로 우리를 양육하십니다.

우리는 모든 악한 것을 버리고 순전하고 신령한 말씀을 사모하며, 말씀으로 말미암아 천국에 들어가는 구원에 이르도록 자라야 합니다

(벧전2:1-2). 하나님의 말씀인 성경은 그리스도 예수 안에 있는 믿음으로 말미암아 구원에 이르는 지혜가 있게 합니다(딤후3:15). 또 모든 성경은 교훈과 책망과 바르게 함과 의로 교육하기에 유익하여 하나님의 사람으로 온전하게 하며 모든 선한 일을 행할 능력을 갖추게 합니다(딤후3:16-17). 우리는 믿음의 말씀과 우리가 따르는 좋은 교훈으로 양육을 받습니다(딤전4:6).

벧전2:1-2   "그러므로 모든 악독과 모든 기만과 외식과 시기와 모든 비방하는 말을 버리고 갓난 아기들 같이 순전하고 신령한 젖을 사모하라 이는 그로 말미암아 너희로 구원에 이르도록 자라게 하려 함이라"

딤후3:15   "또 어려서부터 성경을 알았나니 성경은 능히 너로 하여금 그리스도 예수 안에 있는 믿음으로 말미암아 구원에 이르는 지혜가 있게 하느니라"

딤후3:16-17 "모든 성경은 하나님의 감동으로 된 것으로 교훈과 책망과 바르게 함과 의로 교육하기에 유익하니 이는 하나님의 사람으로 온전하게 하며 모든 선한 일을 행할 능력을 갖추게 하려 함이라"

딤전4:6   "네가 이것으로 형제를 깨우치면 그리스도 예수의 좋은 일꾼이 되어 믿음의 말씀과 네가 따르는 좋은 교훈으로 양육을 받으리라"

③ 하나님은 교회를 세우셔서 우리를 양육하십니다.

예수님은 교회를 세우셔서 양육하십니다. 또 예수님은 교회에 감독자(목회자)를 세우셔서 성도들을 보살피게 하시고(행20:28), 교회에 직분 자들을 세우셔서 성도들을 온전하게 하십니다(엡4:11-12). 그래서 각 성도들이 그리스도에게 도움을 받음으로 연결되고 결합되어 각각 분량대로 역사하여 교회를 자라게 하며 사랑 안에서 스스로 세웁니다(엡4:16). 곧 교회가 그리스도로 말미암아 각 성도로 공급함을 받고 연합하여 하나님이 자라게 하시므로 자랍니다(골2:19).

행20:28   "여러분은 자기를 위하여 또는 온 양 떼를 위하여 삼가라 성령이 그들 가운데 여러분을 감독자로 삼고 하나님이 자기 피로 사신 교회를 보살피게 하셨느니라"

엡4:11-12 "그가 어떤 사람은 사도로, 어떤 사람은 선지자로, 어떤 사람은 복음 전하는 자로, 어떤 사람은 목사와 교사로 삼으셨으니 이는 성도를 온전하게 하여 봉사의 일을 하게 하며 그리스도의 몸을 세우려 하심이라"

엡4:16   "그에게서 온 몸이 각 마디를 통하여 도움을 받음으로 연결되고 결합되어 각 지체의 분량대로 역사하여 그 몸을 자라게 하며 사랑 안에서 스스로 세우느니라"

골2:19   "머리를 붙들지 아니하는지라 온 몸이 머리로 말미암아 마디와 힘줄로 공급함을 받고 연합하여 하나님이 자라게 하시므로 자라느니라"

④ 우리는 하나님의 양육하심을 받아 온전하게 되어야 합니다.

우리는 하나님 아버지의 온전하심과 같이 온전해야 합니다(마 5:48). 우리가 다 예수 그리스도를 믿는 것과 아는 일에 하나가 되어 온전한 사람을 이루어 그리스도의 장성한 분량이 충만한 데까지 이르러야 합니다(엡4:13). 곧 우리는 범사에 그리스도에게까지 자라야 합니다(엡4:15). 그래서 우리가 장성한 자가 되고 어린 아이가 되지 아니하여 사람의 속임수와 간사한 유혹에 빠지지 않아야 하며, 온갖 교훈의 풍조에 밀려 요동하지 않아야 합니다(엡4:14).

마5:48	"그러므로 하늘에 계신 너희 아버지의 온전하심과 같이 너희도 온전하라"
엡4:13	"우리가 다 하나님의 아들을 믿는 것과 아는 일에 하나가 되어 온전한 사람을 이루어 그리스도의 장성한 분량이 충만한 데까지 이르리니"
엡4:15	"오직 사랑 안에서 참된 것을 하여 범사에 그에게까지 자랄지라 그는 머리니 곧 그리스도라"
엡4:14	"이는 우리가 이제부터 어린 아이가 되지 아니하여 사람의 속임수와 간사한 유혹에 빠져 온갖 교훈의 풍조에 밀려 요동하지 않게 하려 함이라"

우리는 믿음을 온전하게 해야 하며(딛1:13), 사랑을 온전하게 해야 하며(요일4:18), 인내를 온전하게 해야 합니다(약1:4). 또 우리는 거룩함을 온전히 이루어야 하며(고후7:1), 복종을 온전하게 해야 하며(고후10:6), 하나님 앞에 우리 행위를 온전하게 해야 하며(계3:2), 말에 실수가 없어야 하며(약3:2), 온전히 기뻐해야 하며(약1:2), 모든 선한 일에 온전하게 되어야 합니다(히13;21).

딛1:13	"이 증언이 참되도다 그러므로 네가 그들을 엄히 꾸짖으라 이는 그들로 하여금 믿음을 온전하게 하고"
요일4:18	"사랑 안에 두려움이 없고 온전한 사랑이 두려움을 내쫓나니 두려움에는 형벌이 있음이라 두려워하는 자는 사랑 안에서 온전히 이루지 못하였느니라"
약1:4	"인내를 온전히 이루라 이는 너희로 온전하고 구비하여 조금도 부족함이 없게 하려 함이라"
고후7:1	"그런즉 사랑하는 자들아 이 약속을 가진 우리는 하나님을 두려워하는 가운데서 거룩함을 온전히 이루어 육과 영의 온갖 더러운 것에서 자신을 깨끗하게 하자"
고후10:6	"너희 복종이 온전하게 될 때에 모든 복종하지 않는 것을 벌하려고 준비하는 중에 있노라"
계3:2	"너는 일깨워 그 남은 바 죽게 된 것을 굳건하게 하라 내 하나님 앞에 네 행위의 온전한 것을 찾지 못하였노니"
약3:2	"우리가 다 실수가 많으니 만일 말에 실수가 없는 자라면 곧 온전한 사람이라 능히 온 몸도 굴레 씌우리라"
약1:2	"내 형제들아 너희가 여러 가지 시험을 당하거든 온전히 기쁘게 여기라"
히13:21	"모든 선한 일에 너희를 온전하게 하사 자기 뜻을 행하게 하시고 그 앞에 즐거운 것을 예수 그리스도로 말미암아 우리 가운데서 이루시기를 원하노라 영광이 그에게 세세무궁토록 있을지어다 아멘"

⑤ 우리는 그리스도의 도의 초보에 머무르지 말고 완전한 데로 나아가야 합니다.

그리스도의 도(말씀)의 초보는 죽은 행실을 회개함과 하나님께 대한 신앙과 안수와 죽은 자의 부활과 영원한 심판에 관한 교훈입니다. 우리는 이러한 터를 다시 닦지 말고 완전한 데로 나아가야 합니다(히 6:1-2). 우리가 완전한 데로 나아가는 것은 빛을 받고 하늘의 은사를 맛보고 성령에 참여한바 되고 하나님의 선한 말씀과 내세의 능력을 맛보는 것입니다(히6:3-4). 곧 우리가 완전한 데로 나아가는 것은 말씀의 교훈을 받는 데서 말씀을 체험하는 데로 나아가는 것입니다. 그러나 우리가 알아야 할 것은 완전한 데 나아간 자들이 타락하면 다시 새롭게 하여 회개할 수 없는 것입니다(히6:6). 그러므로 우리는 완전한 데 나아가서 하나님께 합당한 삶을 살아야 합니다(히6:7-8). 그리고 우리에게는 말씀의 교훈을 받고 말씀을 체험하는 것보다 더 좋은 구원에 속한 것(구원 받은 증거)이 있어야 합니다(히6:9).

히6:1-2   "그러므로 우리가 그리스도의 도의 초보를 버리고 죽은 행실을 회개함과 하나님께 대한 신앙과 세례들과 안수와 죽은 자의 부활과 영원한 심판에 관한 교훈의 터를 다시 닦지 말고 완전한 데로 나아갈지니라"

히6:3-5   "하나님께서 허락하시면 우리가 이것을 하리라 한 번 빛을 받고 하늘의 은사를 맛보고 성령에 참여한 바 되고 하나님의 선한 말씀과 내세의 능력을 맛보고도"

히6:6   "타락한 자들은 다시 새롭게 하여 회개하게 할 수 없나니 이는

그들이 하나님의 아들을 다시 십자가에 못 박아 드러내 놓고
욕되게 함이라"

히6:7-8   "땅이 그 위에 자주 내리는 비를 흡수하여 밭 가는 자들이 쓰기
에 합당한 채소를 내면 하나님께 복을 받고 만일 가시와 엉겅퀴
를 내면 버림을 당하고 저주함에 가까워 그 마지막은 불사름이
되리라"

히6:9   "사랑하는 자들아 우리가 이같이 말하나 너희에게는 이보다 더
좋은 것 곧 구원에 속한 것이 있음을 확신하노라"

  우리는 그리스도의 말씀으로 교훈을 받는데서 그리스도의 말씀을
체험하는 데로 나아가야 합니다. 그리고 우리는 교훈을 받고 체험하
는 것보다 더 좋은 구원에 속한 것 곧 구원 받은 증거가 있어야 합니
다. 우리가 구원 받은 증거는 하나님이 우리에게 영생을 주신 것과 이
생명이 그의 아들 안에 있는 것이며(요일5:11), 우리가 그리스도의 복
음에 합당하게 생활하여 복음의 신앙을 위하여 협력하고 대적하는 자
들 때문에 두려워하지 아니하는 것이며(빌1:27-28), 예수님을 사랑
하고 영광스러운 즐거움으로 기뻐하는 것입니다(벧전1:8-9). 그리고
구원에 속한 것이 있는 우리는 성도를 섬기며(히6:10), 부지런함을 나
타내어 끝까지 소망의 풍성함에 이르러(히6:11), 믿음과 오래 참음으
로 약속들을 기업으로 받는 자가 됩니다(히6:12).

요일5:11   "또 증거는 이것이니 하나님이 우리에게 영생을 주신 것과 이
생명이 그의 아들 안에 있는 그것이니라"

빌1:27-28 "오직 너희는 그리스도의 복음에 합당하게 생활하라 이는 내가 너희에게 가 보나 떠나 있으나 너희가 한마음으로 서서 한 뜻으로 복음의 신앙을 위하여 협력하는 것과 무슨 일에든지 대적하는 자들 때문에 두려워하지 아니하는 이 일을 듣고자 함이라 이것이 그들에게는 멸망의 증거요 너희에게는 구원의 증거니 이는 하나님께로부터 난 것이라"

벧전1:8-9 "예수를 너희가 보지 못하였으나 사랑하는도다 이제도 보지 못하나 믿고 말할 수 없는 영광스러운 즐거움으로 기뻐하니 믿음의 결국 곧 영혼의 구원을 받음이라"

히6:10 "하나님은 불의하지 아니하사 너희 행위와 그의 이름을 위하여 나타낸 사랑으로 이미 성도를 섬긴 것과 이제도 섬기고 있는 것을 잊어버리지 아니하시느니라"

히6:11 "우리가 간절히 원하는 것은 너희 각 사람이 동일한 부지런함을 나타내어 끝까지 소망의 풍성함에 이르러"

히6:12 "게으르지 아니하고 믿음과 오래 참음으로 말미암아 약속들을 기업으로 받는 자들을 본받는 자 되게 하려는 것이니라"

천국 비유에서 씨 뿌리는 비유(마13:3-9)는 하나님이 우리를 양육하심을 말씀합니다. 씨를 뿌리는 자가 뿌리러 나가서 뿌릴 때에 더러는 길 가에 떨어지매 새들이 와서 먹어버렸고, 더러는 흙이 얕은 돌밭에 떨어지매 흙이 깊지 아니하므로 곧 싹이 나오나 해가 돋은 후에 타서 뿌리가 없으므로 말랐고, 더러는 가시떨기 위에 떨어지매 가시가 자라서 기운을 막았고, 더러는 좋은 땅에 떨어지매 백배, 육십 배, 삼십 배의 결실을 하였습니다.

씨 뿌리는 비유에서 길 가에 뿌려진 자는 천국 말씀을 듣고 깨닫지 못할 때는 악한 자(마귀)가 와서 그 마음에 뿌려진 말씀을 빼앗는 것이며, 돌밭에 뿌려진 자는 환난이나 박해가 일어날 때에 넘어지는 것이며, 가시떨기에 뿌려진 자는 세상의 염려와 재물의 유혹과 향락에 말씀이 막혀 결실하지 못하는 것이며, 좋은 땅에 뿌려진 자는 말씀을 듣고 깨달아 결실하여 백배, 육십 배, 삼십 배가 되는 것입니다(마 13:18-23). 그리고 겨자씨 비유는 남에게 유익을 주는 사람으로 자람을 말씀하며(마13:31-32), 누룩 비유는 다른 사람을 변화시키는 사람으로 자람을 말씀합니다(마13:33).

영혼을 살리는 구원을 받고 세상에서 양육하심을 받는 우리는 착하고 좋은 마음으로 하나님의 말씀을 듣고 깨달아 하나님의 말씀을 마귀에게 빼앗기지 아니하고 환난이나 박해에도 넘어지지 아니하며 세상의 염려와 재물의 유혹과 향락을 물리쳐서 백배, 육십 배, 삼십 배로 결실하는 자가 되어야 합니다.

마13:18-23 "그런즉 씨 뿌리는 비유를 들으라 아무나 천국 말씀을 듣고 깨닫지 못할 때는 악한 자가 와서 그 마음에 뿌려진 것을 빼앗나니 이는 곧 길 가에 뿌려진 자요 돌밭에 뿌려졌다는 것은 말씀을 듣고 즉시 기쁨으로 받되 그 곳에 뿌리가 없어 잠시 견디다가 말씀으로 말미암아 환난이나 박해가 일어날 때에는 곧 넘어지는 자요 가시떨기에 뿌려졌다는 것은 말씀을 들으나 세상의 염려와 재물의 유혹에 말씀이 막혀 결실하지 못하는 자요 좋은 땅에 뿌려졌다는 것은 말씀을 듣고 깨닫는 자니 결실하여 어떤 것은 백배, 어떤 것은 육십 배, 어떤 것은 삼십 배가 되느니라 하시더라"

마13:31-32 "또 비유를 들어 이르시되 천국은 마치 사람이 자기 밭에 갖다 심은 겨자씨 한 알 같으니 이는 모든 씨보다 작은 것이로되 자란 후에는 풀보다 커서 나무가 되매 공중의 새들이 와서 그 가지에 깃들이느니라"

마13:33 "또 비유로 말씀하시되 천국은 마치 여자가 가루 서 말 속에 갖다 넣어 부풀게 한 누룩과 같으니라"

3. 천국에 들어가게 하시는 구원

구원은 하나님이 우리의 영을 살리신 것이며, 또한 이 세상에서 사는 동안 우리를 보호하시고 양육하시는 것이며, 그리고 우리를 장래 하나님의 노하심에서 건지시고 천국에 들어가게 하시는 것입니다. 예수님이 재림하셔서 우리를 천국에 들어가도록 구원하실 것입니다.

1) 예수님은 우리를 하나님의 진노하심에서 건지실 것입니다.

허물과 죄로 죽은 모든 사람은 하나님의 진노를 받는 진노의 자녀입니다(엡2:1-3). 하나님의 진노가 불순종의 아들들에게 임하며(엡5:6), 음란과 부정과 사욕과 악한 정욕과 탐심으로 말미암아 하나님의 진노가 임합니다(골3:5-6). 그리고 하나님의 진노는 하나님의 의로우신 심판이 나타나는 그 날에 임할 것입니다(롬2:5). 그런데 아무도 주의 진노의 두려움을 알지 못할 것입니다(시90:11). 그러나 진노의 큰 날이 이를 때 사람들은 주의 진노를 두려워하여 산들과 바위에게 말하기를 어린양의 진노에서 우리를 가리라 할 것이며 아무도 능히 서지 못할 것입니다(계6:16-17).

엡2:1-3   "그는 허물과 죄로 죽었던 너희를 살리셨도다 그 때에 너희는 그 가운데서 행하여 이 세상 풍조를 따르고 공중의 권세 잡은 자를 따랐으니 곧 지금 불순종의 아들들 가운데서 역사하는 영이라 전에는 우리도 다 그 가운데서 우리 육체의 욕심을 따라 지내며 육체와 마음의 원하는 것을 하여 다른 이들과 같이 본질상 진노의 자녀이었더니"

엡5:6   "누구든지 헛된 말로 너희를 속이지 못하게 하라 이로 말미암아 하나님의 진노가 불순종의 아들들에게 임하나니"

골3:5-6   "그러므로 땅에 있는 지체를 죽이라 곧 음란과 부정과 사욕과 악한 정욕과 탐심이니 탐심은 우상숭배니라 이것들로 말미암아 하나님의 진노가 임하느니라"

롬2:5   "다만 네 고집과 회개하지 아니한 마음을 따라 진노의 날 곧 하나님의 의로우신 심판이 나타나는 그 날에 임할 진노를 네게 쌓는도다"

시90:11   "누가 주의 노여움의 능력을 알며 누가 주의 진노의 두려움을 알리이까?

계6:16-17 "산들과 바위에게 말하되 우리 위에 떨어져 보좌에 앉으신 이

의 얼굴에서와 그 어린양의 진노에서 우리를 가리라 그들의 진
노의 큰 날이 이르렀으니 누가 능히 서리요 하더라"

① 하나님은 재앙의 천사들을 보내 재앙을 내리십니다.

하나님의 진노가 임할 때 하나님은 재앙의 천사들을 재앙을 받을
자들에게 내려 보내십니다(시78:49). 하나님이 재앙의 천사들을 보
내 내리시는 마지막 재앙으로 일곱 대접 재앙이 있으며 하나님의 진
노가 이것으로 마치게 됩니다(계15:1). 첫째 천사의 대접 재앙은 악
하고 독한 종기가 나며, 둘째 천사의 대접 재앙은 바다가 피같이 되어
바다 가운데 모든 생물이 죽으며, 셋째 천사의 대접 재앙은 강과 물이
피가 되며, 넷째 천사의 대접 재앙은 해가 권세를 받아 불로 사람들을
태우며, 다섯째 천사의 대접 재앙은 사람들이 혀를 깨 물도록 아프며
종기가 나고, 여섯째 천사의 대접 재앙은 예수님의 재림의 날에 있을
전쟁을 위하여 왕들을 모으며, 일곱째 천사의 대접 재앙은 바벨론과
만국의 성들이 무너지는 큰 지진이 있고 한 달란트나 되는 큰 우박이
내립니다(계16:1-21).

시78:49 "그의 맹렬한 노여움과 진노와 분노와 고난 곧 재앙의 천사들을
그들에게 내려보냈으며"

계15:1 "또 하늘에 크고 이상한 다른 이적을 보매 일곱 천사가 일곱 재
앙을 가졌으니 곧 마지막 재앙이라 하나님의 진노가 이것으로
마치리로다"

② 예수님께서 장래 하나님의 노하심에서 우리를 구원하실 것입니다.

우리는 예수님이 하늘로부터 강림(재림)하실 것을 기다리는데 이는 장래 노하심에서 우리를 건지시는 예수님이십니다(살전1:10). 우리가 예수님의 피로 말미암아 의롭다 하심을 받았으므로 우리는 그로 말미암아 진노하심에서 구원을 받을 것입니다(롬5:9). 그러므로 우리는 지극히 거룩한 믿음 위에 자신을 세우며, 성령으로 기도하며, 하나님의 사랑 안에서 자신을 지키며, 영생에 이르도록 곧 천국에 들어가도록 우리 주 예수 그리스도의 긍휼을 기다려야 합니다(유1:20-21).

살전1:10 "또 죽은 자들 가운데서 다시 살리신 그의 아들이 하늘로부터 강림하실 것을 너희가 어떻게 기다리는지를 말하니 이는 장래의 노하심에서 우리를 건지시는 예수시니라"

롬5:9 "그러면 이제 우리가 그의 피로 말미암아 의롭다 하심을 받았으니 더욱 그로 말미암아 진노하심에서 구원을 받을 것이니"

유1:20-21 "사랑하는 자들아 너희는 너희의 지극히 거룩한 믿음 위에 자신을 세우며 성령으로 기도하며 하나님의 사랑 안에서 자신을 지키며 영생에 이르도록 우리 주 예수 그리스도의 긍휼을 기다리라"

2) 예수님은 우리를 천국에 들어가게 하실 것입니다.

예수님은 우리를 모든 악한 일에서 건져내시고 천국에 들어가도록 구원하실 것입니다(딤후4:18). 영을 살리신 구원을 받은 우리는 시민권이 하늘에 있으며, 하늘로부터 구원하는 자 곧 주 예수 그리스도를 기다립니다(빌3:20). 이는 우리의 목적지가 천국이기 때문입니다. 그러므로 우리는 이 세상에서는 나그네이며, 영혼을 거슬러 싸우는 육체의 정욕을 제어해야 합니다(벧전2:11). 또 우리는 항상 복종하여 두렵고 떨림으로 우리 구원 곧 천국에 들어가는 구원을 이루어야 합니다(빌2:12). 그리고 우리는 천국을 침노하는 자가 되어야 합니다(마11:12).

딤후4:18	"주께서 나를 모든 악한 일에서 건져내시고 또 그의 천국에 들어가도록 구원하시리니 그에게 영광이 세세무궁토록 있을지어다 아멘"
빌3:20	"그러나 우리의 시민권은 하늘에 있는지라 거기로부터 구원하는 자 곧 주 예수 그리스도를 기다리노니"
벧전2:11	"사랑하는 자들아 거류민과 나그네 같은 너희를 권하노니 영혼을 거슬러 싸우는 육체의 정욕을 제어하라
빌2:12	"그러므로 나의 사랑하는 자들아 너희가 나 있을 때뿐 아니라 더욱 지금 나 없을 때에도 항상 복종하여 두렵고 떨림으로 너희 구원을 이루라"
마11:12	"세례 요한의 때부터 지금까지 천국은 침노를 당하나니 침노하는 자는 빼앗느니라"

① 우리는 천국에 들어갈 것입니다.

우리가 거룩한 하나님의 나라(천국 백성)입니다(벧전2:9). 예수님이 그의 아버지 하나님을 위하여 우리를 나라와 제사장으로 삼으셨습니다(계1:6). 그리고 우리 마음과 우리의 공동체(교회) 안에 하나님의 나라가 있습니다(눅17:20-21). 또한 세상 나라가 그리스도의 나라(지상 천년 왕국)가 되어 예수님이 세세토록 왕 노릇하실 것이며(계11:15), 첫째 부활에 참여하는 우리도 그리스도와 더불어 왕 노릇 할 것입니다(계20:6). 그리고 결국 우리는 하나님이 창세로부터 성도들을 위하여 예비하시고(마25:34), 예수님이 우리의 있을 곳을 예비하러 가신(요14:2-3) 영원한 천국에 들어갈 것입니다.

벧전2:9   "그러나 너희는 택하신 족속이요 왕 같은 제사장들이요 거룩한 나라요 그의 소유가 된 백성이니 이는 너희를 어두운 데서 불러 내어 그의 기이한 빛에 들어가게 하신 이의 아름다운 덕을 선포하게 하려 하심이라"

계1:6   "그의 아버지 하나님을 위하여 우리를 나라와 제사장으로 삼으신 그에게 영광과 능력이 세세토록 있기를 원하노라 아멘"

눅17:20-21 "바리새인들이 하나님의 나라가 어느 때에 임하나이까 묻거늘 예수께서 대답하여 이르시되 하나님의 나라는 볼 수 있게 임하는 것이 아니요 또 여기 있다 저기 있다고도 못하리니 하나님의 나라는 너희 안에 있느니라"

계11:15   "일곱째 천사가 나팔을 불매 하늘에 큰 음성들이 나서 이르되 세상 나라가 우리 주와 그의 그리스도의 나라가 되어 그가 세세토록 왕 노릇 하시리로다 하니"

계20:6   "이 첫째 부활에 참여하는 자들은 복이 있고 거룩하도다 둘째 사망이 그들을 다스리는 권세가 없고 도리어 그들이 하나님과 그리스도의 제사장이 되어 천 년 동안 그리스도와 더불어 왕 노릇 하리라”

마25:34   “그 때에 임금이 그 오른편에 있는 자들에게 이르시되 내 아버
지께 복 받을 자들이여 나아와 창세로부터 너희를 위하여 예비
된 나라를 상속받으라”

요14:2-3 “내 아버지 집에 거할 곳이 많도다 그렇지 않으면 너희에게 일
렀으리라 내가 너희를 위하여 거처를 예비하러 가노니 가서 너
희를 위하여 거처를 예비하면 내가 다시 와서 너희를 내게로 영
접하여 나 있는 곳에 너희도 있게 하리라”

② 누가 천국에 들어갈까요?

예수 그리스도를 믿는 자가 천국에 들어가며(약2:5), 거듭나서 의롭
게 된 자가 천국에 들어가고(요3:5, 마13:43), 하나님 아버지의 뜻대
로 행하는 자가 천국에 들어가며(마7:21), 천국의 열매 맺는 자가 천
국에 들어가고(마21:43), 예수님의 생명책에 기록된 자들만 천국에
들어갑니다(계21:27). 그리고 하나님의 성품(믿음, 덕, 지식, 절제, 인
내, 경건, 형제 우애, 사랑)에 참여한 자는 천국에 넉넉히 들어갑니다(
벧후1:11). 또한 예수님을 가장 사랑하며 예수님을 위하여 박해를 받
는 자는 반드시 천국에 들어갑니다(막10:29-30).

약2:5   “내 사랑하는 자들아 들을지어다 하나님이 세상에서 가난한 자
를 택하사 믿음에 부요하게 하시고 또 자기를 사랑하는 자들
에게 약속하신 나라를 상속으로 받게 하지 아니하셨느냐”

요3:5   “예수께서 대답하시되 진실로 진실로 네게 이르노니 사람이 물

과 성령으로 나지 아니하면 하나님의 나라에 들어갈 수 없느니라"

마13:43   "그 때에 의인들은 자기 아버지 나라에서 해와 같이 빛나리라 귀 있는 자는 들으라"

마7:21   "나더러 주여 주여 하는 자마다 다 천국에 들어갈 것이 아니요 다만 하늘에 계신 내 아버지의 뜻대로 행하는 자라야 들어 가리라"

마21:43   "그러므로 내가 너희에게 이르노니 하나님의 나라를 너희는 빼앗기고 그 나라의 열매 맺는 백성이 받으리라"

벧후1:11   "이같이 하면 우리 주 곧 구주 예수 그리스도의 영원한 나라에 들어감을 넉넉히 너희에게 주시리라"

막10:29-30   "예수께서 이르시되 내가 진실로 너희에게 이르노니 나와 복음을 위하여 집이나 형제나 자매나 어머니나 아버지나 자식이나 전토를 버린 자는 현세에 있어 집과 형제와 자매와 어머니와 자식과 전토를 백 배나 받되 박해를 겸하여 받고 내세에 영생을 받지 못할 자가 없느니라"

③ 천국에 들어간 자들은 어떤 자일까요?

요한계시록에는 천국에 들어간 자들이 어떤 자인가를 보여줍니다. 천국에 들어간 자들은 어린 양(예수님)의 피에 그 옷(행실)을 씻어 희게 하였고(계7:14), 순결한 자이며, 예수님이 어디로 인도하든지 따라가는 자며, 사람 가운데에서 속량함을 받아 처음 익은 열매로 하나님과 어린 양에게 속한 자들이며, 그 입에 거짓말이 없고, 흠이 없는 자들입니다(계14:4-5).

"내가 말하기를 내 주여 당신이 아시나이다 하니 그가 나에게
             이르되 이는 큰 환난에서 나오는 자들인데 어린 양의 피에 그
             옷을 씻어 희게 하였느니라"

계14:4-5   "이 사람들은 여자와 더불어 더럽히지 아니하고 순결한 자라
             어린양이 어디로 인도하든지 따라가는 자며 사람 가운데에서
             속량함을 받아 처음 익은 열매로 하나님과 어린 양에게 속한
             자들이니 그 입에 거짓말이 없고 흠이 없는 자들이더라"

　천국비유에서 보화 비유와 진주장사 비유는 천국을 구하라는 비유
입니다. 밭에 감추인 보화를 발견한 사람이 그 보화를 얻기 위해 자기
의 소유를 다 팔아 그 밭을 삽니다(마13:44). 또한 극히 값진 진주 하
나를 발견한 진주장사는 그 진주를 사기 위해 자기의 소유를 다 팔아
그 진주를 삽니다(마13:45-46). 이렇게 천국은 침노를 당하며 침노하
는 자는 빼앗습니다(마11:12). 그리고 천국비유에서 그물 비유는 천
국에 들어갈 자와 들어가지 못할 자를 가르는 비유입니다. 바다에 그
물을 치고 각종 물고기를 몰아 그물에 가득하매 물가로 끌어내고 앉
아서 좋은 것은 그릇에 담고 못된 것은 내버립니다(마13:47-48). 예
수님은 세상 끝에 천사들을 보내 의인 중에서 악인을 갈라내어 풀무
불에 던져 넣을 것입니다(마13:49-50). 또 예수님은 자기의 타작마
당을 정하게 하사 알곡은 모아 곳간에 들이고 쭉정이는 꺼지지 않는
불에 태우실 것입니다(마3:12).

마13:44   "천국은 마치 밭에 감추인 보화와 같으니 사람이 이를 발견한

후 숨겨 두고 기뻐하며 돌아가서 자기의 소유를 팔아 그 밭을 사느니라"

마13:45-46 "또 천국은 마치 좋은 진주를 구하는 장사와 같으니 극히 값진 진주 하나를 발견하매 가서 자기의 소유를 다 팔아 그 진주를 사느니라"

마11:12 "세례 요한의 때부터 지금까지 천국은 침노를 당하나니 침노하는 자는 빼앗느니라"

마13:47-48 "또 천국은 마치 바다에 치고 각종 물고기를 모는 그물과 같으니 그물에 가득하매 물 가로 끌어 내고 앉아서 좋은 것은 그릇에 담고 못된 것은 내버리느니라"

마13:49-50 "세상 끝에도 이러하리라 천사들이 와서 의인 중에서 악인을 갈라내어 풀무 불에 던져 넣으리니 거기서 울며 이를 갈리라"

마3:12 "손에 키를 들고 자기의 타작 마당을 정하게 하사 알곡은 모아 곳간에 들이고 쭉정이는 꺼지지 않는 불에 태우시리라"

우리는 하나님의 은혜에 의하여 믿음으로 말미암아 구원을 받았습니다. 하나님이 우리에게 주신 구원은 우리의 영을 살리신 구원이요, 우리를 이 세상에서 보호하시고 양육하시는 구원이요, 우리를 천국에 들어가게 하시는 구원입니다.

하나님이 허물과 죄로 죽었던 우리의 영을 살리셨고, 우리를 흑암의 권세에서 그리스도의 나라로 옮기셨습니다. 하나님이 우리의 영을 살리신 것은 우리에게 영원한 생명을 주신 것이며, 우리를 성령과 말씀으로 거듭나게 하신 것이며, 우리를 새 사람으로 지으신 것이며, 우리에게 새 마음을 주신 것입니다. 영을 살리신 구원을 받은 우리는 이 세상에서 사는 동안 예수 그리스도와 성령님과 말씀으로 살아야 합니다. 그리고 하나님이 우리를 흑암의 권세에서 그리스도의 나라로 옮기신 것은 우리가 마귀에게서 하나님께로 돌아온 것이며, 우리가 어둠에서 빛으로 돌아온 것입니다.

우리의 영을 살리신 하나님은 우리가 천국에 들어가도록 이 세상에서 사는 동안 능력으로 보호하시며, 온전하게 자라도록 양육하십니다. 예수님과 성령님이 우리의 보혜사이시며, 우리를 모든 악한 자들과 악한 일에서 건지십니다. 악한 자는 마귀와 마귀에게 속한 악한 영들과 귀신들과 마귀에게 속한 사람들입니다. 그리고 악한 일은 마귀의 일입니다. 하나님은 우리를 은혜로 양육하시고, 말씀으로 양육하시고, 교회와 직분 자들을 세워서 양육하십니다. 우리는 하나님의 양육하심을 받아서 온전하게 자라야 합니다. 우리는 그리스도의 말씀의 초보에 머무르지 말고 완전한 데로 나아가야 합니다.

우리의 영을 살리시고 이 세상에 사는 동안 우리를 보호하시고 양육하신 하나님은 우리를 천국에 들어가도록 구원하십니다. 예수님이 우리를 하나님의 진노하심에서 건지시고 천국에 들어가게 하실 것입니다. 그래서 우리는 천국에 들어갑니다.

4. 어떻게 구원을 받는가요?

우리를 구원하심이 하나님 아버지와 어린양 예수님께 있습니다. 구원은 하나님이 우리에게 주신 선물입니다. 그리고 구원은 예수님이 이루셨습니다. 죄인인 사람은 누구나 하나님께서 선물로 주시고 예수님이 이루신 구원을 받아야 합니다.

그러면 죄인이 하나님이 주신 구원을 어떻게 받을 수 있는가요?

1) 하나님의 은혜(주 예수의 은혜)로 구원을 받습니다.

모든 사람에게 구원을 주시는 것은 하나님의 은혜입니다(딛2:11). 그러므로 죄인이 구원을 받기 위해서는 하나님의 은혜를 받아야 합니다. 우리가 하나님의 은혜에 의하여 믿음으로 구원을 받았습니다(엡2:8). 곧 하나님께서 허물로 죽은 우리를 그리스도와 함께 살리셨고, 우리는 은혜로 구원을 받은 것입니다(엡2:5). 그러므로 구원은 우리에게서 난 것이 아니요 하나님의 선물입니다. 곧 구원은 우리의 행위에서 난 것이 아니며, 이는 누구든지 자랑하지 못하게 한 것입니다(엡2:9). 그러므로 우리는 주 예수의 은혜로 구원받는 줄을 믿어야 합니다(행15:11).

딛2:11 　　　 "모든 사람에게 구원을 주시는 하나님의 은혜가 나타나"

엡2:8 　　　 "너희는 그 은혜에 의하여 믿음으로 말미암아 구원을 받았으니 이것은 너희에게서 난 것이 아니요 하나님의 선물이라"

엡2:5 　　　 "허물로 죽은 우리를 그리스도와 함께 살리셨고 (너희는　은혜로 구원을 받은 것이라)"

엡2:9 　　　 "행위에서 난 것이 아니니 이는 누구든지 자랑하지 못하게 함이라"

행15:11 　　 "그러나 우리는 그들이 우리와 동일하게 주 예수의 은혜로 구원

2) 예수 그리스도를 마음으로 믿고 입으로 시인하여 구원을 받습니다.

우리가 하나님의 은혜를 받으면 예수 그리스도를 믿고 또 우리가 예수 그리스도를 마음으로 믿으면 입으로 시인하게 됩니다. 그리고 우리가 예수 그리스도를 마음으로 믿고 입으로 시인하면 구원을 받습니다.

① 예수 그리스도를 마음으로 믿으면 구원을 받습니다.

우리가 하나님의 은혜에 의하여 믿음으로 말미암아 구원을 받았습니다(엡2:8). 곧 우리가 예수 그리스도를 믿음으로 구원을 받았습니다(행16:30-31). 구원은 오직 예수 그리스도로만 받습니다(행4:12). 그리고 예수 그리스도를 믿음으로 구원을 받은 우리에게는 그리스도의 십자가의 도가 하나님의 능력입니다(고전1:18). 또한 우리는 예수 그리스도의 다시 사심(부활)을 인하여 구원을 받았습니다. 하나님께서 예수님을 죽은 자 가운데서 살리신 것을 마음에 믿으면 구원을 받고(롬10:9), 믿고 세례를 받는 사람은 구원을 받습니다(막16:16). 세례는 예수 그리스도의 부활하심으로 말미암아 우리를 구원하는 표입니다(벧전3:21).

엡2:8　　　"너희는 그 은혜에 의하여 믿음으로 말미암아 구원을 받았으니 이것은 너희에게서 난 것이 아니요 하나님의 선물이라"

행16:30-31 "그들을 데리고 나가 이르되 선생들이여 내가 어떻게 하여야 구원을 받으리이까 하거늘 이르되 주 예수를 믿으라 그리하면 너와 네 집이 구원을 받으리라 하고"

행4:12 "다른 이로써는 구원을 받을 수 없나니 천하 사람 중에 구원을 받을만한 다른 이름을 우리에게 주신 일이 없음이라 하였더라"

고전1:18 "십자가의 도가 멸망하는 자들에게는 미련한 것이요 구원을 받은 우리에게는 하나님의 능력이라"

롬10:9 "네가 만일 네 입으로 예수를 주로 시인하며 또 하나님께서 그를 죽은 자 가운데서 살리신 것을 네 마음에 믿으면 구원을 받으리라"

막16:16 "믿고 세례를 받는 사람은 구원을 얻을 것이요 믿지 않는 사람은 정죄를 받으리라"

벧전3:21 "물은 예수 그리스도께서 부활하심으로 말미암아 이제 너희를 구원하는 표니 곧 세례라 이는 육체의 더러운 것을 제하여 버림이 아니요 하나님을 향한 선한 양심의 간구니라"

② 예수 그리스도를 입으로 시인하여 구원을 받습니다.

우리가 예수 그리스도를 입으로 시인하여 구원을 받았습니다. 하나님은 누구든지 주의 이름을 부르는 자는 구원을 얻으리라고 말씀하셨습니다(롬10:13). 사람이 마음으로 믿어 의에 이르고 입으로 시인하여 구원에 이릅니다(롬10:10). 그런데 우리가 입으로 예수 그리스도를 시인하는 것은 사람들 앞에서 시인하는 것이며(마10:32), 우리가 입으로 예수 그리스도를 시인하는 것은 행위로도 시인하는 것입니다(딛1:16). 그리고 우리가 예수 그리스도를 시인하는 것은 예수 그리스도께서 육체로 오신 것을 시인하며(요일4:2), 예수 그리스도를 하나님의 아들로 시인하며(요일4:15), 예수 그리스도를 우리의 주로 시인하는 것입니다(롬10:9). 예수 그리스도를 시인하지 아니하는 영은 하나님께 속한 영이 아니요 적그리스도의 영입니다(요일4:3).

롬10:13	"누구든지 주의 이름을 부르는 자는 구원을 받으리라"
롬10:10	"사람이 마음으로 믿어 의에 이르고 입으로 시인하여 구원에 이르느니라"
마10:32	"누구든지 사람 앞에서 나를 시인하면 나도 하늘에 계신 내 아버지 앞에서 그를 시인할 것이요"
딛1:16	"그들이 하나님을 시인하나 행위로는 부인하니 가증한 자요 복종하지 아니하는 자요 모든 선한 일을 버리는 자니라"
요일4:2	"이로써 너희가 하나님의 영을 알지니 곧 예수 그리스도께서 육체로 오신 것을 시인하는 영마다 하나님께 속한 것이요"
요일4:15	"누구든지 예수를 하나님의 아들이라 시인하면 하나님이 그의 안에 거하시고 그도 하나님 안에 거하느니라"
롬10:9	"네가 만일 네 입으로 예수를 주로 시인하며 또 하나님께서 그를 죽은 자 가운데서 살리신 것을 네 마음에 믿으면 구원을 받으리라"
요일4:3	"예수를 시인하지 아니하는 영마다 하나님께 속한 것이 아니니 이것이 적그리스도의 영이니라 오리라 한 말을 너희가 들었거니와 지금 벌써 세상에 있느니라"

3) 회개하여 죄 사함을 받음으로 구원을 받습니다.

우리가 하나님의 은혜를 받으면 예수 그리스도를 믿고 시인하며, 우리가 예수 그리스도를 믿고 시인하면 하나님이 주신 구원을 받습니다. 그런데 하나님이 주신 구원은 죄 사함으로 말미암는 구원이며, 죄 사함을 받기 위해서는 회개해야 합니다. 그래서 우리는 하나님의 은혜를 받아 예수 그리스도를 믿고 회개하여 죄 사함을 받음으로 하나님이 주신 구원을 받았습니다.

하나님이 주신 구원은 죄 사함으로 말미암는 구원이며(눅1:77)죄 사함을 받게 하는 것은 회개입니다(눅24:47). 곧 회개는 구원에 이르게 합니다(고후7:10). 그래서 예수 이름으로 죄 사함을 받게 하는 회개가 예루살렘에서 시작하여 모든 족속에게 전파될 것이 기록되었습니다(눅24:47). 그리고 하나님은 어디든지 사람에게 다 명하사 회개하라 하셨으며(행17:30), 회개함과 죄 사함을 주십니다(행5:31). 또 예수님은 죄인을 불러 회개시키려고 세상에 오셨으며(눅5:32), 회개하라고 전파하셨습니다(마4:17). 그래서 우리가 우리 죄를 자백하면 하나님께서 우리 죄를 사하시며 우리를 모든 불의에서 깨끗하게 하십니다(요일1:9). 곧 우리가 회개하여 회개하기에 이르면 영생을 얻고(행11:18), 멸망하지 않으며(벧후3:9), 천국에 들어가게 됩니다(마4:17).

눅1:77   "주의 백성에게 그 죄 사함으로 말미암는 구원을 알게 하리니"

눅24:47   "또 그의 이름으로 죄 사함을 받게 하는 회개가 예루살렘에서 시작하여 모든 족속에게 전파될 것이 기록되었으니"

고후7:10	"하나님의 뜻대로 하는 근심은 후회할 것이 없는 구원에 이르게 하는 회개를 이루는 것이요 세상 근심은 사망을 이루는 것이니라"
행17:30	"알지 못하던 시대에는 하나님이 간과하셨거니와 이제는 어디든지 사람에게 다 명하사 회개하라 하셨으니"
행5:31	"이스라엘에게 회개함과 죄 사함을 주시려고 그를 오른손으로 높이사 임금과 구주로 삼으셨느니라"
눅5:32	"내가 의인을 부르러 온 것이 아니요 죄인을 불러 회개시키러 왔노라"
마4:17	"이 때부터 예수께서 비로소 전파하여 이르시되 회개하라 천국이 가까이 왔느니라 하시더라"
요일1:9	"만일 우리가 우리 죄를 자백하면 그는 미쁘시고 의로우사 우리 죄를 사하시며 우리를 모든 불의에서 깨끗하게 하실 것이요"
행11:18	"그들이 이 말을 듣고 잠잠하여 하나님께 영광을 돌려 이르되 그러면 하나님께서 이방인에게도 생명 얻는 회개를 주셨도다 하니라"
벧후3:9	"주의 약속은 어떤 이들이 더디다고 생각하는 것 같이 더딘 것이 아니라 오직 주께서는 너희를 대하여 오래 참으사 아무도 멸망하지 아니하고 다 회개하기에 이르기를 원하시느니라"

4) 진리의 말씀을 듣고 믿어 지키므로 구원을 받습니다.

우리가 하나님의 은혜를 받으면 예수 그리스도를 믿고 시인합니다. 또 우리가 예수 그리스도를 믿고 시인하면 회개하여 죄 사함을 받으며, 우리가 회개하여 죄 사함을 받으면 진리의 말씀을 듣고 믿으며 지킵니다. 그리고 우리가 진리의 말씀을 듣고 믿으며 지키면 구원을 받습니다.

① 진리의 말씀은 구원의 복음입니다.

진리의 말씀은 구원의 복음이며(엡1:13), 복음은 모든 믿는 자에게 구원을 주시는 하나님의 능력입니다(롬1:16). 또 성경은 믿음으로 말미암아 구원에 이르는 지혜가 있게 합니다(딤후3:15). 그러므로 우리가 구원을 받기 위해서는 구원 얻을 말씀을 들어야 합니다(행11:14). 그래서 우리는 우리 영혼을 구원할 바 마음에 심어진 말씀을 온유함으로 받아야 합니다(약1:21). 왜냐하면 우리 마음에 말씀이 심어지지 않으면 구원에 이르도록 자랄 수가 없기 때문입니다. 그래서 마귀는 우리로 믿어 구원을 얻지 못하게 하려고 말씀을 우리 마음에서 빼앗습니다(눅8:12). 그러므로 우리는 신령한 진리의 말씀을 사모하여 진리의 말씀으로 말미암아 천국에 들어가는 구원에 이르도록 자라야 합니다(벧전2:2).

엡1:13   "그 안에서 너희도 진리의 말씀 곧 너희의 구원의 복음을 듣고 그 안에서 또한 믿어 약속의 성령으로 인치심을 받았으니"

딤후3:15 "또 어려서부터 성경을 알았나니 성경은 능히 너로 하여금 그리스도 예수 안에 있는 믿음으로 말미암아 구원에 이르는 지혜가 있게 하느니라"

행11:14   "그가 너와 네 온 집이 구원 받을 말씀을 네게 이르리라 함을 보았다 하거늘"

약1:21   "그러므로 모든 더러운 것과 넘치는 악을 내버리고 너희 영혼을 능히 구원할 바 마음에 심어진 말씀을 온유함으로 받으라"

눅8:12   "길 가에 있다는 것은 말씀을 들은 자니 이에 마귀가 가서 그들이 믿어 구원을 받지 못하게 하려고 말씀을 그 마음에서 빼앗는 것이요"

벧전2:2   "갓난 아기들 같이 순전하고 신령한 젖을 사모하라 이는 그로 말미암아 너희로 구원에 이르도록 자라게 하려 함이라"

② 진리의 말씀을 믿고 굳게 지키면 구원을 받습니다.

우리가 들은 진리의 말씀을 믿고 굳게 지키면 구원을 받습니다(고전15:2). 그러나 우리가 들은 진리의 말씀을 지키지 아니하면 헛되이 믿는 것입니다. 그리고 진리의 말씀대로 행함이 없는 믿음은 자기를 구원하지 못합니다(약2:14). 우리가 진리의 말씀을 듣고 지키면 하나님의 뜻대로 행하는 것이며 하나님 아버지의 뜻대로 행하는 자라야 천국에 들어갑니다(마7:21). 우리는 하나님의 뜻대로 행하는 공적(공력:공들이고 애쓰는 힘)이 그대로 있어야 합니다. 우리는 예수 그리스도의 터 위에 건축물을 세우듯 금이나 은이나 보석이나 나무나 풀이나 짚으로 공적을 세웁니다(고전3:10-12). 그리고 우리의 공적이 나타날 터인데 불로 나타낼 것입니다. 곧 각 성도들의 공적이 어떠한 것을 불로 시험할 것이며, 누구든지 그리스도 예수 위에 세운 공적이 그대로 있으면(금, 은, 보석) 상을 받고, 누구든지 공적이 불타면(나무, 풀, 짚) 해를 받을 것이며 자기는 구원을 얻되 불 가운데서 얻은 것 같을 것입니다(고전3:13-15). 그러므로 우리는 금이나 은이나 보석으로 건축물을 세워 불에 태워도 그대로 있는 것처럼 들은 진리의 말씀을 믿고 굳게 지켜서 구원을 받고 상도 받아야 합니다.

고전15:2 "너희가 만일 내가 전한 그 말을 굳게 지키고 헛되이 믿지 아니하였으면 그로 말미암아 구원을 받으리라"

약2:14 "내 형제들아 만일 사람이 믿음이 있노라 하고 행함이 없으면 무슨 유익이 있으리요 그 믿음이 능히 자기를 구원 하겠느냐"

마7:21 "나더러 주여 주여 하는 자마다 다 천국에 들어갈 것이 아니요 다만 하늘에 계신 내 아버지의 뜻대로 행하는 자라야 들어가리라"

고전3:10-12 "내게 주신 하나님의 은혜를 따라 내가 지혜로운 건축자와 같이 터를 닦아 두매 다른 이가 그 위에 세우나 그러나 각각 어떻게 그 위에 세울까를 조심할지니라 이 닦아둔 것 외에 능히 다른 터를 닦아 둘 자가 없으니 이 터는 곧 예수 그리스도라 만일 누구든지 금이나 은이나 보석이나 나무나 풀이나 짚으로 이 터 위에 세우면"

고전3:13-15 "각 사람의 공적이 나타날 터인데 그 날이 공적을 밝히리니 이는 불로 나타내고 그 불이 각 사람의 공적이 어떠한 것을 시험할 것임이라 만일 누구든지 그 위에 세운 공적이 그대로 있으면 상을 받고 누구든지 그 공적이 불타면 해를 받으리니 그러나 그 자신은 구원을 받되 불가운데서 받은 것 같으리라"

은혜와 믿음과 행위(행함)는 어떤 관계일까요? 은혜와 믿음과 배치

되는 행위가 있고(딤후1:9, 롬3:27-28), 은혜와 믿음과 일치하는 행위가 있습니다(약2:14, 약2:17, 약2:20). 은혜와 믿음과 배치되는 행위는 은혜와 믿음으로 행하지 아니하는 행위요, 은혜와 믿음과 일치하는 행위는 은혜와 믿음으로 행하는 행위입니다. 은혜와 믿음과 배치되는 행위는 율법의 행위요(롬3:28), 보는 것으로 행하는 것으로 믿음으로 행하지 아니한 것이며(고후5:7), 육체의 지혜로 행하는 것으로 하나님의 은혜로 행하는 것이 아닙니다(고후1:12). 반면에 은혜와 믿음과 일치하는 행위는 믿음의 법으로(롬3:27), 믿음으로 행하는 것이며 믿음을 따라 하지 아니하는 것은 다 죄입니다(롬14:23). 그리고 믿음이 행함과 함께 일하고 행함으로 믿음이 온전하게 됩니다(약2:22). 그러므로 구원 받은 우리는 율법으로 행하지 아니하고 믿음의 법으로 행해야 합니다. 곧 구원 받은 우리는 보는 것으로 행하지 말고 믿음으로 행하며, 육체의 지혜로 행하지 말고 하나님의 은혜로 행해야 합니다.

딤후1:9   "하나님이 우리를 구원하사 거룩하신 소명으로 부르심은 우리의 행위대로 하심이 아니요 오직 자기의 뜻과 영원전부터 그리스도 예수 안에서 우리에게 주신 은혜대로 하심이라"

롬3:27-28   "그런즉 자랑할 데가 어디냐 있을 수가 없느니라 무슨 법으로냐 행위로냐 아니라 오직 믿음의 법으로니라 그러므로 사람이 의롭다 하심을 얻은 것은 율법의 행위에 있지 않고 믿음으로 되는 줄 우리가 인정하노라"

약2:14   "내 형제들아 만일 사람이 믿음이 있노라 하고 행함이 없으면 무슨 유익이 있으리요 그 믿음이 능히 자기를 구원 하겠느냐"

약2:17 "이와 같이 행함이 없는 믿음은 그 자체가 죽은 것이라"

약2:20 "아아 허탄한 사람아 행함이 없는 믿음이 헛것인 줄을 알고자 하느냐"

고후5:7 "이는 우리가 믿음으로 행하고 보는 것으로 행하지 아니 함이로라"

고후1:12 "우리가 세상에서 특별히 너희에 대하여 하나님의 거룩함과 진 실함으로 행하되 육체의 지혜로 하지 아니하고 하나님의 은혜 로 행함은 우리 양심이 증언하는 바니 이것이 우리의 자랑이라"

롬14:23 "의심하고 먹는 자는 정죄되었나니 이는 믿음을 따라 하지 아니 하였기 때문이라 믿음을 따라 하지 아니하는 것은 다 죄니라"

약2:22 "네가 보거니와 믿음이 그의 행함과 함께 일하고 행함으로 믿음 이 온전하게 되었느니라"

5) 소망으로 구원을 받습니다.

우리가 하나님의 은혜를 받으면 예수님을 마음으로 믿고 입으로 시인하며, 또 우리가 예수님을 믿고 시인하면 회개하여 죄 사함을 받습니다. 그리고 우리가 회개하여 죄 사함을 받으면 예수님이 주신 진리의 말씀을 듣고 믿어 지킵니다. 또한 우리가 진리의 말씀을 듣고 믿어지키면 천국을 소망하게 됩니다. 그래서 우리가 소망으로 구원을 받았습니다(롬8:23-24).

하나님의 은혜로 예수 그리스도를 믿고 회개하여 죄 사함을 받음으로 죄와 사망에서 구원받은 우리는 예수 그리스도를 주와 그리스도로 시인하며 예수님이 주신 말씀을 듣고 마음에 받아 지킵니다. 그래서 우리는 하나님 아버지의 뜻대로 행합니다. 그리고 우리는 우리가 부활하여 재림하실 예수님과 항상 함께 있을 것을 소망하며 자기를 깨끗하게 하면서 재림하실 예수님을 기다립니다(요일3:3). 왜냐하면 예수님은 구원에 이르게 하기 위하여 자기를 바라는 자들에게 두 번째 나타나실 것이기 때문입니다(히9:28). 이렇게 예수님의 재림을 기다리는 자는 끝까지 견디며 구원을 받습니다(마10:22). 그리고 구원받은 자는 대적하는 자를 인하여 두려워하지 않습니다(빌1:28).

롬8:23-25 "그뿐 아니라 또한 우리 곧 성령의 처음 익은 열매를 받은 우리까지도 속으로 탄식하여 양자 될 것 곧 우리 몸의 속량을 기다리느니라 우리가 소망으로 구원을 얻었으매 보이는 소망이 소망이 아니니 보는 것을 누가 바라리요 만일 우리가 보지 못하는 것을 바라면 참음으로 기다릴지니라"

요일3:3 "주를 향하여 이 소망을 가진 자마다 그의 깨끗하심과 같이 자기를 깨끗하게 하시느니라"

히9:28 "이와 같이 그리스도도 많은 사람의 죄를 담당하시려고 단번에 드리신 바 되셨고 구원에 이르게 하기 위하여 죄와 상관 없이 자기를 바라는 자들에게 두 번째 나타나시리라"

마10:22 "또 너희가 내 이름으로 말미암아 모든 사람에게 미움을 받을 것이나 끝까지 견디는 자는 구원을 얻으리라"

빌1:28 "무슨 일에든지 대적하는 자들 때문에 두려워하지 아니하는 이 일을 듣고자 함이라 이것이 그들에게는 멸망의 증거요 너희에게는 구원의 증거니 이는 하나님께로부터 난 것이라"

하나님은 예수 그리스도의 부활하심으로 말미암아 우리를 거듭나게 하사 산 소망이 있게 하시고 하늘에 간직하신 유업을 잇게 하셨습니다(벧전1:3-4). 하나님께서 산 소망이 있게 하신 우리는 소망을 하나님께 두며(딤전4:10), 우리 안에 계신 그리스도께서 영광의 소망이십니다(골1:27). 그리고 우리는 부활의 소망(행24:15), 영생의 소망(딛1:1-2), 하늘에 쌓아둔 소망을 가지고(골1:5), 성령으로 믿음을 따라 의의 소망을 기다립니다(갈5:5). 또한 우리는 각 사람이 동일한 부지런함을 나타내어 끝까지 소망의 풍성함에 이르러 게으르지 아니하고 믿음과 오래 참음으로 말미암아 약속들을 기업으로 받는 자가 됩니다(히6:11-12).

벧전1:3-4 "우리 주 예수 그리스도의 아버지 하나님을 찬송하리로다 그의 많으신 긍휼대로 예수 그리스도를 죽은 자 가운데서 부활하게 하심으로 말미암아 우리를 거듭나게 하사 산 소망이 있게 하시며 썩지 않고 더럽지 않고 쇠하지 아니하는 유업을 잇게 하시나니 곧 너희를 위하여 하늘에 간직하신 것이라"

딤전4:10 "이를 위하여 우리가 수고하고 힘쓰는 것은 우리 소망을 살아 계신 하나님께 둠이니 곧 모든 사람 특히 믿는 자들의 구주시라"

골1:27 "하나님이 그들로 하여금 이 비밀의 영광이 이방인 가운데 얼마나 풍성한지를 알게 하려 하심이라 이 비밀은 너희 안에 계신 그리스도시니 곧 영광의 소망이니라"

행24:15 "그들이 기다리는 바 하나님께 향한 소망을 나도 가졌으니 곧 의인과 악인의 부활이 있으리라 함이니이다"

딛1:1-2   "하나님의 종이요 예수 그리스도의 사도인 나 바울이 사도 된
            것은 하나님이 택하신 자들의 믿음과 경건함에 속한 진리의 지
            식과 영생의 소망을 위함이라 이 영생은 거짓이 없으신 하나님
            이 영원 전부터 약속하신 것인데"
골1:5   "너희를 위하여 하늘에 쌓아 둔 소망으로 말미암음이니 곧 너희
            가 전에 복음 진리의 말씀을 들은 것이라"
갈5:5   "우리가 성령으로 믿음을 따라 의의 소망을 기다리노니"
히6:11-12 "우리가 간절히 원하는 것은 너희 각 사람이 동일한 부지런함
            을 나타내어 끝까지 소망의 풍성함에 이르러 게으르지 아니하
            고 믿음과 오래 참음으로 말미암아 약속들을 기업으로 받는 자
            들을 본받는 자 되게 하려는 것이니라"

6) 구원 받은 우리는 다른 사람을 구원 받게 해야 합니다.

  하나님은 전도로 믿는 자들을 구원하시기를 기뻐하십니다(고전
1:21). 그래서 하나님은 구원 받은 자들을 보내시고, 하나님이 보내
신 자들은 전파하며, 전파하면 듣고, 들으면 믿게 되고, 믿으면 구원
을 받습니다(롬10:13-15). 그러므로 구원 받은 우리는 어떤 자들을
불에서 끌어내어 구원해야 합니다(유1:23). 구원 얻게 함을 금하는 것
은 자기 죄를 채우는 것이며(살전2:15-16), 죄인을 미혹한 길에서 돌
아서게 하는 자는 그 영혼을 사망에서 구원하는 것입니다(약5:20). 또
만일 우리가 악인에게 전도하지 아니하면 하나님이 그 피 값을 우리
손에서 찾으실 것입니다(겔3:18-19). 그러므로 구원 받은 우리는 다
른 사람을 구원해야 합니다.

고전1:21   "하나님의 지혜에 있어서는 이 세상이 자기 지혜로 하나님을 알
          지 못하므로 하나님께서 전도의 미련한 것으로 믿는 자들을 구
          원하시기를 기뻐하셨도다"

롬10:13-15 "누구든지 주의 이름을 부르는 자는 구원을 받으리라 그런즉 그
          들이 믿지 아니하는 이를 어찌 부르리요 듣지도 못한 이를 어찌
          믿으리요 전파하는 자가 없이 어찌 들으리요 보내심을 받지 아
          니하였으면 어찌 전파하리요 기록된 바 아름답도다 좋은 소식
          을 전하는 자들의 발이여 함과 같으니라"

유1:23   "또 어떤 자를 불에서 끌어내어 구원하라 또 어떤 자를 그 육체
          로 더럽힌 옷까지도 미워하되 두려움으로 긍휼히 여기라"

살전2:15-16 "유대인은 주 예수와 선지자들을 죽이고 우리를 쫓아내고 하나
          님을 기쁘시게 하지 아니하고 모든 사람에게 대적이 되어 우리
          가 이방인에게 말하여 구원 받게 함을 그들이 금하여 자기 죄를
          항상 채우매 노하심이 끝까지 그들에게 임하였느니라"

약5:20   "너희가 알 것은 죄인을 미혹된 길에서 돌아서게 하는 자가 그의
          영혼을 사망에서 구원할 것이며 허다한 죄를 덮을 것임이라"

겔3:18-19 "가령 내가 악인에게 말하기를 너는 꼭 죽으리라 할 때에 네가
          깨우치지 아니하거나 말로 악인에게 일러서 그의 악한 길을 떠
          나 생명을 구원하게 하지 아니하면 그 악인은 그의 죄악 중에서
          죽으려니와 내가 그의 피 값을 네 손에서 찾을 것이고 네가 악
          인을 깨우치되 그가 그의 악한 마음과 악한 행위에서 돌이키지
          아니하면 그는 그의 죄악 중에서 죽으려니와 너는 네 생명을 보
          존하리라"

우리가 다른 사람을 구원 받게 하려면 어떻게 해야 할까요? 우리는 다른 사람이 구원을 받기를 마음에 원하며 하나님께 기도해야 하고(롬10:1), 자신의 유익을 구하지 아니하고 다른 사람의 유익을 구하며(고전10:33), 가르치는 대로 행하며(딤전4:16), 다른 사람과 같은 입장이 되어야 하며(고전9:22), 모든 것을 참아야 하며(딤후2:10), 환난도 받아야 합니다(고후1:6).

롬10:1   "형제들아 내 마음에 원하는 바와 하나님께 구하는 바는 이스라엘을 위함이니 곧 그들로 구원을 받게 함이라"

고전10:33   "나와 같이 모든 일에 모든 사람을 기쁘게 하여 자신의 유익을 구하지 아니하고 많은 사람의 유익을 구하여 그들로 구원을 받게 하라"

딤전4:16   "네가 네 자신과 가르침을 살펴 이 일을 계속하라 이것을 행함으로 네 자신과 네게 듣는 자를 구원하라"

고전9:22   "약한 자들에게 내가 약한 자와 같이 된 것은 약한 자들을 얻고자 함이요 내가 여러 사람에게 여러 모습이 된것은 아무쪼록 몇 사람이라도 구원하고자 함이니"

딤후2:10   "그러므로 내가 택함 받은 자들을 위하여 모든 것을 참음은 그들도 그리스도 예수 안에 있는 구원을 영원한 영광과 함께 받게 하려 함이라"

고후1:6   "우리가 환난 당하는 것도 너희가 위로와 구원을 받게 하려는 것이요 위로를 받는 것도 너희가 위로를 받게 하려는 것이니 이 위로가 너희 속에 역사하여 우리가 받는 것 같은 고난을 너희도 견디게 하느니라"

하나님이 우리에게 주신 구원은 우리의 영을 살리시는 구원이요 우리를 이 세상에서 보호하시고 양육하시는 구원이요 우리를 천국에 들어가게 하시는 구원입니다. 그러면 우리가 어떻게 하나님이 주신 구원을 받는가요? 우리가 하나님의 은혜로 구원을 받고, 예수 그리스도를 마음으로 믿고 입으로 시인하여 구원을 받고, 회개하여 죄 사함을 받음으로 구원을 받고, 진리의 말씀을 듣고 믿어 지키므로 구원을 받고, 소망으로 구원을 받습니다. 그래서 우리에게는 믿음, 소망, 사랑이 항상 있습니다. 그리고 구원 받은 우리는 다른 사람을 구원 받게 해야 합니다.

할렐루야! 아멘.

3장
은혜를 받으라

우리는 하나님의 은혜에 의하여 믿음으로 말미암아 구원을 받았습니다(엡2:8). 우리가 구원을 받은 것은 하나님 편에서는 은혜요 우리 편에서는 믿음입니다. 그러므로 우리가 구원을 받기 위해서는 하나님의 은혜를 받아야 합니다.

하나님은 우리에게 은혜를 주십니다. 그러므로 우리는 은혜를 받아야 합니다. 그리고 우리에게는 항상 은혜가 있어야 합니다. 하나님은 모든 은혜의 하나님이십니다(벧전5:10). 그리고 은혜는 예수 그리스도로 말미암아 우리에게 온 것입니다(요1:17). 또한 성령님은 은혜의 성령님이시며(히10:29), 말씀은 은혜의 말씀이며(행14:3), 복음은 은혜의 복음입니다(행20:24). 그리고 우리가 맡은 일은 은혜의 일이며(고후8:19), 우리가 은혜를 받아야 하나님을 기쁘시게 섬깁니다(히12:28). 그러므로 우리는 은혜를 받아야 합니다.

엡2:8　　　　　"너희는 그 은혜에 의하여 믿음으로 말미암아 구원을 받았으니 이것은 너희에게서 난 것이 아니요 하나님의 선물이라"

벧전5:10　　　"모든 은혜의 하나님 곧 그리스도 안에서 너희를 부르사 자기의 영원한 영광에 들어가게 하신 이가 잠깐 고난을 당한 너희를 친히 온전하게 하시며 굳건하게 하시며 강하게 하시며 터를 견고하게 하시리라"

요1:17	"율법은 모세로 말미암아 주어진 것이요 은혜와 진리는 예수 그리스도로 말미암아 온 것이라"
히10:29	"하물며 하나님의 아들을 짓밟고 자기를 거룩하게 한 언약의 피를 부정한 것으로 여기고 은혜의 성령을 욕되게 하는 자가 당연히 받을 형벌은 얼마나 더 무겁겠느냐 너희는 생각하라"
행14:3	"두 사도가 오래 있어 주를 힘입어 담대히 말하니 주께서 그들의 손으로 표적과 기사를 행하게 하여 주사 자기 은혜의 말씀을 증언하시니"
행20:24	"내가 달려갈 길과 주 예수께 받은 사명 곧 하나님의 은혜의 복음을 증언하는 일을 마치려 함에는 나의 생명조차 조금도 귀한 것으로 여기지 아니하노라"
고후8:19	"이뿐 아니라 그는 동일한 주의 영광과 우리의 원을 나타내기 위하여 여러 교회의 택함을 받아 우리가 맡은 은혜의 일로 우리와 동행하는 자라"
히12:28	"그러므로 우리가 흔들리지 않는 나라를 받았은즉 은혜를 받자 이로 말미암아 경건함과 두려움으로 하나님을 기쁘시게 섬길지니"

1. 은혜란 무엇인가?

하나님이 거저 주시는 모든 것이 은혜입니다(엡1:6). 그리고 은혜로 된 것이면 행위로 말미암지 않는 것이요(롬11:6), 일하는 자에게는 그 삯을 은혜로 여기지 아니합니다(롬4:4). 그러므로 은혜는 우리가 일하지 않았는데도 곧 받을만한 행위를 하지 않았는데도 하나님이 우리에게 거저 주시는 것이 은혜입니다. 그래서 죄가 더한 곳에 은혜가 더욱 넘쳤습니다(롬5:20). 그러나 은혜를 더하게 하려고 우리가 죄에 거할 수는 없습니다(롬6:1-2). 이는 죄에 대하여 죽은 우리는 죄 가운데 더 살지 않기 때문입니다.

엡1:6   "이는 그가 사랑하시는 자 안에서 우리에게 거저 주시는 바 그의 은혜의 영광을 찬송하게 하려는 것이라"

롬11:6   "만일 은혜로 된 것이면 행위로 말미암지 않음이니 그렇지 않으면 은혜가 은혜 되지 못하느니라"

롬4:4   "일하는 자에게는 그 삯이 은혜로 여겨지지 아니하고 보수로 여겨지거니와"

롬5:20   "율법이 들어온 것은 범죄를 더하게 하려 함이라 그러나 죄가 더한 곳에 은혜가 더욱 넘쳤나니"

롬6:1-2   "그런즉 우리가 무슨 말을 하리요 은혜를 더하게 하려고 죄에 거하겠느냐 그럴 수 없느니라 죄에 대하여 죽은 우리가 어찌 그 가운데 더 살리요"

은혜란 헬라어로 "카리스"인데 그 뜻은 "은혜, 기쁨(몬1:7), 감사(고후2:14), 아름다움(벧전2:20), 칭찬(눅6:32)"입니다. 그래서 우리가 은혜를 받으면 기쁘고 감사하며 아름답고 칭찬을 받게 됩니다.

몬1:7   "형제여 성도들의 마음이 너로 말미암아 평안함을 얻었으니 내가 너의 사랑으로 많은 기쁨과 위로를 받았노라"

고후2:14   "항상 우리를 그리스도 안에서 이기게 하시고 우리로 말미암아 각처에서 그리스도를 아는 냄새를 나타내시는 하나님께 감사하노라"

벧전2:20   "죄가 있어 매를 맞고 참으면 무슨 칭찬이 있으리요 그러나 선을 행함으로 고난을 받고 참으면 이는 하나님 앞에 아름다우니라"

눅6:32   "너희가 만일 너희를 사랑하는 자만을 사랑하면 칭찬받을 것이 무엇이냐 죄인들도 사랑하는 자는 사랑하느니라"

2. 은혜를 주시는 하나님

하나님은 모든 은혜의 하나님이십니다(벧전5:10). 모든 은혜의 하나님은 그리스도 안에서 우리를 부르사 하나님의 영원한 영광에 들어가게 하시고 우리를 온전하게 하시며 강하게 하시며 터를 견고하게 하십니다. 하나님은 은혜로우시며 은혜를 주십니다.

벧전5:10   "모든 은혜의 하나님 곧 그리스도 안에서 너희를 부르사 자기의 영원한 영광에 들어가게 하신 이가 잠깐 고난을 당한 너희를 친히 온전하게 하시며 굳건하게 하시며 강하게 하시며 터를 견고하게 하시리라"

1) 하나님은 은혜로우십니다.

하나님은 은혜로우십니다(출34:6). 하나님은 용서하시며 은혜로우시기에 우리가 잘못해도 멸하지 아니하시며 버리지도 아니하시고(느9:16-17, 31), 하나님은 은혜로우시기에 우리가 하나님께로 돌아오면 그 얼굴을 돌이키지 아니하십니다(대하30:9). 또 하나님은 은혜로우시기에 우리가 마음을 찢고 하나님께로 돌아오면 재앙을 내리지 아니하십니다(욜2:13).

출34:6   "여호와께서 그의 앞으로 지나시며 선포하시되 여호와라 여호와라 자비롭고 은혜롭고 노하기를 더디하고 인자와 진실이 많은 하나님이라"

느9:16-17   "그들과 우리 조상들이 교만하고 목을 굳게 하여 주의 명령을 듣지 아니하고 거역하며 주께서 그들 가운데에서 행하신 기사를 기억하지 아니하고 목을 굳게 하며 패역하여 스스로 한 우두머리를 세우고 종 되었던 땅으로 돌아가고자 하였나이다 그러나 주께서는 용서하시는 하나님이시라 은혜로우시며 긍휼히 여기시며 더디 노하시며 인자가 풍부하시므로 그들을 버리지 아니하셨나이다"

느9:31   "주의 크신 긍휼로 그들을 아주 멸하지 아니하시며 버리지도 아니하셨사오니 주는 은혜로우시고 불쌍히 여기시는 하나님 이심이니이다"

대하30:9   "너희가 만일 여호와께 돌아오면 너희 형제들과 너희 자녀가 사로잡은 자들에게서 자비를 입어 다시 이 땅으로 돌아오리라 너희 하나님 여호와는 은혜로우시고 자비하신지라 너희가 그에

게로 돌아오면 그의 얼굴을 너희에게서 돌이키지 아니하시리라
하였더라"

욜2:13   "너희는 옷을 찢지 말고 마음을 찢고 너희 하나님 여호와께로 돌
아올지어다 그는 은혜로우시며 자비로우시며 노하기를 더디하
시며 인애가 크시사 뜻을 돌이켜 재앙을 내리지 아니 하시나니"

2) 하나님은 은혜를 주십니다.

은혜로우신 하나님은 은혜를 주십니다. 하나님은 은혜와 영화
를 주시는데(시84:11), 하나님은 은혜를 베푸시려고 기다리시며(사
30:18), 하나님은 은혜 줄 자에게 은혜를 주시며(출33:19), 하나님은
은혜(복)로 그 백성을 만족하게 하십니다(렘31:14). 또 하나님은 세우
신 언약을 인하여 은혜를 베푸시며(왕하13:23), 하나님은 그리스도
예수 안에서 은혜를 주십니다(고전1:4). 그러나 하나님은 지각이 없는
자에게는 은혜를 베풀지 아니하시기도 하십니다(사27:11).

시84:11   "여호와 하나님은 해요 방패이시라 여호와께서 은혜와 영화를
주시며 정직하게 행하는 자에게 좋은 것을 아끼지 아니하실 것
임이니이다"

사30:18   "그러나 여호와께서 기다리시나니 이는 너희에게 은혜를 베풀
려 하심이요 일어나시리니 이는 너희를 긍휼히 여기려 하심이
라 대저 여호와는 정의의 하나님이심이라 그를 기다리는 자마
다 복이 있도다"

출33:19   "여호와께서 이르시되 내가 내 모든 선한 것을 네 앞으로 지나

가게 하고 여호와의 이름을 네 앞에 선포하리라 나는 은혜 베풀 자에게 은혜를 베풀고 긍휼히 여길 자에게 긍휼을 베푸느니라"

렘31:14   "내가 기름으로 제사장들의 마음을 흡족하게 하며 내 복(은혜)으로 내 백성을 만족하게 하리라 여호와의 말씀이니라"

왕하13:23   "여호와께서 아브라함과 이삭과 야곱과 더불어 세우신 언약 때문에 이스라엘에게 은혜를 베풀며 그들을 불쌍히 여기시며 돌보사 멸하기를 즐겨하지 아니하시고 이때까지 자기 앞에서 쫓아내지 아니하셨더라"

고전1:4   "그리스도 예수 안에서 너희에게 주신 하나님의 은혜로 말미암아 내가 너희를 위하여 항상 하나님께 감사하노니"

사27:11   "가지가 마르면 꺾이나니 여인들이 와서 그것을 불사를 것이라 백성이 지각이 없으므로 그들을 지으신 이가 불쌍히 여기지 아니하시며 그들을 조성하신 이가 은혜를 베풀지 아니하시리라"

3) 하나님은 누구에게 은혜를 주시는가요?

은혜로우신 하나님은 은혜를 주시기 때문에 우리에게는 은혜가 있어야 합니다(계22:21). 하나님은 모든 자들에게 은혜 주시기를 원하십니다. 그러나 하나님은 은혜 줄자에게 은혜를 주십니다.

계22:21   "주 예수의 은혜가 모든 자들에게 있을지어다"

① 하나님은 겸손한 자에게 은혜를 주십니다.

하나님은 교만한 자를 물리치시고 겸손한 자에게 은혜를 주십니다

(약4:6). 하나님은 교만한 자를 대적하시되 겸손한 자들에게는 은혜를 주시며(벧전5:5), 하나님은 거만한 자를 비웃으시며 겸손한 자에게 은혜를 주십니다(잠3:34). 그러므로 우리가 하나님께 은혜를 받기 위해서는 겸손해야 합니다.

약4:6   "그러나 더욱 큰 은혜를 주시나니 그러므로 일렀으되 하나님이 교만한 자를 물리치시고 겸손한 자에게 은혜를 주신다 하였느니라"

벧전5:5   "젊은 자들아 이와 같이 장로들에게 순종하고 다 서로 겸손으로 허리를 동이라 하나님은 교만한 자를 대적하시되 겸손한 자들에게는 은혜를 주시느니라"

잠3:34   "진실로 그는 거만한 자를 비웃으시며 겸손한 자에게 은혜를 베푸시나니"

② 하나님은 부르짖는 자에게 은혜를 주십니다.

하나님은 은혜 베푸시기를 원하십니다(민6:25). 하나님은 은혜를 주시려고 기다리시며 부르짖는 소리를 인하여 은혜를 주십니다(사30:18-19). 그리고 하나님은 많은 백성이 하나님께 은혜를 구하게 되리라고 말씀하셨습니다(슥8:21-22). 그러므로 우리는 하나님께 은혜 베푸시기를 구해야 합니다(사33:2). 우리가 하나님께 은혜를 받기 위해서는 하나님께 부르짖어야 합니다.

민6:25   "여호와는 그의 얼굴을 네게 비추사 은혜 베푸시기를 원하며"

사30:18-19 "그러나 여호와께서 기다리시나니 이는 너희에게 은혜를 베풀려 하심이요 일어나시리니 이는 너희를 긍휼히 여기려하심이라 대저 여호와는 정의의 하나님이심이라 그를 기다리는 자마다 복이 있도다 시온에 거주하며 예루살렘에 거주하는 백성아 너는 다시 통곡하지 아니할 것이라 그가 네 부르짖는 소리로 말미암아 네게 은혜를 베푸시되 그가 들으실 때에 네게 응답하시리라""

슥8:21-22 "이 성읍 주민이 저 성읍에 가서 이르기를 우리가 속히 가서 만군의 여호와를 찾고 여호와께 은혜를 구하자 하면 나도 가겠노라 하겠으며 많은 백성과 강대한 나라들이 예루살렘으로 와서 만군의 여호와를 찾고 여호와께 은혜를 구하리라"

사33:2 "여호와여 우리에게 은혜를 베푸소서 우리가 주를 앙망하오니 주는 아침마다 우리의 팔이 되시며 환난 때에 우리의 구원이 되소서"

③ 하나님은 예수 그리스도를 사랑하는 자에게 은혜를 주십니다.

예수 그리스도를 변함없이 사랑하는 모든 자에게는 은혜가 있습니다(엡6:24). 이는 하나님이 그리스도 예수 안에서 은혜를 주시기 때문입니다(고전1:4). 이 세상에 오신 예수님에게는 은혜와 진리가 충만합니다(요1:14). 그리고 우리가 다 예수님의 충만한 데서 은혜를 받으니 은혜 위에 은혜입니다(요1:16). 또한 우리가 하나님과 예수님을 앎으로 은혜가 더욱 많아집니다(벧후1:2). 하나님은 우리 각 사람에게 그리스도의 선물의 분량대로 은혜를 주셨습니다(엡4:7). 그러므로 우리가 은혜를 받기 위해서는 예수 그리스도를 알고 사랑해야 합니다.

엡6:24	"우리 주 예수 그리스도를 변함없이 사랑하는 모든 자에게 은혜가 있을지어다"
고전1:4	"그리스도 예수 안에서 너희에게 주신 하나님의 은혜로 말미암아 내가 너희를 위하여 항상 하나님께 감사하노니"
요1:14	"말씀이 육신이 되어 우리 가운데 거하시매 우리가 그의 영광을 보니 아버지의 독생자의 영광이요 은혜와 진리가 충만하더라"
요1:16	"우리가 다 그의 충만한 데서 받으니 은혜 위에 은혜러라"
벧후1:2	"하나님과 우리 주 예수를 앎으로 은혜와 평강이 너희에게 더욱 많을지어다"
엡4:7	"우리 각 사람에게 그리스도의 선물의 분량대로 은혜를 주셨나니"

④ 하나님은 주께 피하는 자에게 은혜를 주십니다.

하나님은 주를 두려워하는 자를 위하여 큰 은혜를 쌓아 두십니다. 그리고 하나님은 인생 앞에서 주께 피하는 자를 위하여 큰 은혜를 베푸십니다(시31:19). 그러므로 우리가 은혜를 받기 위해서는 주를 두려워하며 주께 피해야 합니다.

시31:19	"주를 두려워하는 자를 위하여 쌓아 두신 은혜 곧 주께 피하는 자를 위하여 인생 앞에 베푸신 은혜가 어찌 그리 큰지요"

3. 우리에게 주신 하나님의 은혜

우리는 하나님께서 우리에게 은혜로 주신 것들을 알아야 합니다. 하나님은 우리에게 은혜로 주신 것들을 알게 하시려고 우리에게 성령을 주셨습니다(고전2:12).

고전2:12   "우리가 세상의 영을 받지 아니하고 오직 하나님으로부터 온 영을 받았으니 이는 우리로 하여금 하나님께서 우리에게 은혜로 주신 것들을 알게 하려 하심이라"

1) 하나님은 은혜로 우리를 택하시고 부르셨습니다.

하나님이 우리를 택정하시고 그의 은혜로 우리를 부르셨습니다(갈1:15). 하나님은 영원한 때 전부터 그리스도 예수 안에서 우리에게 주신 은혜대로 우리를 구원하사 거룩하신 부르심으로 부르셨습니다(딤후1:9). 곧 하나님이 그리스도의 은혜로 우리를 부르셨습니다(갈1:6).

갈1:15   "그러나 내 어머니의 태로부터 나를 택정하시고 그의 은혜로 나를 부르신 이가"

딤후1:9   "하나님이 우리를 구원하사 거룩하신 소명으로 부르심은 우리의 행위대로 하심이 아니요 오직 자기의 뜻과 영원 전부터 그리스도 예수 안에서 우리에게 주신 은혜대로 하심이라"

갈1:6   "그리스도의 은혜로 너희를 부르신 이를 이같이 속히 떠나 다른 복음을 따르는 것을 내가 이상하게 여기노라"

2) 하나님은 은혜로 우리를 의롭다 하시고 구원하셨습니다.

우리는 하나님의 은혜로 값없이 의롭다 하심을 얻었습니다(롬 3:24). 하나님은 우리로 그의 은혜를 힘입어 의롭다 하심을 얻어 영생의 소망을 따라 상속자가 되게 하시려고 예수 그리스도로 말미암아 우리에게 그 성령을 풍성히 부어주셨습니다(딛3:6-7). 그리고 이 은혜는 의로 말미암아 왕 노릇하여 예수 그리스도로 말미암아 영생에 이르게 합니다(롬5:21). 만일 사람이 의롭게 되는 것이 율법으로 말미암으면 그리스도께서 헛되이 죽으셨으며(갈2:21). 율법 안에서 의롭다 하심을 얻으려 하는 자는 그리스도에게서 끊어지고 은혜에서 떨어진 자입니다(갈5:4).

롬3:24   "그리스도 예수 안에 있는 속량으로 말미암아 하나님의 은혜로 값없이 의롭다 하심을 얻은 자 되었느니라"

딛3:6-7   "우리 구주 예수 그리스도로 말미암아 우리에게 그 성령을 풍성히 부어 주사 우리로 그의 은혜를 힘입어 의롭다 하심을 얻어 영생의 소망을 따라 상속자가 되게 하려 하심이라"

롬5:21   "이는 죄가 사망 안에서 왕 노릇 한 것같이 은혜도 또한 의로 말미암아 왕 노릇 하여 우리 주 예수 그리스도로 말미암아 영생에 이르게 하려 함이라"

갈2:21   "내가 하나님의 은혜를 폐하지 아니하노니 만일 의롭게 되는 것이 율법으로 말미암았으면 그리스도께서 헛되이 죽으셨느니라"

갈5:4   "율법 안에서 의롭다 함을 얻으려 하는 너희는 그리스도에게서 끊어지고 은혜에서 떨어진 자로다"

하나님은 은혜로 우리를 구원하셨습니다. 모든 사람에게 구원을 주시는 것은 하나님의 은혜입니다(딛2:11). 우리가 그리스도 안에서 그의 은혜의 풍성함을 따라 그의 피로 말미암아 구속 곧 죄 사함을 받았습니다(엡1:7). 곧 우리가 은혜로 말미암아 구원을 얻은 것입니다(엡2:5). 우리가 하나님의 은혜를 인하여 믿음으로 말미암아 구원을 얻었습니다(엡2:8-9). 이는 예수님이 하나님의 은혜로 모든 사람을 구원하시기 위하여 죽음의 고난을 받으셨기 때문입니다(히2:9). 그리고 하나님의 은혜로 말미암아 구원을 받은 우리는 은혜 아래 있으므로 죄를 짓지 않습니다(롬6:15).

딛2:11 "모든 사람에게 구원을 주시는 은혜가 나타나"

엡1:7 "우리는 그리스도 안에서 그의 은혜의 풍성함을 따라 그의 피로 말미암아 속량 곧 죄 사함을 받았느니라"

엡2:5 "허물로 죽은 우리를 그리스도와 함께 살리셨고 (너희는 은혜로 구원을 받은 것이라)"

엡2:8-9 "너희는 그 은혜에 의하여 믿음으로 말미암아 구원을 받았으니 이것은 너희에게서 난 것이 아니요 하나님의 선물이라 행위에서 난 것이 아니니 이는 누구든지 자랑하지 못하게 함이라"

히2:9 "오직 우리가 천사들보다 잠시 동안 못하게 하심을 입은 자 곧 죽음의 고난 받으심으로 말미암아 영광과 존귀로 관을 쓰신 예수를 보니 이를 행하심은 하나님의 은혜로 말미암아 모든 사람을 위하여 죽음을 맛보려 하심이라"

롬6:15 "그런즉 어찌하리요 우리가 법 아래에 있지 아니하고 은혜 아레에 있으니 죄를 지으리요 그럴 수 없느니라"

3) 하나님은 은혜로 우리를 상속자(후사)가 되게 하시고 부요하게 하셨습니다.

하나님은 은혜로 우리를 상속자(후사)가 되게 하셨습니다. 곧 우리는 믿음으로 말미암아 상속자가 되었습니다. 상속자가 되는 것이 은혜에 속하기 위하여 믿음으로 됩니다(롬4:16). 그리고 주의 은혜로 우리의 집이 영원히 복을 받습니다(삼하7:29). 우리 주 예수 그리스도의 은혜는 우리를 부요하게 하려고 부요하신 자로서 가난하게 되신 것입니다(고후8:9).

롬4:16 　　　"그러므로 상속자가 되는 그것이 은혜에 속하기 위하여 믿음으로 되나니 이는 그 약속을 그 모든 후손에게 굳게 하려 하심이라 율법에 속한 자에게뿐만 아니라 아브라함의 믿음에 속한 자에게도 그러하니 아브라함은 우리 모든 사람의 조상이라"

삼하7:29 　　"이제 청하건대 종의 집에 복을 주사 주 앞에 영원히 있게 하옵소서 주 여호와께서 말씀하셨사오니 주의 종의 집이 (주의 은혜로 종의 집이) 영원히 복을 받게 하옵소서 하니라"

고후8:9 　　"우리 주 예수 그리스도의 은혜를 너희가 알거니와 부요하신 이로서 너희를 위하여 가난하게 되심은 그의 가난함으로 말미암아 너희를 부요하게 하려 하심이라"

4) 하나님은 은혜로 우리가 예수 그리스도를 믿게 하시고 그를 위하여 고난도 받게 하셨습니다.

하나님은 그리스도를 위하여 우리에게 은혜를 주셨습니다. 하나님이 그리스도를 위하여 우리에게 은혜를 주신 것은 그를 믿게 하시고 또한 그를 위하여 고난도 받게 하려 하심입니다(빌1:29). 그리고 우리는 그리스도로 말미암아 믿음으로 서 있는 이 은혜에 들어감을 얻었으며 하나님의 영광을 바라고 즐거워합니다(롬5:2). 우리에게 은혜가 있으면 우리가 믿음에서 벗어나지 않습니다(딤전6:21).

빌1:29   "그리스도를 위하여 너희에게 은혜를 주신 것은 다만 그를 믿을 뿐 아니라 또한 그를 위하여 고난도 받게 하려 하심이라"

롬5:2   "또한 그로 말미암아 우리가 믿음으로 서 있는 이 은혜에 들어감을 얻었으며 하나님의 영광을 바라고 즐거워하느니라"

딤전6:21   "이것을 따르는 사람들이 있어 믿음에서 벗어났느니라 은혜가 너희와 함께 있을지어다"

5) 하나님은 은혜로 우리에게 은사를 주시고 일꾼이 되게 하셨습니다.

하나님이 우리에게 주신 은혜대로 우리가 은사를 받았으며 받은 은사가 각각 다릅니다(롬12:6). 그리고 우리는 하나님이 주신 은혜의 선물을 따라 일꾼이 되었습니다(엡3:7). 또한 우리는 우리와 함께 하신 하나님의 은혜로 많이 수고하게 됩니다(고전15:10). 그래서 우리는 하나님의 은혜를 맡은 선한 청지기 같이 봉사해야 하고(벧전

4:10), 그리스도의 풍성을 전해야 합니다. 왜냐하면 우리에게 은혜를 주신 것은 측량할 수 없는 그리스도의 풍성을 전하게 하시기 때문입니다(엡3:8).

롬12:6   "우리에게 주신 은혜대로 받은 은사가 각각 다르니 혹 예언이면 믿음의 분수대로"

엡3:7   "이 복음을 위하여 그의 능력이 역사하시는 대로 내게 주신 하나님의 은혜의 선물을 따라 내가 일꾼이 되었노라"

고전15:10   "그러나 내가 나 된 것은 하나님의 은혜로 된 것이니 내게 주신 그의 은혜가 헛되지 아니하여 내가 모든 사도보다 더 많이 수고하였으나 내가 한 것이 아니요 오직 나와 함께 하신 하나님의 은혜로라"

벧전4:10   "각각 은사를 받은 대로 하나님의 여러 가지 은혜를 맡은 선한 청지기 같이 서로 봉사하라"

엡3:8   "모든 성도 중에 지극히 작은 자보다 더 작은 나에게 이 은혜를 주신 것은 측량할 수 없는 그리스도의 풍성함을 이방인에게 전하게 하시고"

4. 우리는 은혜를 받아야 합니다.

하나님은 우리에게 은혜를 주십니다. 그리고 지금은 은혜 받을만한 때요 지금은 구원의 날입니다(고후6:2). 그러므로 우리는 하나님의 은혜를 받아야 합니다. 선지자들은 우리에게 임할 은혜를 예언하였습니다(벧전1:10). 우리는 복음을 듣고 하나님의 은혜를 깨달아야 하며 열매를 맺어 자라야 합니다(골1:6). 그리고 우리는 하나님의 은혜에 이르러야 합니다(히12:15). 그래서 우리는 항상 하나님의 은혜 가운데 있어야 합니다(행13:43).

고후6:2 "이르시되 내가 은혜 베풀 때에 너에게 듣고 구원의 날에 너를 도왔다 하셨으니 보라 지금은 은혜 받을 만한 때요 보라 지금은 구원의 날이로다"

벧전1:10 "이 구원에 대하여는 너희에게 임할 은혜를 예언하던 선지자들이 연구하고 부지런히 살펴서"

골1:6 "이 복음이 이미 너희에게 이르매 너희가 듣고 참으로 하나님의 은혜를 깨달은 날부터 너희 중에서와 같이 또한 온 천하에서도 열매를 맺어 자라는도다"

히12:15 "너희는 하나님의 은혜에 이르지 못하는 자가 없도록 하고 또 쓴 뿌리가 나서 괴롭게 하여 많은 사람이 이로 말미암아 더럽게 되지 않게 하며"

행13:43 "회당의 모임이 끝난 후에 유대인과 유대교에 입교한 경건한 사람들이 많이 바울과 바나바를 따르니 두 사도가 더불어 말하고 항상 하나님의 은혜 가운데 있으라 권하니라"

1) 우리는 은혜를 받아야 합니다.

우리는 은혜를 받아서 경건함과 두려움으로 하나님을 기쁘시게 섬겨야 합니다(히12:28). 그러므로 우리는 은혜의 보좌 앞에 담대히 나아가 때를 따라 돕는 은혜를 받아야 합니다(히4:16). 다윗은 하나님 앞에서 은혜를 받고 하나님의 처소(성전)를 준비하게 하여 달라고 구했습니다(행7:46). 사도들의 증언을 들은 자들은 큰 은혜를 받았습니다(행4:33).

히12:28	"그러므로 우리가 흔들리지 않는 나라를 받았은즉 은혜를 받자 이로 말미암아 경건함과 두려움으로 하나님을 기쁘시게 섬길지니"
히4:16	"그러므로 우리는 긍휼하심을 받고 때를 따라 돕는 은혜를 얻기 위하여 은혜의 보좌 앞에 담대히 나아갈 것이니라"
행7:46	"다윗이 하나님 앞에서 은혜를 받아 야곱의 집을 위하여 하나님의 처소를 준비하게 하여 달라고 하더니"
행4:33	"사도들이 큰 권능으로 주 예수의 부활을 증언하니 무리가 큰 은혜를 받아"

2) 우리에게는 은혜가 있어야 합니다.

우리가 은혜를 받았으면 우리에게 하나님이 주신 은혜가 있어야 합니다. 곧 우리에게는 하나님 우리 아버지와 주 예수 그리스도로 좇아 은혜와 평강이 있어야 하고(롬1:7), 우리에게는 주 예수의 은혜가 있어야 하며(롬16:20, 계22:21), 예수 그리스도의 은혜가 우리 심령에 있어야 합니다(갈6:18, 빌4:23). 우리 마음은 은혜로써 굳게 함이 아름답습니다(히13:9).

롬1:7	"로마에서 하나님의 사랑하심을 받고 성도로 부르심을 받은 모든 자에게 하나님 우리 아버지와 주 예수 그리스도로부터 은혜와 평강이 있기를 원하노라"
롬16:20	"평강의 하나님께서 속히 사탄을 너희 발 아래에서 상하게 하시리라 우리 주 예수의 은혜가 너희에게 있을지어다"
계22:21	"주 예수의 은혜가 모든 자들에게 있을지어다 아멘"
갈6:18	"형제들아 우리 주 예수 그리스도의 은혜가 너희 심령에 있을지어다"
빌4:23	"주 예수 그리스도의 은혜가 너희 심령에 있을지어다"
히13:9	"여러 가지 다른 교훈에 끌리지 말라 마음은 은혜로써 굳게 함이 아름답고 음식으로써 할 것이 아니니 음식으로 말미암아 행한 자는 유익을 얻지 못하였느니라"

3) 우리에게는 은혜가 넘쳐야 합니다.

우리에게 하나님이 주신 은혜가 있어야 하되 은혜가 넘쳐야 합니다. 하나님은 능히 모든 은혜를 우리에게 넘치게 하십니다(고후9:8). 우리에게 은혜가 넘치면 우리가 모든 일에 항상 모든 것이 넉넉하여 모든 착한 일을 넘치게 하게 됩니다. 그러므로 우리는 은혜가 풍성해야 하고(고후8:7), 은혜가 더욱 많아져야 합니다(벧전1:2). 우리가 하나님과 주 예수를 앎으로 은혜가 우리에게 더욱 많아집니다(벧후1:2). 또한 은혜가 많은 사람의 감사함으로 더하여 넘칩니다(고후4:15). 그러므로 우리는 주의 은혜가 그리스도 예수 안에 있는 믿음과 사랑과 함께 넘치도록 풍성해야 합니다(딤전1:14).

고후9:8	"하나님이 능히 모든 은혜를 너희에게 넘치게 하시나니 이는 너희로 모든 일에 항상 모든 것이 넉넉하여 모든 착한 일을 넘치게 하게 하려 하심이라"
고후8:7	"오직 너희는 믿음과 말과 지식과 모든 간절함과 우리를 사랑하는 이 모든 일에 풍성한 것 같이 이 은혜에도 풍성하게 할지니라"
벧전1:2	"곧 하나님 아버지의 미리 아심을 따라 성령이 거룩하게 하심으로 순종함과 예수 그리스도의 피 뿌림을 얻기 위하여 택하심을 받은 자들에게 편지하노니 은혜와 평강이 너희에게 더욱 많을지어다"
벧후1:2	"하나님과 우리 주 예수를 앎으로 은혜와 평강이 너희에게 더욱 많을지어다"
고후4:15	"이는 모든 것이 너희를 위함이니 많은 사람의 감사로 말미암아 은혜가 더하여 넘쳐서 하나님께 영광을 돌리게 하려 함이라"
딤전1:14	"우리 주의 은혜가 그리스도 예수 안에 있는 믿음과 사랑과 함께 넘치도록 풍성하였도다"

4) 우리는 은혜 속에 있어야 합니다.

우리는 은혜를 받아야 하고, 은혜가 있어야 하고, 은혜가 넘쳐야 합니다. 또 우리는 은혜 속에 있어야 합니다. 곧 우리는 은혜에 이르고(히12:15), 은혜에 들어감을 얻어야 합니다(롬5;2). 그리고 우리는 은혜에 굳게 서야 합니다(벧전5:12). 그래서 우리는 예수 그리스도의 은혜에서 자라가야 하고(벧후3:18), 그리스도 예수 안에 있는 은혜 속에서 강해야 하며(딤후2:1), 육체의 지혜로 행하지 아니하고 하나님의 은혜로 행해야 합니다(고후1:12).

히12:15	"너희는 하나님의 은혜에 이르지 못하는 자가 없도록 하고 또 쓴 뿌리가 나서 괴롭게 하여 많은 사람이 이로 말미암아 더럽게 되지 않게 하며"
롬5:2	"또한 그로 말미암아 우리가 믿음으로 서 있는 이 은혜에 들어감을 얻었으며 하나님의 영광을 바라고 즐거워하느니라"
벧전5:12	"내가 신실한 형제로 아는 실루아노로 말미암아 너희에게 간단히 써서 권하고 이것이 하나님의 참된 은혜임을 증언 하노니 너희는 이 은혜에 굳게 서라"
벧후3:18	"오직 우리 주 곧 구주 예수 그리스도의 은혜와 그를 아는 지식에서 자라 가라 영광이 이제와 영원한 날까지 그에게 있을지어다"
딤후2:1	"내 아들아 그러므로 너는 그리스도 예수 안에 있는 은혜 가운데서 강하고"
고후1:12	"우리가 세상에서 특별히 너희에 대하여 하나님의 거룩함과 진실함으로 행하되 육체의 지혜로 하지 아니하고 하나님의 은혜로 행함은 우리 양심이 증언하는 바니 이것이 우리의 자랑이라"

5) 우리는 은혜를 헛되이 받지 말아야 합니다.

우리는 하나님의 은혜를 받되 헛되이 받지 말아야 합니다(고후6:1). 사도 바울은 하나님의 은혜를 헛되이 받지 아니하여 하나님의 은혜로 모든 사도보다 더 많이 수고하였습니다(고전15:10). 우리가 하나님께서 은혜를 주신 목적대로 행하며 수고를 많이 하면 은혜를 헛되이 받지 않는 것입니다. 하나님이 우리에게 은혜를 주신 것은 예수 그리스도를 믿고 그를 위하여 고난도 받게 하시며(빌1:29), 그리스도의 풍성을 이방인(불신자)에게 전하게 하시고 하나님의 비밀의 경륜을 드러내게 하시며(엡3:8-9), 모든 착한 일을 넘치게 하게 하려 하심입니다(고후9:8). 그러므로 우리가 은혜를 받아 예수 그리스도를 믿고 그를 위하여 고난을 받으며, 그리스도의 풍성을 불신자들에게 전하여 하나님의 비밀의 경륜을 드러내고, 모든 착한 일을 넘치게 하면 하나님의 은혜를 헛되이 받지 않는 것입니다.

고후6:1   "우리가 하나님과 함께 일하는 자로서 너희를 권하노니 하나님의 은혜를 헛되이 받지 말라"

고전15:10   "그러나 내가 나 된 것은 하나님의 은혜로 된 것이니 내게 주신 그의 은혜가 헛되지 아니하여 내가 모든 사도보다 더 많이 수고하였으나 내가 한 것이 아니요 오직 나와 함께 하신 하나님의 은혜로라"

빌1:29   "그리스도를 위하여 너희에게 은혜를 주신 것은 다만 그를 믿을 뿐 아니라 또한 그를 위하여 고난도 받게 하려 하심이라"

엡3:8-9   "모든 성도 중에 지극히 작은 자보다 더 작은 나에게 이 은혜를 주신 것은 측량할 수 없는 그리스도의 풍성함을 이방인에게 전하게 하시고 영원부터 만물을 창조하신 하나님 속에 감추어졌던 비밀의 경륜이 어떠한 것을 드러내게 하려 하심이라"

고후9:8   "하나님이 능히 모든 은혜를 너희에게 넘치게 하시나니 이는 너

희로 모든 일에 항상 모든 것이 넉넉하여 모든 착한 일을 넘치
게 하게 하려 하심이라"

6) 우리는 하나님께서 주신 은혜를 보답해야 합니다.

우리는 하나님께서 우리에게 주신 은혜를 보답해야 합니다(시
116:12). 히스기야 왕이 병들어 죽게 되었으므로 그가 하나님께 기도
하매 하나님께서 그에게 대답하시고 고쳐주셨습니다(대하32:24). 그
러나 그는 마음이 교만하여 그 받은 은혜를 보답지 아니하므로 하나
님의 진노가 저와 유다와 예루살렘에 임하게 되었습니다(대하32:25).
이와 같이 우리가 받은 은혜를 보답하지 않으면 하나님의 진노가 임
하게 됩니다. 그리고 우리가 받은 은혜를 보답하지 아니하는 것은 그
마음이 교만하기 때문입니다.

시116:12   "내게 주신 모든 은혜를 내가 여호와께 무엇으로 보답할까"
대하32:24   "그 때에 히스기야가 병들어 죽게 되었으므로 여호와께 기도하
           매 여호와께서 그에게 대답하시고 또 이적을 보이셨으나"
대하32:25   "히스기야가 마음이 교만하여 그 받은 은혜를 보답하지 아니하
           므로 진노가 그와 유다와 예루살렘에 내리게 되었더니"

그러면 우리가 어떻게 하나님께서 우리에게 주신 은혜를 보답할 수
있을까요? 우리가 받은 은혜를 보답하는 것은 우리도 은혜를 베푸는
것입니다. 초대 예루살렘 교회 성도들은 큰 은혜를 받고 밭과 집 있는
자들이 팔아 사도들의 발 앞에 두었으며 그들이 각 사람의 필요를 따

라 나누어 줌으로 그 중에 가난한 사람이 없었습니다(행4:33-35). 이렇게 의인은 은혜를 베풀고(시37:21), 은혜를 베푸는 자는 잘 되며(시112:5), 또 그 자손이 잘 됩니다(시37:26). 그리고 우리는 말이 은혜로워야 하고(전10:12), 선한 말을 하여 듣는 자들에게 은혜를 끼치며(엡4:29), 말을 항상 은혜 가운데서 해야 합니다(골4:6). 또한 우리는 하나님께서 다른 사람에게 주신 은혜도 알고 그들을 사모해야 합니다(고후9:14). 야고보와 베드로와 요한은 하나님께서 바울과 바나바에게 주신 은혜를 알고 그들과 교제의 악수를 하였습니다(갈2:9).

행4:33-35 "사도들이 큰 권능으로 주 예수의 부활을 증언하니 무리가 큰 은혜를 받아 그 중에 가난한 사람이 없으니 이는 밭과 집 있는 자는 팔아 그 판 것의 값을 가져다가 사도들의 발 앞에 두매 그들이 각 사람의 필요를 따라 나누어 줌이라"

시37:21 "악인은 꾸고 갚지 아니하나 의인은 은혜를 베풀고 주는도다"

시112:5 "은혜를 베풀며 꾸어 주는 자는 잘 되나니 그 일을 정의로 행하리로다"

시37:26 "그는 종일토록 은혜를 베풀고 꾸어 주니 그의 자손이 복을 받는도다"

전10:12 "지혜자의 입의 말들은 은혜로우나 우매자의 입술들은 자기를 삼키나니"

엡4:29 "무릇 더러운 말은 너희 입 밖에도 내지 말고 오직 덕을 세우는 데 소용되는 대로 선한 말을 하여 듣는 자들에게 은혜를 끼치게 하라"

골4:6	"너희 말을 항상 은혜 가운데서 소금으로 맛을 냄과 같이 하라 그리하면 각 사람에게 마땅히 대답할 것을 알리라"
고후9:14	"또 그들이 너희를 위하여 간구하며 하나님이 너희에게 주신 지극한 은혜로 말미암아 너희를 사모하느니라"
갈2:9	"또 기둥 같이 여기는 야고보와 게바와 요한도 내게 주신 은혜를 알므로 나와 바나바에게 친교의 악수를 하였으니 우리는 이방인에게로, 그들은 할례자에게로 가게 하려 함이라"

우리는 하나님의 은혜에 의하여 믿음으로 말미암아 구원을 받았습니다. 곧 우리가 구원을 받은 것은 하나님의 은혜입니다. 그러므로 우리는 은혜를 받아야 합니다. 은혜는 하나님이 주신 것이며, 은혜는 예수 그리스도로 말미암아 온 것입니다. 은혜는 하나님이 그리스도 예수 안에서 우리에게 거저 주시는 모든 것입니다.

하나님은 은혜로우시며 우리에게 은혜를 주십니다. 하나님은 은혜 줄자에게 은혜를 주십니다. 하나님은 겸손한 자에게 은혜를 주시며 부르짖는 자에게 은혜를 주십니다. 그리고 하나님은 예수 그리스도를 변함없이 사랑하는 자들에게 은혜를 주시며, 주를 두려워하며 주께 피하는 자에게 은혜를 주십니다.

하나님은 은혜로 우리를 택하셨고 부르셨으며, 의롭다 하시고 구원하셨습니다. 그리고 하나님은 은혜로 우리를 그 아들이 되게 하시고 복을 주시며, 예수 그리스도를 믿게 하시고 그를 위하여 고난도 받게 하십니다. 또한 하나님은 은혜로 우리에게 은사를 주시고 우리로 주의 일꾼이 되게 하셨습니다.

그러므로 우리는 하나님의 은혜를 받아야 합니다. 그래서 우리에게는 하나님의 은혜가 있어야 하고, 하나님의 은혜가 넘쳐야 하며, 우리는 하나님의 은혜 속에 있어야 합니다.

우리는 하나님의 은혜를 헛되이 받지 말아야 합니다. 우리가 하나님의 은혜를 받고 하나님이 은혜를 주신 목적대로 살면 우리가 은혜를 헛되이 받지 아니한 것입니다. 우리는 하나님의 은혜로 택하심을 받고, 부르심을 받고, 의롭다 함을 받고, 구원을 받았음을 믿어야 합니다. 그리고 우리는 예수 그리스도를 믿고 그를 위하여 고난을 받으며 하나님이 은혜로 주신 은사를 받은 대로 주님의 일꾼이 되어 주의 일을 해야 합니다. 우리가 주의 일을 하되 그리스도의 풍성을 불신자에게 전하여 하나님의 비밀의 경륜을 드러내고 모든 착한 일을 넘치게 하면 은혜를 헛되이 받지 아니한 것입니다.

우리는 하나님께서 주신 은혜를 보답해야 합니다. 만일 우리가 하나님께서 주신 은혜를 보답하지 아니하면 하나님의 진노가 우리에게 임하게 됩니다. 우리가 하나님께서 주신 은혜를 보답하는 것은 우리도 은혜를 베푸는 것입니다. 우리가 은혜를 베풀면 우리가 잘 되고 우리 자손이 복을 받습니다. 할렐루야! 아멘.

4장

예수 믿음을 지키라

우리는 하나님의 은혜에 의하여 믿음으로 말미암아 구원을 받았습니다(엡2:8). 곧 우리가 구원을 받은 것은 믿음으로 받았습니다. 구원은 하나님께서 은혜로 주신 선물인데 우리가 믿음으로 받을 수 있습니다. 하나님께서 은혜로 주신 구원을 우리가 믿음으로 받을 수 있기에 우리는 믿음을 하나님 앞에서 스스로 가지고 있어야 합니다(롬14:22). 그리고 우리는 믿음을 지켜야 합니다(계14:12). 또 우리는 믿음 안에 있는가 우리 자신을 시험하고 우리 자신을 확증해야 합니다(고후13:5). 예수님은 제자들에게 믿음 없는 것을 꾸짖으셨습니다(막16:14). 또 예수님은 도마에게 믿음 없는 자가 되지 말고 믿는 자가 되라고 말씀하시며, 보지 못하고 믿는 자들은 복됨을 말씀하셨습니다(요20:27-29).

엡2:8	"너희는 그 은혜에 의하여 믿음으로 말미암아 구원을 받았으니 이는 너희에게서 난 것이 아니요 하나님의 선물이라"
롬14:22	"네게 있는 믿음을 하나님 앞에서 스스로 가지고 있으라 자기가 옳다 하는 바로 자기를 정죄하지 아니하는 자는 복이 있도다"
계14:12	"성도들의 인내가 여기 있나니 그들은 하나님의 계명과 예수에 대한 믿음을 지키는 자니라"
고후13:5	"너희는 믿음 안에 있는가 너희 자신을 시험하고 너희 자신을

확증하라 예수 그리스도께서 너희 안에 계신 줄을 너희가 스스
로 알지 못하느냐 그렇지 않으면 너희는 버림 받은 자니라"

막16:14 "그 후에 열한 제자가 음식 먹을 때에 예수께서 그들에게 나타
나사 그들의 믿음 없는 것과 마음이 완악한 것을 꾸짖으시니 이
는 자기가 살아난 것을 본 자들의 말을 믿지 아니함일러라"

요20:27-29 "도마에게 이르시되 네 손가락을 이리 내밀어 내 손을 보고 네
손을 내밀어 내 옆구리에 넣어 보라 그리하여 믿음없는 자가 되
지 말고 믿는 자가 되라 도마가 대답하여 이르되 나의 주님이시
오 나의 하나님이시니이다 예수께서 이르시되 너는 나를 본고
로 믿느냐 보지 못하고 믿는 자들은 복되도다 하시니라"

1. 믿음이란 무엇인가?

믿음은 바라는 것들의 실상이요 보이지 않는 것들의 증거입니다(히
11:1). 곧 믿음은 바라는 것들을 실상이 되게 하고 보이지 않는 것들
을 증거 하게 하는 것입니다. 그런데 이 믿음은 하나님이 주신 것입니
다. 그리고 이 믿음의 주는 예수 그리스도십니다. 또한 이 믿음은 하
나님의 말씀을 들음에서 납니다. 그러므로 믿음은 하나님과 그의 말
씀과 그가 보내신 자 예수 그리스도를 믿는 것입니다.

히11:1 "믿음은 바라는 것들의 실상이요 보이지 않는 것들의 증거니"

1) 믿음은 하나님이 주신 것입니다.

　믿음은 하나님이 주십니다. 우리는 예수 그리스도를 믿는 믿음을 하나님께 받았습니다(유1:3). 하나님은 우리로 하나님을 알고 믿게 하려고 우리를 택하셨습니다(사43:10). 그리고 하나님은 우리가 예수 그리스도를 믿도록 우리에게 은혜를 주셨습니다(빌1:29). 또 하나님은 우리가 예수 그리스도를 믿도록 믿음의 문을 여셨습니다(행14:27). 그리고 하나님은 우리에게 보배로운 믿음을 주시고(벧후1:1), 믿음에 부요하게 하십니다(약2:5). 그래서 우리에게는 하나님이 나눠주신 믿음의 분량이 있습니다(롬12:3). 그리고 하나님이 우리에게 주신 믿음 안에는 하나님의 경륜(섭리, 계획, 예지)이 있습니다(딤전1:4). 그러므로 우리는 하나님이 우리에게 주신 믿음 안에 있는 하나님의 경륜을 이루어야 합니다.

유1:3　　　"사랑하는 자들아 우리가 일반으로 받은 구원에 관하여 내가 너희에게 편지하려는 생각이 간절하던 차에 성도에게 단번에 주신 믿음의 도를 위하여 힘써 싸우라는 편지로 너희를 권하여야 할 필요를 느꼈노니"

사43:10　　"나 여호와가 말하노라 너희는 나의 증인, 나의 종으로 택함을 입었나니 이는 너희가 나를 알고 믿으며 내가 그인줄 깨닫게 하려 함이라 나의 전에 지음을 받은 신이 없었느니라 나의 후에도 없으리라"

빌1:29　　 "그리스도를 위하여 너희에게 은혜를 주신 것은 다만 그를 믿을 뿐 아니라 또한 그를 위하여 고난도 받게 하려 하심이라"

행14:27	"그들이 이르러 교회를 모아 하나님이 함께 행하신 모든 일과 이방인들에게 믿음의 문을 여신 것을 보고하고"
벧후1:1	"예수 그리스도의 종이며 사도인 시몬 베드로는 우리 하나님과 구주 예수 그리스도의 의를 힘입어 동일하게 보배로운 믿음을 우리와 함께 받은 자들에게 편지하노니"
약2:5	"내 사랑하는 형제들아 들을지어다 하나님이 세상에서 가난한 자를 택하사 믿음에 부요하게 하시고 또 자기를 사랑하는 자들에게 약속하신 나라를 상속으로 받게 하지 아니하셨느냐"
롬12:3	"내게 주신 은혜로 말미암아 너희 각 사람에게 말하노니 마땅히 생각할 그 이상의 생각을 품지 말고 오직 하나님께서 각 사람에게 나누어 주신 믿음의 분량대로 지혜롭게 생각하라"
딤전1:4	"신화와 끝없는 족보에 몰두하지 말게 하려 함이라 이런 것은 믿음 안에 있는 하나님의 경륜을 이룸보다 도리어 변론을 내는 것이라"

2) 믿음의 주는 예수 그리스도이십니다.

예수 그리스도는 우리의 믿음의 주이십니다(히12:2). 하나님이 예수님을 믿음으로 말미암은 화목제물로 세우셨고(롬3:25), 예수님은 자기 목숨을 화목제물로 주시려고 이 세상에 오셨습니다. 그래서 예수님이 이 세상에 오신 것은 믿음이 온 것입니다(갈3:23, 25). 그리고 예수님은 세상에 오셔서 믿은바 되셨습니다(딤전3:16). 우리는 예수님으로 말미암아 믿음으로 서 있는 은혜에 들어감을 얻었고(롬5:2), 우리는 예수 그리스도로 말미암아 하나님을 믿으며 우리의 믿음과 소망이 하나님께 있습니다(벧전1:21).

히12:2   "믿음의 주요 또 온전하게 하시는 이인 예수를 바라보자 그는 그 앞에 있는 기쁨을 위하여 십자가를 참으사 부끄러움을 개의치 아니하시더니 하나님 보좌 우편에 앉으셨느니라"

롬3:25   "이 예수를 하나님이 그의 피로써 믿음으로 말미암는 화목 제물로 세우셨으니 이는 하나님께서 길이 참으시는 중에 전에 지은 죄를 간과하심으로 자기의 의로우심을 나타내려 하심이니"

갈3:23   "믿음이 오기 전에 우리는 율법 아래에 매인 바 되고 계시될 믿음의 때까지 갇혔느니라"

갈3:25   "믿음이 온 후로는 우리가 초등교사 아래에 있지 아니하도다"

딤전3:16   "크도다 경건의 비밀이여, 그렇지 않다 하는 이 없도다 그는 육신으로 나타난 바 되시고 영으로 의롭다 하심을 받 으시고 천사들에게 보이시고 만국에서 전파되시고 세상에서 믿은 바 되시고 영광 가운데서 올려지셨느니라"

롬5:2   "또한 그로 말미암아 우리가 믿음으로 서 있는 이 은혜에 들어감을 얻었으며 하나님의 영광을 바라고 즐거워하느니라"

벧전1:21   "너희는 그를 죽은 자 가운데서 살리시고 영광을 주신 하나님을 그리스도로 말미암아 믿는 자니 너희 믿음과 소망이 하나님께 있게 하셨느니라"

3) 믿음은 그리스도의 말씀을 들음에서 납니다.

믿음은 하나님이 주신 것이며, 믿음의 주는 예수 그리스도십니다. 또한 믿음은 그리스도의 말씀을 들음에서 납니다(롬10:17). 우리도 복음(말씀)을 듣고 믿음을 결부시켰으며(화합하였으며)(히4:2), 진리의 말씀 곧 구원의 복음을 듣고 믿어 약속의 성령으로 인치심을 받았습니다(엡1:13). 그리고 우리가 듣고 믿으며 전파하는 믿음의 말씀이 우리 입에 있으며 우리의 마음에 있습니다(롬10:8). 그런데 그리스도의 말씀은 사역자들을 통해 증거 되며, 사역자들은 주께서 각각 주신 대로 믿게 한 자들입니다(고전3:5). 그러므로 우리는 사역자들에게 들은 하나님의 말씀을 받을 때에 사람의 말로 받지 아니하고 하나님의 말씀으로 받아야 합니다. 데살로니가 교회 성도들은 사도 바울에게 들은 바 하나님의 말씀을 받을 때에 사람의 말로 받지 아니하고 하나님의 말씀으로 받았습니다(살전2:13).

롬10:17 "그러므로 믿음은 들음에서 나며 들음은 그리스도의 말씀으로 말미암았느니라"

히4:2 "그들과 같이 우리도 복음 전함을 받은 자이나 들은 바 그 말씀이 그들에게 유익하지 못한 것은 듣는 자가 믿음을 결부시키지 아니함이라"

엡1:13 "그 안에서 너희도 진리의 말씀 곧 너희의 구원의 복음을 듣고 그 안에서 또한 믿어 약속의 성령으로 인치심을 받았으니"

롬10:8 "그러면 무엇을 말하느냐 말씀이 네게 가까워 네 입에 있으며 네 마음에 있다 하였으니 곧 우리가 전파하는 믿음의 말씀이라"

고전3:5 "그런즉 아볼로는 무엇이며 바울은 무엇이냐 그들은 주께서 각각 주신 대로 너희로 하여금 믿게 한 사역자들이니라"

살전2:13 "이러므로 우리가 하나님께 끊임없이 감사함은 너희가 우리에게 들은 바 하나님의 말씀을 받을 때에 사람의 말로 받지 아니하고 하나님의 말씀으로 받음이니 진실로 그러하도다 이 말씀이 또한 너희 믿는 자 가운데서 역사하느니라"

하나님이 주시고, 예수 그리스도께서 주가 되시며, 그리스도의 말씀을 들음에서 난 믿음은 보배로운 믿음이며(벧후1:1), 하나님의 능력에 있는 믿음이며(고전2:5), 사랑으로써 역사하는 믿음이며(갈5:6), 기도하는 믿음이며(마21:22), 행함이 있는 믿음이며(약2:17), 자라는 믿음입니다(살후1:3).

벧후1:1 "예수 그리스도의 종이며 사도인 시몬 베드로는 우리 하나님과 구주 예수 그리스도의 의를 힘입어 동일하게 보배로운 믿음을 우리와 함께 받은 자들에게 편지하노니"

고전2:5 "너희 믿음이 사람의 지혜에 있지 아니하고 다만 하나님의 능력에 있게 하려 하였노라"

갈5:6 "그리스도 예수 안에서는 할례나 무할례나 효력이 없으되 사랑으로써 역사하는 믿음뿐이니라"

마21:22 "너희가 기도할 때에 무엇이든지 믿고 구하는 것은 다 받으리라 하시니라"

약2:17 "이와 같이 행함이 없는 믿음은 그 자체가 죽은 것이라"

살후1:3 "형제들아 우리가 너희를 위하여 항상 하나님께 감사할지니 이것이 당연함은 너희의 믿음이 더욱 자라고 너희가 다 각기 서로 사랑함이 풍성함이니"

우리는 믿음이 무엇임을 알아야 합니다. 믿음은 바라는 것들의 실상이요 보이지 않는 것들의 증거입니다. 곧 믿음은 바라는 것들이 실상이 되게 하고, 보이지 않는 것들을 증거 하게 합니다. 그런데 이 믿음은 하나님이 주신 것입니다. 하나님은 우리에게 보배로운 믿음을 주시고 믿음에 부요하게 하십니다. 그리고 믿음의 주는 예수 그리스도이십니다. 하나님이 예수님을 믿음으로 말미암은 화목제물로 세우셨으며, 예수님은 세상에 오셔서 믿은바 되셨습니다. 또한 믿음은 그리스도의 말씀을 들음에서 납니다. 우리는 진리의 말씀 곧 구원의 복음을 듣고 믿어 약속의 성령으로 인 치심을 받았습니다. 할렐루야! 아멘.

2. 누구를, 그리고 무엇을 믿어야 하는가?

믿음은 그 믿는 대상과 내용이 있습니다. 믿는 대상과 내용이 없으면 그 믿음은 참 믿음이 아니요 미신입니다. 우리는 하나님 아버지와 예수님을 믿어야 합니다. 또 우리는 하나님과 예수님이 하신 일을 믿어야 하고, 하나님과 예수님이 하신 말씀을 믿어야 합니다.

1) 하나님 아버지를 믿어야 합니다.

믿음은 하나님이 주신 것입니다. 그러므로 우리는 우리에게 믿음을 주신 하나님을 믿어야 합니다. 예수님은 "하나님을 믿으라"고 명하셨으며(막11:22), "하나님을 믿으니 또 나를 믿으라"고 말씀하셨습니다(요14:1). 그러므로 우리는 하나님을 믿고 예수님을 믿어야 합니다.

우리가 하나님이 증언하신 예수님을 믿으면 곧 하나님을 믿는 것입니다. 그러나 하나님께서 그 아들에 대하여 증언하신 증거를 믿지 아니하는 자는 하나님을 믿지 아니하는 것이요 하나님을 거짓말하는 자로 만듭니다(요일5:10).

막11:22   "예수께서 그들에게 대답하여 이르시되 하나님을 믿으라"
요14:1   "너희는 마음에 근심하지 말라 하나님을 믿으니 또 나를 믿으라"
요일5:10   "하나님의 아들을 믿는 자는 자기 안에 증거가 있고 하나님을
           믿지 아니하는 자는 하나님을 거짓말하는 자로 만드나니 이는
           하나님께서 그 아들에 대하여 증언하신 증거를 믿지 아니하였
           음이라"

하나님을 믿는 우리는 하나님이 계신 것과 하나님은 자기를 찾는 자들에게 상주시는 이심을 믿어야 하며(히11:6), 우리를 사랑하시는 하나님의 사랑을 알고 믿어야 하며(요일4:16), 하나님이 경건하지 아니한 자를 의롭다 하심을 믿어야 하며(롬4:5), 하나님께서 그 아들에 관하여 증언하신 증거를 믿어야 하며(요일5:10), 예수 그리스도를 죽은 자 가운데서 일으키신 하나님의 역사를 믿어야 합니다(골2:12). 우리가 예수 우리 주를 죽은 자 가운데서 살리신 하나님을 믿으면 의로 여기심을 받고(롬4:24), 구원을 받습니다(롬10:9).

히11:6   "믿음이 없이는 하나님을 기쁘시게 하지 못하나니 하나님께 나
           아가는 자는 반드시 그가 계신 것과 또한 그가 자기를 찾는 자

들에게 상 주시는 이심을 믿어야 할지니라"

요일4:16   "하나님이 우리를 사랑하시는 사랑을 우리가 알고 믿었노니 하
        나님은 사랑이시라 사랑 안에 거하는 자는 하나님 안에 거하고
        하나님도 그의 안에 거하시느니라"

롬4:5   "일을 아니할지라도 경건하지 아니한 자를 의롭다 하시는 이를
        믿는 자에게는 그의 믿음을 의로 여기시나니"

요일5:10   "하나님의 아들을 믿는 자는 자기 안에 증거가 있고 하나님을
        믿지 아니하는 자는 하나님을 거짓말하는 자로 만드나니 이는
        하나님께서 그 아들에 대하여 증언하신 증거를 믿지 아니하였
        음이라"

골2:12   "너희가 세례로 그리스도와 함께 장사되고 또 죽은 자들 가운
        데서 그를 일으키신 하나님의 역사를 믿음으로 말미암아 그 안
        에서 함께 일으키심을 받았느니라"

롬4:24   "의로 여기심을 받을 우리도 위함이니 곧 예수 우리 주를 죽은
        자 가운데서 살리신 이를 믿는 자니라"

롬10:9   "네가 만일 네 입으로 예수를 주로 시인하며 또 하나님께서 그
        를 죽은 자 가운데서 살리신 것을 네 마음에 믿으면 구원을 받
        으리라"

2) 예수 그리스도를 믿어야 합니다.

우리의 믿음의 주는 예수 그리스도이십니다. 그러므로 우리는 믿음
의 주이신 예수 그리스도를 믿어야 합니다. 세례 요한은 예수님을 믿
으라고 증언했고(행19:4), 사도 바울도 예수님을 믿으라고 증언했으

며(행16:31), 예수님도 "나를 믿으라"고 증언하셨습니다(요14:1). 그리고 하나님은 우리가 예수 그리스도를 믿도록 은혜를 주셨습니다(빌1:29). 그러므로 우리는 예수 그리스도를 믿어야 합니다. 우리가 예수 그리스도를 믿는 것은 하나님의 계명이며(요일3:23), 하나님의 일입니다(요6:29). 그리고 예수님을 믿는 자는 그를 보내신 하나님 아버지를 믿는 것입니다(요12:44).

행19:4   "바울이 이르되 요한이 회개의 세례를 베풀며 백성에게 말하되 내 뒤에 오시는 이를 믿으라 하였으니 이는 곧 예수라 하거늘"

행16:31   "이르되 주 예수를 믿으라 그리하면 너와 네 집이 구원을 받으리라 하고"

요14:1   "너희는 마음에 근심하지 말라 하나님을 믿으니 또 나를 믿으라"

빌1:29   "그리스도를 위하여 너희에게 은혜를 주신 것은 다만 그를 믿을 뿐 아니라 또한 그를 위하여 고난도 받게 하려 하심이라"

요일3:23 "그의 계명은 이것이니 곧 그 아들 예수 그리스도의 이름을 믿고 그가 우리에게 주신 계명대로 서로 사랑할 것이니라"

요6:29   "예수께서 대답하여 이르시되 하나님께서 보내신 이를 믿는 것이 하나님의 일이니라 하시니"

요12:44-45 "예수께서 외쳐 이르시되 나를 믿는 자는 나를 믿는 것이 아니요 나를 보내신 이를 믿는 것이며 나를 보는 자는 나를 보내신 이를 보는 것이니라"

① 예수님께서 하나님의 아들 그리스도이심을 믿어야 합니다.

예수님은 하나님의 아들이시며 그리스도이십니다(마16:16, 요 11:27). 성경을 기록함은 예수님께서 하나님의 아들 그리스도이심을 믿게 하려 함이요 또 그 이름을 힘입어 생명을 얻게 하려 함입니다(요 20:31). 그러므로 우리는 예수님께서 하나님의 아들 그리스도이심을 믿어야 합니다. 예수님께서 그리스도이심을 믿는 자는 하나님에게서 난 자이며(요일5:1), 예수님께서 하나님의 아들이심을 믿는 자는 세상을 이깁니다(요일5:5).

마16:16   "시몬 베드로가 대답하여 이르되 주는 그리스도시오 살아 계신 하나님의 아들이시니이다"

요11:27   "이르되 주여 그러하외다 주는 그리스도시오 세상에 오시는 하나님의 아들이신 줄 내가 믿나이다"

요20:31   "오직 이것을 기록함은 너희로 예수께서 하나님의 아들 그리스도이심을 믿게 하려 함이요 또 너희로 믿고 그 이름을 힘입어 생명을 얻게 하려 함이니라"

요일5:1   "예수께서 그리스도이심을 믿는 자마다 하나님께로부터 난 자니 또한 낳으신 이를 사랑하는 자마다 그에게서 난 자를 사랑하느니라"

요일5:5   "예수께서 하나님의 아들이심을 믿는 자가 아니면 세상을 이기는 자가 누구냐"

② 하나님 아버지께서 예수님을 보내신 것을 믿어야 합니다.

예수님이 세상에 오신 것은 스스로 오신 것이 아니요 하나님 아버지께서 보내셔서 오셨습니다(요8:42). 그래서 예수님은 자기를 하나님 아버지께서 보내신 것을 사람들로 믿게 하려고 말씀하셨습니다(요11:42). 그리고 예수님이 주신 말씀을 받은 제자들은 하나님 아버지께서 예수님을 보내신 것을 믿었습니다(요17:8). 그러므로 우리는 하나님 아버지께서 예수님을 보내신 것을 믿어야 합니다. 우리가 하나님 아버지께서 예수님을 보내신 것을 믿으면 하나님 아버지께서 친히 우리를 사랑하십니다(요16:27). 그런데 우리가 하나님 아버지께서 예수님을 보내신 것을 믿는 것은 예수님은 위에서 났고 하늘에 속한 거룩한 자이심을 믿는 것입니다(요8:23-24). 예수님이 위에서 났고 하늘에 속한 자인 줄 믿지 아니하는 자는 자기 죄 가운데서 죽을 것입니다.

요8:42   "예수께서 이르시되 하나님이 너희 아버지였으면 너희가 나를 사랑하였으리니 이는 내가 하나님께로부터 나와서 왔음이라 나는 스스로 온 것이 아니요 아버지께서 나를 보내신 것이니라"

요11:42   "항상 내 말을 들으시는 줄을 내가 알았나이다 그러나 이 말씀 하옵는 것은 둘러선 무리를 위함이니 곧 아버지께서 나를 보내신 것을 그들로 믿게 하려 함이니이다"

요17:8   "나는 아버지께서 내게 주신 말씀들을 그들에게 주었사오며 그들은 이것을 받고 내가 아버지께로부터 나온 줄을 참으로 아오며 아버지께서 나를 보내신 줄도 믿었사옵나이다"

요16:27   "이는 너희가 나를 사랑하고 또 내가 하나님께로부터 온 줄 믿었으므로 아버지께서 친히 너희를 사랑하심이라"

요8:23-24   "예수께서 이르시되 너희는 아래에서 났고 나는 위에서 났으며 너희는 이 세상에 속하였고 나는 이 세상에 속하지 아니하였느니라 그러므로 내가 너희에게 말하기를 너희가 너희 죄 가운데서 죽으리라 하였노라 너희가 만일 내가 그인 줄 믿지 아니하면 너희 죄 가운데서 죽으리라"

③ 예수님이 하나님 아버지 안에 계시고 하나님 아버지께서 예수님 안에 계심을 믿어야 합니다.

하나님 아버지께서 보내셔서 세상에 오신 예수님은 아버지 안에 계시고, 하나님 아버지는 예수님 안에 계십니다. 예수님은 "내가 아버지 안에 있고 아버지께서 내 안에 계심을 믿으라"고 말씀하셨습니다(요 14:10-11). 예수님께서 이르신 말씀은 예수님 스스로 하신 것이 아니라 아버지께서 예수님 안에 계셔서 일을 하시는 것이었습니다. 또 예수님이 행하신 일은 아버지의 일을 행하신 것이었습니다(요10:37-38). 그러므로 우리는 예수님이 하나님 아버지 안에 계시고, 하나님 아버지께서 예수님 안에 계심을 믿어야 합니다. 우리가 예수님께서 아버지의 일을 행하신 것을 믿으면 아버지께서 예수님 안에 계시고 예수님이 아버지 안에 계심을 깨달아 알 수 있습니다.

요14:10-11   "내가 아버지 안에 거하고 아버지는 내 안에 계신 것을 네가 믿지 아니하느냐 내가 너희에게 이르는 말은 스스로 하는 것이 아니라 아버지께서 내 안에 계셔서 그의 일을 하시는 것이라 내가 아버지 안에 거하고 아버지께서 내 안에 계심을 믿으라 그렇지 못하겠거든 행하는 그 일로 말미암아 나를 믿으라"

요10:37-38 "만일 내가 내 아버지의 일을 행하지 아니하거든 나를 믿지 말
려니와 내가 행하거든 나를 믿지 아니할지라도 그 일은 믿으라
그러면 너희가 아버지께서 내 안에 계시고 내가 아버지 안에 있
음을 깨달아 알리라"

④ 예수님의 죽었다가 다시 사심(부활)을 믿어야 합니다.

예수님은 우리의 범죄 함을 위하여 십자가에 죽으시고 우리를 의롭
다 하심을 위하여 다시 살아나셨습니다(롬4:25). 만일 예수 그리스도
께서 다시 살지 못하셨으면 우리 믿음도 헛것일 것이며(고전15;14),
우리가 여전히 죄 가운데 있을 것입니다(고전15:17). 그러므로 우리
는 예수님의 죽었다가 사심을 믿어야 합니다(살전4:14). 하나님은 예
수님을 죽은 자 가운데서 다시 살리신 것으로 모든 사람에게 믿을 만
한 증거를 주셨습니다(행17:31).

롬4:25   "예수는 우리가 범죄한 것 때문에 내줌이 되고 또한 우리를 의
롭다 하시기 위하여 살아나셨느니라"

고전15:14   "그리스도께서 만일 다시 살아나지 못하셨으면 우리가 전파하
는 것도 헛것이요 또 너희 믿음도 헛것이며"

고전15:17   "그리스도께서 다시 살아나신 일이 없으면 너희의 믿음도 헛되
고 너희가 여전히 죄 가운데 있을 것이요"

살전4:14   "우리가 예수께서 죽으셨다가 다시 살아나심을 믿을진대 예수
안에서 자는 자들도 하나님이 그와 함께 데리고 오시리라"

행17:31   "이는 정하신 사람으로 하여금 천하를 공의로 심판할 날을 작
정하시고 이에 그를 죽은 자 가운데서 다시 살리신 것으로 모든
사람에게 믿을 만한 증거를 주셨음이니라"

⑤ 우리가 예수님의 은혜로 구원 받는 줄을 믿어야 합니다.

예수님은 우리의 구주십니다(마1:21). 예수님은 죄인을 구원하려
고 세상에 오셨으며(딤전1:15), 세상에 오신 예수님은 고난으로 순종
함을 배워서 온전하게 되어 구원의 근원이 되셨습니다(히5:8-9). 그
리고 승천하신 예수님은 항상 살아 계셔서 우리를 위하여 간구하시
며 온전히 구원하십니다(히7:24-25). 또 예수님은 천국에 들어가는
구원에 이르게 하기 위하여 자기를 바라는 자들에게 두 번째 나타나
실 것입니다(히9:28). 그러므로 우리는 주 예수님의 은혜로 구원 받
는 줄을 믿어야 합니다(행15:11). 우리는 오직 예수님으로만 구원을
받을 수 있습니다(행4:12).

마1:21   "아들을 낳으리니 이름을 예수라 하라 이는 그가 자기 백성을
그들의 죄에서 구원할 자이심이라 하니라"

딤전1:15   "미쁘다 모든 사람이 받을 만한 이 말이여 그리스도 예수께서
죄인을 구원하시려고 세상에 임하셨다 하였도다 죄인 중에 내
가 괴수니라"

히5:8-9   "그가 아들이시면서도 받으신 고난으로 순종함을 배워서 온전
하게 되셨은즉 자기에게 순종하는 모든 자에게 영원한 구원의
근원이 되시고"

히7:24-25   "예수는 영원히 계시므로 그 제사장 직분도 갈리지 아니하느니
             라 그러므로 자기를 힘입어 하나님께 나아가는 자들을 온전히
             구원하실 수 있으니 이는 그가 항상 살아 계셔서 그들을 위하여
             간구하심이라"

히9:28   "이와 같이 그리스도도 많은 사람의 죄를 담당하시려고 단번에
             드리신 바 되셨고 구원에 이르게 하기 위하여 죄와 상관 없이
             자기를 바라는 자들에게 두 번째 나타나시리라"

행15:11   "그러나 우리는 그들이 우리와 동일하게 주 예수의 은혜로 구원
             받는 줄을 믿노라 하니라"

행4:12   "다른 이로써는 구원을 받을 수 없나니 천하 사람 중에 구원을
             받을만한 다른 이름을 우리에게 주신 일이 없음이라 하였더라"

3) 하나님의 말씀을 믿어야 합니다.

우리는 하나님 아버지를 믿고 예수님을 믿어야 합니다. 그런데 하나
님 아버지를 믿고 예수님을 믿는 믿음은 하나님의 말씀을 들음에서 납
니다. 그러므로 우리는 하나님의 말씀을 믿어야 합니다. 하나님은 선
지자들을 통하여 여러 부분과 여러 모양으로 말씀하셨고 마지막에는
아들(예수님)을 통하여 말씀하셨습니다(히1:1-2). 그리고 하나님의
말씀이 성경에 기록되어 있습니다. 성경(모세의 율법과 선지자의 글
과 시편)은 예수님을 가리켜 기록하였습니다(눅24:44). 즉 모세가 율
법에 예수님을 기록하였고 여러 선지자가 예수님을 기록하였습니다(
요1:45). 그런데 성경은 우리로 하여금 그리스도 예수 안에 있는 믿음
으로 말미암아 구원에 이르게 하는 지혜가 있게 하며, 모든 성경은 하

나님의 감동으로 된 것으로 교훈과 책망과 바르게 함과 의로 교육하기에 유익합니다(딤후3:15-16). 그러므로 우리는 성경에 기록된 것(율법과 선지자들의 글)을 다 믿어야 합니다(행24:14). 그리고 우리는 예수님이 하신 말씀을 믿어야 합니다. 우리가 예수님의 말씀을 듣고 그를 보내신 하나님 아버지를 믿으면 영생을 얻습니다(요5:24). 모세의 글을 믿는 자는 예수님의 말씀을 믿습니다(요5:46-47).

히1:1-2　　“옛적에 선지자들을 통하여 여러 부분과 여러 모양으로 우리 조상들에게 말씀하신 하나님이 이 모든 날 마지막에는 아들을 통하여 우리에게 말씀하셨으니 이 아들을 만유의 상속자로 세우시고 또 그로 말미암아 모든 세계를 지으셨느니라”

눅24:44　　“또 이르시되 내가 너희와 함께 있을 때에 너희에게 말한바 곧 모세의 율법과 선지자의 글과 시편에 나를 가리켜 기록된 모든 것이 이루어져야 하리라 한 말이 이것이라 하시고”

요1:45　　“빌립이 나다나엘을 찾아 이르되 모세가 율법에 기록하였고 여러 선지자가 기록한 그이를 우리가 만났으니 요셉의 아들 나사렛 예수니라”

딤후3:15-17 “또 어려서부터 성경을 알았나니 성경은 능히 너로 하여금 그리스도 예수 안에 있는 믿음으로 말미암아 구원에 이르는 지혜가 있게 하느니라 모든 성경은 하나님의 감동으로 된 것으로 교훈과 책망과 바르게 함과 의로 교육하기에 유익하니 이는 하나님의 사람으로 온전하게 하며 모든 선한 일을 행할 능력을 갖추게 하려 함이라”

행24:14 "그러나 이것을 당신께 고백하리이다 나는 그들이 이단이라 하
는 도를 따라 조상의 하나님을 섬기며 율법과 선지자들의 글에
기록된 것을 다 믿으며"

요5:24 "내가 진실로 진실로 너희에게 이르노니 내 말을 듣고 또 나 보
내신 이를 믿는 자는 영생을 얻었고 심판에 이르지 아니하나니
사망에서 생명으로 옮겼느니라"

요5:46-47 "모세를 믿었더라면 또 나를 믿었으리니 이는 그가 내게 대하
여 기록하였음이라 그러나 그의 글도 믿지 아니하거든 어찌 내
말을 믿겠느냐 하시니라"

성경에 기록된 말씀이 하나님의 말씀입니다. 그러므로 우리는 성경
에 기록된 말씀 밖으로 넘어 가지 말아야 하며(고전4:6), 성경에 기
록된 말씀을 더하거나 제하여 버리지 말아야 하고(잠30:6, 계22:18-
19), 성경에 기록된 하나님의 말씀을 혼잡하게 하지 아니하고 오직
진리를 나타내며(고후4:2), 성경에 기록된 하나님 말씀의 어려운 것
을 억지로 풀지 말아야 합니다(벧후3:16). 성경의 모든 예언은 사람
의 뜻으로 낸 것이 아니요 오직 성령의 감동하심을 받은 자들이 하나
님께 받아 말한 것이기에 성경의 모든 예언은 사사로이 풀 것이 아닙
니다(벧후1:20-21).

고전4:6 "형제들아 내가 너희를 위하여 이 일에 나와 아볼로를 들어서
본을 보였으니 이는 너희로 하여금 기록된 말씀 밖으로 넘어가
지 말라 한 것을 우리에게서 배워 서로 대적하여 교만한 마음을

가지지 말게 하려 함이라"

잠30:6 "너는 그의 말씀에 더하지 말라 그가 너를 책망하시겠고 너는 거짓말하는 자가 될까 두려우니라"

계22:18-19 "내가 이 두루마리의 예언의 말씀을 듣는 모든 사람에게 증언하노니 만일 누구든지 이것들 외에 더하면 하나님이 이 두루마리에 기록된 재앙들을 그에게 더하실 것이요 만일 누구든지 이 두루마리의 예언의 말씀에서 제하여 버리면 하나님이 이 두루마리에 기록된 생명나무와 및 거룩한 성에 참여함을 제하여 버리시리라"

고후4:2 "이에 숨은 부끄러움의 일을 버리고 속임으로 행하지 아니하며 하나님의 말씀을 혼잡하게 하지 아니하고 오직 진리를 나타냄으로 하나님 앞에서 각 사람의 양심에 대하여 스스로 추천하노라"

벧후3:16 "또 그 모든 편지에도 이런 일에 관하여 말하였으되 그 중에 알기 어려운 것이 더러 있으니 무식한 자들과 굳세지 못한 자들이 다른 성경과 같이 그것도 억지로 풀다가 스스로 멸망에 이르느니라"

벧후1:20-21 "먼저 알 것은 성경의 모든 예언은 사사로이 풀 것이 아니니 예언은 언제든지 사람의 뜻으로 낸 것이 아니요 오직 성령의 감동하심을 받은 사람들이 하나님께 받아 말한 것임이라"

① 하나님의 말씀을 진리로 믿어야 합니다.

하나님의 말씀은 진리이며(요17:17), 하나님은 우리를 택하사 성령의 거룩하게 하심과 진리를 믿음으로 구원을 받게 하셨습니다(살후2:13). 곧 하나님이 진리의 말씀으로 우리를 낳으셨으며(약1:18), 우리는 그리스도 안에서 진리의 말씀 곧 구원의 복음을 듣고 그 안에서 또한 믿어 약속의 성령으로 인 치심을 받았습니다(엡1:13). 그러므로 우리는 진리의 말씀을 옳게 분별하며(딤후2:15), 하나님의 말씀을 혼잡하게 하지 아니하고 오직 진리를 나타내야 합니다(고후4:2).

요17:17　　"그들을 진리로 거룩하게 하옵소서 아버지의 말씀은 진리니이다"

살전2:13　　"주께서 사랑하시는 형제들아 우리가 항상 너희에 관하여 마땅히 하나님께 감사할 것은 하나님이 처음부터 너희를 택하사 성령의 거룩하게 하심과 진리를 믿음으로 구원을 받게 하심이니"

약1:18　　"그가 그 피조물 중에 우리로 한 첫 열매가 되게 하시려고 자기의 뜻을 따라 진리의 말씀으로 우리를 낳으셨느니라"

엡1:13　　"그 안에서 너희도 진리의 말씀 곧 구원의 복음을 듣고 그 안에서 또한 믿어 약속의 성령으로 인치심을 받았으니"

딤후2:15　　"너는 진리의 말씀을 옳게 분별하며 부끄러울 것이 없는 일꾼으로 인정된 자로 자신을 하나님 앞에 드리기를 힘쓰라"

고후4:2　　"이에 숨은 부끄러움의 일을 버리고 속임으로 행하지 아니하며 하나님의 말씀을 혼잡하게 하지 아니하고 오직 진리를 나타냄으로 하나님 앞에서 각 사람의 양심에 대하여 스스로 추천하노라"

㉮ 예수님과 성령님이 진리이십니다.

예수님이 진리이십니다(요14:6). 진리가 예수님 안에 있고(엡4:21), 세상에 오신 예수님은 진리가 충만하셨습니다(요1:14). 그리고 예수님은 진리에 대하여 증언하려 오셨으며(요18:37), 예수님은 하나님께 들은 진리를 말씀하셨습니다(요8:40). 그러나 유대인들은 예수님이 진리를 말씀하므로 예수님을 믿지 아니하였습니다(요8:45). 또한 성령님이 진리이시며(요일5:6), 진리의 영이십니다(요14;17). 그리고 진리의 성령님이 우리를 모든 진리 가운데로 인도하십니다(요16:13).

요14:6	"예수께서 이르시되 내가 곧 길이요 진리요 생명이니 나로 말미암지 않고는 아버지께로 올 자가 없느니라"
엡4:21	"진리가 예수 안에 있는 것 같이 너희가 참으로 그에게서 듣고 또한 그 안에서 가르침을 받았을진대"
요1:14	"말씀이 육신이 되어 우리 가운데 거하시매 우리가 그의 영광을 보니 아버지의 독생자의 영광이요 은혜와 진리가 충만하더라"
요18:37	"빌라도가 이르되 그러면 네가 왕이 아니냐 예수께서 대답하시되 네 말과 같이 내가 왕이니라 내가 이를 위하여 태어났으며 이를 위하여 세상에 왔나니 곧 진리에 대하여 증언하려 함이로라 무릇 진리에 속한 자는 내 음성을 듣느니라 하신대"
요8:40	"지금 하나님께 들은 진리를 너희에게 말한 사람인 나를 죽이려 하는도다 아브라함은 이렇게 하지 아니하였느니라"
요8:45	"내가 진리를 말하므로 너희가 나를 믿지 아니하느니라"
요일5:6	"이는 물과 피로 임하신 이시니 곧 예수 그리스도시라 물로만 아니요 물과 피로 임하셨고 증언하는 이는 성령이시니 성령은 진리니라"
요14:17	"그는 진리의 영이라 세상은 능히 그를 받지 못하나니 이는 그

를 보지도 못하고 알지도 못함이라 그러나 너희는 그를 아나니
그는 너희와 함께 거하심이요 또 너희 속에 계시겠음이라"

요16:13 　"그러나 진리의 성령이 오시면 그가 너희를 모든 진리 가운데
로 인도하시리니 그가 스스로 말하지 않고 오직 들은 것을 말하
며 장래 일을 너희에게 알리시리라"

㉯ 하나님은 모든 사람이 진리를 아는 데에 이르기를 원하십니다.

　하나님은 모든 사람이 구원을 받으며 진리를 아는 데에 이르기를
원하시며(딤전2:4), 하나님은 회개함을 주셔서 진리를 알게 하십니다
(딤후2:25). 그러므로 우리는 진리를 알아야 합니다. 믿는 자들은 곧
진리를 아는 자들입니다(딤전4:3). 사도 바울은 믿음과 진리 안에서
이방인의 스승이 되었습니다(딤전2:7). 우리가 예수님의 말씀에 거하
면 진리를 알게 되며(요8:31-32), 진리를 아는 우리는 짐짓 죄를 범
하지 말아야 합니다(히10:26-27). 그리고 우리는 진리를 거슬러 거
짓말하지 말아야 합니다(약3:14).　또한 진리를 아는 우리는 그리스
도의 진리가 우리 안에 있어야 하며(고후11:10), 진리 안에서 행해야
합니다(요삼1:3-4).

딤전2:4 　"하나님은 모든 사람이 구원을 받으며 진리를 아는 데에 이르기
를 원하시느니라"

딤후2:25 　"거역하는 자를 온유함으로 훈계할지니 혹 하나님이 회개함을
주사 진리를 알게 하실까 하며"

딤전4:3 　"혼인을 금하고 어떤 음식물은 먹지 말라고 할 터이나 음식물

은 하나님이 지으신 바니 믿는 자들과 진리를 아는 자들이 감
사함으로 받을 것이니라"

딤전2:7 "이를 위하여 내가 전파하는 자와 사도로 세움을 입은 것은 참
말이요 거짓말이 아니니 믿음과 진리 안에서 내가 이방인의 스
승이 되었노라"

요8:31-32 "그러므로 예수께서 자기를 믿은 유대인들에게 이르시되 너희
가 내 말에 거하면 참으로 내 제자가 되고 진리를 알지니 진리
가 너희를 자유롭게 하리라"

히10:26-27 "우리가 진리를 아는 지식을 받은 후 짐짓 죄를 범한즉 다시 속
죄하는 제사가 없고 오직 무서운 마음으로 심판을 기다리는 것
과 대적하는 자를 태울 맹렬한 불만 있으리라"

약3:14 "그러나 너희 마음 속에 독한 시기와 다툼이 있으면 자랑하지
말라 진리를 거슬러 거짓말하지 말라"

고후11:10 "그리스도의 진리가 내 속에 있으니 아가야 지방에서 나의 이
자랑이 막히지 아니하리라"

요삼1:3-4 "형제들이 와서 네게 있는 진리를 증언하되 네가 진리 안 에서
행한다 하니 내가 심히 기뻐하노라 내가 내 자녀들이 진리 안에
서 행한다 함을 듣는 것보다 더 기쁜 일이 없도다"

㉱ 진리를 믿지 않고 대적하며 배반하는 자들이 있습니다.

진리를 믿지 않는 자들이 있습니다. 그리고 진리를 대적하는 자들
이 있고(딤후3:8), 진리를 배반하는 자들이 있습니다(딛1:14). 하나님
은 진리를 믿지 않고 불의를 좋아 하는 모든 자들로 하여금 심판을 받

게 하려고 미혹의 역사를 그들에게 보내사 거짓 것을 믿게 하십니다(살후2:11-12). 그리고 하나님은 진리를 따르지 아니하고 불의를 따르는 자에게는 진노와 분노로 보응하십니다(롬2:8). 그런데 마귀는 진리가 그 속에 없으므로 진리에 서지 못하고 거짓을 말할 때마다 제 것으로 말합니다(요8:44). 그래서 마귀에게 속한 자 곧 세상에 속한 자는 세상에 속한 말(거짓 말)을 하고 또 세상에 속한 자가 하는 말(거짓 말)을 듣습니다(요일4:5). 그러나 하나님께 속한 자는 하나님께 속한 말(진리)을 하고 또 하나님께 속한 자가 하는 말을 듣습니다(요일4:6). 하나님이 주신 구원을 받지 못한 자들은 진리의 사랑을 받지 아니하며(살후2:9-10), 항상 배우나 진리의 지식에 이를 수 없고(딤후3:7), 하나님의 진리를 거짓 것으로 바꾸어 피조물을 조물주보다 더 경배하고 섬기며(롬1:25), 그 귀를 진리에서 돌이켜 허탄한 이야기를 따릅니다(딤후4:4).

딤후3:8　　　 "얀네와 얌브레가 모세를 대적한 것 같이 그들도 진리를 대적하니 이 사람들은 그 마음이 부패한 자요 믿음에 관하여는 버림받은 자들이라"

딛1:14　　　 "유대인의 허탄한 이야기와 진리를 배반하는 사람들의 명령을 따르지 않게 하려 함이라"

살후2:11-12 "이러므로 하나님이 미혹의 역사를 그들에게 보내사 거짓 것을 믿게 하심은 진리를 믿지 않고 불의를 좋아하는 모든 자들로 하여금 심판을 받게 하려 하심이라"

요8:44　　　 "너희는 너희 아비 마귀에게서 났으니 너희 아비의 욕심 대로 너희도 행하고자 하느니라 그는 처음부터 살인한 자요 진리가 그 속에 없으므로 진리에 서지 못하고 거짓을 말할 때마다 제 것으로 말하나니 이는 그가 거짓말 쟁이요 거짓의 아비가 되었음이라"

요일4:5 "그들은 세상에 속한 고로 세상에 속한 말을 하매 세상이 그들의 말을 듣느니라"

요일4:6 "우리는 하나님께 속하였으니 하나님을 아는 자는 우리의 말을 듣고 하나님께 속하지 아니하는 자는 우리의 말을 듣지 아니하나니 진리의 영과 미혹의 영을 이로써 아느니라"

살후2:9-10 "악한 자의 나타남은 사탄의 활동을 따라 모든 능력과 표적과 거짓 기적과 불의의 모든 속임으로 멸망하는 자들에게 있으리니 이는 그들이 진리의 사랑을 받지 아니 하여 구원함을 받지 못함이라"

롬1:25 "이는 그들이 하나님의 진리를 거짓 것으로 바꾸어 피조물을 조물주보다 더 경배하고 섬김이라 주는 곧 영원히 찬송할 이시로다 아멘"

딤후4:4 "또 그 귀를 진리에서 돌이켜 허탄한 이야기를 따르리라"

② 하나님의 말씀을 복음으로 들어야 합니다.

하나님의 말씀은 구원의 복음입니다. 우리는 진리의 말씀 곧 구원의 복음을 듣고 믿어 약속의 성령으로 인치심을 받았습니다(엡1:13). 그러므로 우리는 복음 진리의 말씀을 듣고(골1:5), 복음의 진리가 항상 우리 가운데 있어야 합니다(갈2:5). 복음은 하나님의 아들 예수 그리스도의 복음이며(막1:1), 하나님이 선지자들을 통하여 그 아들에 관하여 성경에 미리 약속하신 것입니다(롬1:2). 그리고 복음은 모든 믿는 자에게 구원을 주시는 하나님의 능력이 됩니다(롬1:16). 또한 복음에는 하나님의 의가 나타나서 믿음으로 믿음에 이르게 합니다(롬1:17).

엡1:13	"그 안에서 너희도 진리의 말씀 곧 너희의 구원의 복음을 듣고 그 안에서 또한 믿어 약속의 성령으로 인치심을 받았으니"
골1:5	"너희를 위하여 하늘에 쌓아 둔 소망으로 말미암음이니 곧 너희가 전에 복음 진리의 말씀을 들은 것이라"
갈2:5	"그들에게 우리가 한시도 복종하지 아니하였으니 이는 복음의 진리가 항상 너희 가운데 있게 하려 함이라"
막1:1	"하나님의 아들 예수 그리스도의 복음의 시작이라"
롬1:2	"이 복음은 하나님이 선지자들을 통하여 그의 아들에 관하여 성경에 미리 약속하신 것이라"
롬1:16	"내가 복음을 부끄러워하지 아니하노니 이 복음은 모든 믿는 자에게 구원을 주시는 하나님의 능력이 됨이라 먼저는 유대인에게요 그리고 헬라인에게라"
롬1:17	"복음에는 하나님의 의가 나타나서 믿음으로 믿음에 이르게 하나니 기록된 바 오직 의인은 믿음으로 말미암아 살리라 함과 같으니라"

㉮ 예수님이 복음을 전파하셨고 사도들이 복음을 전파하였습니다.

예수님이 하나님의 복음을 전파하셨습니다(막1:14-15). 예수님은 사망을 폐하시고 복음으로써 생명과 썩지 아니할 것을 드러내셨습니다(딤후1:10). 그리고 예수님은 사도들에게 온 천하에 다니며 만민에게 복음을 전파하라고 명하셨습니다(막16:15). 그래서 하나님의 나라의 복음이 전파되어 사람마다 그리로 침입합니다(눅16:16). 그리하여 이방인(불신자)들이 복음으로 말미암아 그리스도 예수 안에서 함께 상속자가 되고 함께 지체가 되고 함께 약속에 참여하는 자가 됩니다(엡3:6). 우리도 그리스도 안에서 구원의 복음을 듣고 그 안에서 또한 믿어 약속의 성령으로 인치심을 받았습니다(엡1:13).

막1:14-15 "요한이 잡힌 후 예수께서 갈릴리에 오셔서 하나님의 복음을 전파하여 이르시되 때가 찼고 하나님의 나라가 가까이 왔으니 회개하고 복음을 믿으라 하시더라"

딤후1:10 "이제는 우리 구주 그리스도 예수의 나타나심으로 말미암아 나타났으니 그는 사망을 폐하시고 복음으로써 생명과 썩지 아니할 것을 드러내신지라"

막16:15 "또 이르시되 너희는 온 천하에 다니며 만민에게 복음을 전파하라"

눅16:16 "율법과 선지자는 요한의 때까지요 그 후부터는 하나님의 나라의 복음이 전파되어 사람마다 그리로 침입하느니라"

엡3:6 "이는 이방인들이 복음으로 말미암아 그리스도 예수 안에서 함께 상속자가 되고 함께 지체가 되고 함께 약속에 참여하는 자가 됨이라"

엡1:13 "그 안에서 너희도 진리의 말씀 곧 구원의 복음을 듣고 그 안에서 또한 믿어 약속의 성령으로 인치심을 받았으니"

④ 마귀는 복음을 방해하며 다른 복음을 전하게 합니다.

마귀는 예수 그리스도의 복음을 방해합니다. 이 세상의 신 곧 마귀는 믿지 아니하는 자들의 마음을 혼미하게 하여 그리스도의 영광의 복음의 광채가 비치지 못하게 합니다(고후4:4). 또한 마귀는 다른 복음을 전하게 합니다. 다른 복음은 없는데 다만 어떤 사람들이 그리스도의 복음을 변하게 하려 합니다(갈1:7). 그런데 다른 복음을 받게 할 때에는 사람들이 잘 용납합니다(고후11:4). 그러나 누구라도 다른 복음을 전하면 저주를 받습니다(갈1:8). 예수님이 재림하실 때에 예수님의 복음에 복종하지 않는 자들에게 영원한 멸망의 형벌을 내리실 것입니다(살후1:8).

고후4:4   "그 중에 이 세상의 신이 믿지 아니하는 자들의 마음을 혼미하게 하여 그리스도의 영광의 복음의 광채가 비치지 못하게 함이니 그리스도는 하나님의 형상이니라"

갈1:7   "다른 복음은 없나니 다만 어떤 사람들이 너희를 교란하여 그리스도의 복음을 변하게 하려 함이라"

고후11:4   "만일 누가 가서 우리가 전파하지 아니한 다른 예수를 전파하거나 혹은 너희가 받지 아니한 다른 영을 받게 하거나 혹은 너희가 받지 아니한 다른 복음을 받게 할 때에는 너희가 잘 용납하는구나"

갈1:8   "그러나 우리나 혹은 하늘로부터 온 천사라도 우리가 너희에게 전한 복음 외에 다른 복음을 전하면 저주를 받을지어다"

살후1:8   "하나님을 모르는 자들과 우리 주 예수의 복음에 복종하지 않

는 자들에게 형벌을 내리시리니 이런 자들은 주의 얼굴과 그의
힘의 영광을 떠나 영원한 멸망의 형벌을 받으리로다"

③ 하나님의 말씀을 그리스도의 교훈으로 받아 지켜야 합니다.

하나님의 말씀은 하나님의 교훈이며 예수 그리스도의 교훈입니다.
예수 그리스도의 교훈은 그를 보내신 하나님의 교훈이며(요7:16), 권
위 있는 새 교훈입니다(막1:27). 그리고 성경은 우리의 교훈을 위하
여 기록되었습니다(롬15:4). 그래서 모든 성경은 교훈하기에 유익하
며 하나님의 사람으로 온전하게 합니다(딤후3:16-17). 우리는 우리
에게 전해진 교훈의 본을 마음으로 순종하여 죄로부터 해방되어 의에
게 종이 되었습니다(롬6:17-18).

요7:16   "예수께서 대답하여 이르시되 내 교훈은 내 것이 아니요 나를
            보내신 이의 것이니라"
막1:27   "다 놀라 서로 물어 이르되 이는 어찜이냐 권위 있는 새교훈이
            로다 더러운 귀신들에게 명한즉 순종하는도다 하더라"
롬15:4   "무엇이든지 전에 기록된 바는 우리의 교훈을 위하여 기록된 것
            이니 우리로 하여금 인내로 또는 성경의 위로로 소망을 가지게
            함이니라"
딤후3:16-17 "모든 성경은 하나님의 감동으로 된 것으로 교훈과 책망과 바르
            게 함과 의로 교육하기에 유익하니 이는 하나님의 사람으로 온
            전하게 하며 모든 선한 일을 행할 능력을 갖추게 하려 함이라"
롬6:17-18   "하나님께 감사하리로다 너희가 본래 죄의 종이더니 너희에게

전하여 준바 교훈의 본을 마음으로 순종하여 죄로부터 해방되어 의에게 종이 되었느니라"

㉮ 하나님의 교훈 곧 그리스도의 교훈만이 바른 교훈입니다.

그리스도의 교훈은 바른 교훈이며 하나님의 영광의 복음을 따름입니다(딤전1:11), 그리고 그리스도의 교훈의 목적은 청결한 마음과 선한 양심과 거짓이 없는 믿음에서 나오는 사랑입니다(딤전1:5). 하나님의 교훈(그리스도의 교훈)만이 바른 교훈입니다. 우리는 바른 교훈에 합당한 것을 말하며(딛2:1), 바른 교훈으로 권면해야 합니다(딛1:9). 그래서 우리는 범사에 하나님의 교훈을 빛나게 해야 합니다(딛2:10). 또한 우리는 그리스도의 교훈 안에 거해야 합니다. 그리스도의 교훈 안에 거하는 자는 하나님과 아들(예수 그리스도)을 모십니다(요이1:9).

딤전1:11   "이 교훈은 내게 맡기신 바 복되신 하나님의 영광의 복음을 따름이니라"

딤전1:5   "이 교훈의 목적은 청결한 마음과 선한 양심과 거짓이 없는 믿음에서 나오는 사랑이거늘"

딛2:1   "오직 너는 바른 교훈에 합당한 것을 말하여"

딛1:9   "미쁜 말씀의 가르침을 그대로 지켜야 하리니 이는 능히 바른 교훈으로 권면하고 거슬러 말하는 자들을 책망하게 하려 함이라"

딛2:10   "훔치지 말고 오히려 모든 참된 신실성을 나타내게 하라 이는 범사에 우리 구주 하나님의 교훈을 빛나게 하려 함이라"

요이1:9   "지나쳐 그리스도의 교훈 안에 거하지 아니하는 자는 다 하나
          님을 모시지 못하되 교훈 안에 거하는 그 사람은 아버지와 아들
          을 모시느니라"

④ 그리스도의 교훈(하나님의 교훈)이 아니 다른 교훈이 있습니다.

다른 교훈은 하나님의 교훈을 사람의 교훈으로 바꾸어버린 것입니
다. 다른 교훈은 바리새인들과 사두개인들의 교훈이 있었고, 예수님
은 그들의 교훈을 삼가라고 말씀하셨습니다(마16:12). 그들은 사람의
계명으로 교훈을 삼아 가르쳤습니다(마15:9). 또 다른 교훈은 발람의
교훈과 니골라당의 교훈이 있었으며, 예수님은 그 교훈을 지키는 자
들을 책망하셨습니다(계2:14-15). 우리는 여러 가지 다른 교훈에 끌
리지 말아야 하며(히13:9), 다른 교훈을 가르치지 말아야 합니다(딤
전1:3). 그리고 우리는 그리스도의 교훈이 아닌 다른 교훈을 가지고
우리에게 나아오는 자는 집에 들이지도 말고 인사도 하지 말아야 합
니다(요이1:10). 왜냐하면 그에게 인사하는 자는 악한 일에 참여하는
자이기 때문입니다(요이1:11)

마16:12   "그제서야 제자들이 떡의 누룩이 아니요 바리새인과 사두개인
          들의 교훈을 삼가라고 말씀하신 줄을 깨달으니라"
마15:9   "사람의 계명으로 교훈을 삼아 가르치니 나를 헛되이 경배하는
          도다 하였느니라 하시고"
계2:14-15 "그러나 네게 두어 가지 책망할 것이 있나니 거기 네게 발람의
          교훈을 지키는 자들이 있도다 발람이 발락을 가르쳐 이스라엘

자손 앞에 걸림돌을 놓아 우상의 제물을 먹게 하였고 또 행음하게 하였느니라 이와 같이 네게도 니골라당의 교훈을 지키는 자들이 있도다"

히13:9   "여러 가지 다른 교훈에 끌리지 말라 마음은 은혜로써 굳게 함이 아름답고 음식으로써 할 것이 아니니 음식으로 말미암아 행한 자는 유익을 얻지 못하였느니라"

딤전1:3   "내가 마게도냐로 갈 때에 너를 권하여 에베소에 머물라 한 것은 어떤 사람들을 명하여 다른 교훈을 가르치지 말며"

요이1:10   "누구든지 이 교훈을 가지지 않고 너희에게 나아가거든 그를 집에 들이지도 말고 인사도 하지 말라"

요이1:11   "그에게 인사하는 자는 그 악한 일에 참여하는 자임이라"

우리는 하나님의 은혜에 의하여 믿음으로 말미암아 구원을 받았습니다. 믿음으로 말미암아 구원 받은 우리는 우리가 구원 받은 그 믿음이 무엇임을 알아야 합니다. 또한 믿음으로 말미암아 구원 받은 우리는 누구를 믿고 무엇을 믿어야 하는지를 알아야 합니다. 우리는 하나님 아버지를 믿어야 하고 예수 그리스도를 믿어야 합니다. 곧 우리는 예수님께서 하나님의 아들 그리스도이심을 믿어야 하고, 하나님 아버지께서 예수님을 보내신 것을 믿어야 하며, 예수님이 하나님 아버지 안에 계시고 하나님 아버지께서 예수님 안에 계심을 믿어야 하며, 예수님의 죽었다가 다시 사심(부활)을 믿어야 하고, 우리가 예수님의 은혜로 구원 받는 줄을 믿어야 합니다. 또한 우리는 하나님의 말씀을 믿어야 합니다. 곧 우리는 하나님의 말씀을 진리로 믿어야 하고, 하나님의 말씀을 복음으로 들어야 하며, 하나님의 말씀을 교훈으로 받아 지켜야 합니다.

3. 예수 그리스도를 믿으면 어떻게 되는가?

하나님의 은혜에 의하여 믿음으로 말미암아 하나님이 주신 구원을 받은 우리는 믿음이 무엇인지를 알아야 하고, 누구를 믿고 무엇을 믿어야 하는가를 알아야 합니다. 그래서 우리는 하나님이 주신 믿음과 하나님의 말씀대로 예수 그리스도를 믿어야 합니다. 또한 우리는 예수 그리스도를 믿으면 어떻게 되는가를 알아야 합니다. 그러면 우리가 예수 그리스도를 믿으면 어떻게 될까요?

1) 예수 그리스도를 믿으면 구원을 받습니다.

우리가 주 예수를 믿으면 구원을 받습니다(행16:31). 곧 우리가 우리 입으로 예수 그리스도를 주로 시인하며 하나님께서 예수 그리스도를 죽은 자 가운데서 살리신 것을 마음에 믿으면 구원을 받습니다(롬10:9). 우리가 마음으로 믿어 의에 이르고 입으로 시인하여 구원에 이릅니다(롬10:10). 우리는 하나님의 은혜를 인하여 믿음으로 말미암아 구원을 받았습니다(엡2:8). 그리고 우리는 믿음의 결국 곧 영혼의 구원을 받았음으로 예수님을 사랑하며 말할 수 없는 영광스러운 즐거움으로 기뻐합니다(벧전1:18-19).

행16:31　　　"이르되 주 예수를 믿으라 그리하면 너와 네 집이 구원을 받으리라"

롬10:9	"네가 만일 네 입으로 예수를 주로 시인하며 또 하나님께서 그를 죽은 자 가운데서 살리신 것을 네 마음에 믿으면 구원을 받으리라"
롬10:10	"사람이 마음으로 믿어 의에 이르고 입으로 시인하여 구원에 이르느니라"
엡2:8	"너희는 그 은혜에 의하여 믿음으로 말미암아 구원을 받았으니 이것은 너희에게서 난 것이 아니요 하나님의 선물이라"
벧전1:18-19	"예수를 너희가 보지 못하였으나 사랑하는도다 이제도 보지 못하나 믿고 말할 수 없는 영광스러운 즐거움으로 기뻐하니 믿음의 결국 곧 영혼의 구원을 받음이라"

2) 예수 그리스도를 믿으면 영생을 얻습니다.

예수 그리스도를 믿음으로 구원을 받는 것은 곧 영생을 얻는 것입니다. 하나님은 예수님을 믿는 자마다 멸망하지 않고 영생을 얻게 하려고 그를 주셨으며(요3:16), 예수님은 그를 믿는 자마다 영생을 얻게 하려고 십자가에 달려 죽으셨습니다(요3:14-15). 하나님 아버지의 뜻은 아들을 보고 믿는 자마다 영생을 얻는 것입니다(요6:40). 그러므로 예수님을 믿는 자는 영생이 있고(요3:36), 영생을 가졌습니다(요6:47). 곧 예수님의 말씀을 듣고 예수님을 보내신 하나님 아버지를 믿는 자는 영생을 얻었고 사망에서 생명으로 옮겼습니다(요5:24). 그러므로 우리는 하나님의 아들의 이름을 믿는 우리에게 영생이 있음을 알아야 합니다(요일5:13).

요3:15-16	"이는 그를 믿는 자마다 영생을 얻게 하려 하심이니라 하나님 이 세상을 이처럼 사랑하사 독생자를 주셨으니 이는 그를 믿는 자마다 멸망하지 않고 영생을 얻게 하려 하심이라"
요3:14-15	"모세가 광야에서 뱀을 든 것 같이 인자도 들려야 하리니 이는 그를 믿는 자마다 영생을 얻게 하려 하심이니라"
요6:40	"내 아버지의 뜻은 아들을 보고 믿는 자마다 영생을 얻는 이것 이니 마지막 날에 내가 이를 다시 살리리라 하시니라"
요3:36	"아들을 믿는 자에게는 영생이 있고 아들에게 순종하지 아니하 는 자는 영생을 보지 못하고 도리어 하나님의 진노가 그 위에 머물러 있느니라"
요6:47	"진실로 진실로 너희에게 이르노니 믿는 자는 **영생을 가졌나니**"
요5:24	"내가 진실로 진실로 너희에게 이르노니 **내 말을 듣고 또 나 보 내신 이를 믿는 자는 영생을 얻었고 심판에 이르지 아니하나니 사망에서 생명으로 옮겼느니라**"
요일5:13	"내가 하나님의 아들의 이름을 믿는 너희에게 이것을 쓴 것은 너희로 하여금 너희에게 영생이 있음을 알게 하려함이라"

3) 예수 그리스도를 믿으면 의롭게 됩니다.

예수 그리스도를 믿음으로 구원을 받은 자 곧 영생을 얻은 자는 의 롭게 된 자입니다. 사람이 의롭게 된 것은 율법의 행위에서 난 것이 아니요 오직 예수 그리스도를 믿음으로 말미암습니다. 그래서 우리 도 예수 그리스도를 믿고 의롭다 함을 얻었습니다(갈2:16). 하나님은 경건하지 아니한 자를 의롭다 하시며 이를 믿는 자의 믿음을 의로 여기십니다(롬4:5). 곧 하나님은 예수님을 믿는 자를 의롭다 하십니다 (롬3:26). 하나님은 할례자(유대인)도 믿음으로 말미암아 또는 무 할 례자(이방인)도 믿음으로 말미암아 의롭다 하십니다(롬3:30). 그래서 율법은 믿음으로 말미암아 의롭다 함을 얻게 하려고 우리를 그리스도 에게로 인도하며(갈3:24), 그리스도는 모든 믿는 자에게 의를 이루기 위하여 율법의 마침이 되십니다(롬10:4). 그러므로 우리가 가진 의는 그리스도를 믿음으로 말미암는 의 곧 믿음으로 하나님께로부터 난 의 입니다(빌3:9).

갈2:16   "사람이 의롭게 되는 것은 율법의 행위로 말미암음이 아니요 오 직 예수 그리스도를 믿음으로 말미암는 줄 알므로 우리도 그리 스도 예수를 믿나니 이는 우리가 율법의 행위로써가 아니고 그 리스도를 믿음으로써 의롭다 함을 얻으려 함이라 율법의 행위 로써는 의롭다 함을 얻을 육체가 없느니라"

롬4:5   "일을 아니할지라도 경건하지 아니한 자를 의롭다 하시는 이를 믿는 자에게는 그의 믿음을 의로 여기시나니"

롬3:26   "곧 이 때에 자기의 의로우심을 나타내사 자기도 의로우시며 또 한 예수 믿는 자를 의롭다 하려 하심이라"

롬3:30   "할례자도 믿음으로 말미암아 또한 무할례자도 믿음으로 말미 암아 의롭다 하실 하나님은 한 분이시니라"

갈3:24   "이같이 율법이 우리를 그리스도께로 인도하는 초등교사가 되 어 우리로 하여금 믿음으로 말미암아 의롭다 함을 얻게하려 함 이라"

롬10:4 　　"그리스도는 모든 믿는 자에게 의를 이루기 위하여 율법의 마침
　　　　　이 되시니라"

빌3:9 　　"그 안에서 발견되려 함이니 내가 가진 의는 율법에서 난 것이
　　　　　아니요 오직 그리스도를 믿음으로 말미암은 것이니 곧 믿음으
　　　　　로 하나님께로부터 난 의라"

4) 예수 그리스도를 믿으면 하나님의 자녀가 됩니다.

예수 그리스도를 믿음으로 구원을 받은 자 곧 영생을 얻은 자요 의
롭게 된 자는 하나님의 자녀입니다. 하나님께서 예수님을 영접하는
자 곧 그 이름을 믿는 자들에게는 하나님의 자녀가 되는 권세를 주셨
습니다(요1:12). 곧 하나님께서 창세전에 그리스도 안에서 우리를 택
하시고 그 기쁘신 뜻대로 우리를 예정하사 예수 그리스도로 말미암아
자기의 아들들이 되게 하셨습니다(엡1:4-5). 그리고 하나님은 그 아
들을 보내셔서 여자에게서 나게 하시고 율법 아래에 나게 하셔서 율법
아래에 있는 자들을 속량하시고 우리로 아들의 명분을 얻게 하셨습니
다(갈4:4-5). 그래서 우리가 다 믿음으로 말미암아 그리스도 예수 안
에서 하나님의 아들이 되었습니다(갈3:26). 그러므로 우리는 종이 아
니요 하나님으로 말미암아 유업을 받을 하나님의 아들입니다(갈4:7).

요1:12 　　"영접하는 자 곧 그 이름을 믿는 자들에게는 하나님의 자녀가
　　　　　되는 권세를 주셨으니"

엡1:4-5 　　"곧 창세 전에 그리스도 안에서 우리를 택하사 우리로 사랑 안
　　　　　에서 그 앞에 거룩하고 흠이 없게 하시려고 그 기쁘신 뜻대로

우리를 예정하사 예수 그리스도로 말미암아 자기의 아들들이 되게 하셨으니"

갈4:4-5   "때가 차매 하나님이 그 아들을 보내사 여자에게서 나게 하시고 율법 아래에 나게 하신 것은 율법 아래에 있는 자들을 속량하시고 우리로 아들의 명분을 얻게 하려 하심이라"

갈3:26   "너희가 다 믿음으로 말미암아 그리스도 예수 안에서 하나님의 아들이 되었으니"

갈4:7   "그러므로 네가 이 후로는 종이 아니요 아들이니 아들이면 하나님으로 말미암아 유업을 받을 자니라"

5) 예수 그리스도를 믿으면 성령을 받습니다.

예수 그리스도를 믿음으로 구원을 받아 하나님의 자녀가 된 자들에게 하나님께서 성령을 주십니다. 그래서 예수님은 믿는 자들의 받을 성령을 가리켜 "나를 믿는 자는 그 배에서 생수의 강이 흘러나오리라"고 말씀하셨습니다(요7:38-39). 그리고 예수님은 우리로 하여금 믿음으로 말미암아 약속의 성령을 받게 하려고 십자가에 죽으셨습니다(갈3:13-14). 또 승천하신 예수님은 성령을 부어주셨습니다(행2:33). 곧 하나님이 우리가 주 예수 그리스도를 믿을 때에 성령을 주셨습니다(행11:17). 이는 우리가 듣고 믿음으로 성령을 받은 것입니다(갈3:2). 우리가 하나님의 아들이므로 하나님이 그 아들의 영(성령)을 우리 마음 가운데 보내셨습니다(갈4:6). 곧 우리가 그리스도 안에서 진리의 말씀 곧 구원의 복음을 듣고 또한 믿어 약속의 성령으로 인치심을 받은 것입니다(엡1:13).

요7:38-39 　"나를 믿는 자는 성경에 이름과 같이 그 배에서 생수의 강이 흘러나오리라 하시니 이는 그를 믿는 자들이 받을 성령을 가리켜 말씀하신 것이라 (예수께서 아직 영광을 받지 않으셨으므로 성령이 아직 그들에게 계시지 아니하시더라"

갈3:13-14 　"그리스도께서 우리를 위하여 저주를 받은 바 되사 율법의 저주에서 우리를 속량하셨으니 기록된 바 나무에 달린 자마다 저주 아래에 있는 자라 하였음이라 이는 그리스도 예수 안에서 아브라함의 복이 이방인에게 미치게 하고 또 우리로 하여금 믿음으로 말미암아 성령의 약속을 받게 하려 함이라"

행2:33 　"하나님이 오른손으로 예수를 높이시매 그가 약속하신 성령을 받아서 너희가 보고 듣는 이것을 부어 주셨느니라"

행11:17 　"그런즉 하나님이 우리가 주 예수 그리스도를 믿을 때에 주신 것과 같은 선물을 그들에게도 주셨으니 내가 누구이기에 하나님을 능히 막겠느냐 하더라"

갈3:2 　"내가 너희에게 다만 이것을 알려 하노니 너희가 성령을 받은 것이 율법의 행위로냐 혹은 듣고 믿음으로냐"

갈4:6 　"너희가 아들이므로 하나님이 그 아들의 영을 우리 마음 가운데 보내사 아빠 아버지라 부르게 하셨느니라"

엡1:13 　"그 안에서 너희도 진리의 말씀 곧 너희의 구원의 복음을 듣고 그 안에서 또한 믿어 약속의 성령으로 인치심을 받았으니"

6) 예수 그리스도를 믿으면 거룩하게 됩니다.

우리가 예수 그리스도를 믿음으로 구원을 받아 하나님의 자녀가 되고 성령을 받으면 거룩하게 됩니다. 우리가 예수님을 믿으면 거룩하게 되며 거룩하게 된 무리 가운데서 기업을 얻게 됩니다(행26:18). 우리가 예수 그리스도를 믿으면 거룩하게 되는 것은 하나님이 믿음으로 우리 마음을 깨끗이 하시기 때문입니다(행15:9). 하나님은 우리가 믿음에 거하면 우리를 거룩하고 흠 없고 책망할 것이 없는 자로 세우십니다(골1:21-23). 또 우리가 예수 그리스도를 믿으면 거룩하게 되는 것은 예수 그리스도의 몸을 단번에 드리심으로 말미암아 우리가 거룩함을 얻었기 때문입니다(히10:10). 예수님은 우리에게 거룩함이 되셨습니다(고전1:30).

행26:18   "그 눈을 뜨게 하여 어둠에서 빛으로, 사탄의 권세에서 하나님께로 돌아오게 하고 죄 사함과 나를 믿어 거룩하게 된 무리 가운데서 기업을 얻게 하리라 하더이다"

행15:9   "믿음으로 그들의 마음을 깨끗이 하사 그들이나 우리나 차별하지 아니하셨느니라"

골1:21-23   "전에 악한 행실로 멀리 떠나 마음으로 원수가 되었던 너희를 이제는 그의 육체의 죽음으로 말미암아 화목하게 하사 너희를 거룩하고 흠 없고 책망할 것이 없는 자로 그 앞에 세우고자 하셨으니 만일 너희가 믿음에 거하고 터 위에 굳게 서서 너희 들은 바 복음의 소망에서 흔들리지 아니하면 그리하리라 이 복음은 천하 만민에게 전파된 바요 나 바울은 이 복음의 일꾼이 되었노라"

히10:10   "이 뜻을 따라 예수 그리스도의 몸을 단번에 드리심으로 말미암아 우리가 거룩함을 얻었노라"

고전1:30   "너희는 하나님으로부터 나서 그리스도 예수 안에 있고 예수는
           하나님으로부터 나와서 우리에게 지혜와 의로움과 거룩함과 구
           원함이 되셨으니"

7) 예수 그리스도를 믿으면 복(약속)을 받습니다.

예수 그리스도를 믿음으로 구원을 받아 하나님의 자녀가 되고 성령
을 받아 거룩하게 되면 하나님이 약속하신 복을 받습니다. 하나님은
아브라함에게 복음을 전하되 "모든 이방인이 너로 말미암아 복을 받
으리라"고 약속하셨습니다(갈3:8). 그러므로 믿음으로 말미암은 자는
믿음이 있는 아브라함과 함께 복을 받습니다(갈3:9). 하나님은 율법
을 주심으로 모든 것을 죄 아래 가두어서 예수 그리스도를 믿음으로
말미암은 약속을 믿는 자들에게 주셨습니다(갈3:22). 그리고 예수님
이 우리를 위하여 저주를 받은바 되사 율법의 저주에서 우리를 속량
하시고 그리스도 예수 안에서 아브라함의 복이 우리에게 미치게 하
셨습니다(갈3:13-14). 그러므로 우리가 예수 그리스도를 믿으면 영
원히 주리지 아니하고 목마르지 아니 하며(요6:35), 하나님의 영광을
보며(요11:40), 어둠에 거하지 아니하며(요12:46), 세상을 이기며(요
일5:5). 예수님이 하신 일을 우리도 합니다(요14:12). 예수님을 믿는
우리는 부끄러움을 당하지 아니합니다(벧전2:6).

갈3:8   "또 하나님이 이방을 믿음으로 말미암아 의로 정하실 것을 성
           경이 미리 알고 먼저 아브라함에게 복음을 전하되 모든 이방인
           이 너로 말미암아 복을 받으리라 하였느니라"

갈3:9	"그러므로 믿음으로 말미암은 자는 믿음이 있는 아브라함과 함께 복을 받느니라"
갈3:22	"그러나 성경이 모든 것을 죄 아래에 가두었으니 이는 예수 그리스도를 믿음으로 말미암는 약속을 믿는 자들에게 주려 함이라"
갈3:13-14	"그리스도께서 우리를 위하여 저주를 받은 바 되사 율법의 저주에서 우리를 속량하셨으니 기록된 바 나무에 달린 자마다 저주 아래에 있는 자라 하였음이라 이는 그리스도 예수 안에서 아브라함의 복이 이방인에게 미치게 하고 또 우리로 하여금 믿음으로 말미암아 성령의 약속을 받게 하려 함이라"
요6:35	"예수께서 이르시되 나는 생명의 떡이니 내게 오는 자는 결코 주리지 아니할 터이요 나를 믿는 자는 영원히 목마르지 아니하리라"
요11:40	"예수께서 이르시되 내 말이 네가 믿으면 하나님의 영광을 보리라 하지 아니하였느냐 하시니"
요12:46	"나는 빛으로 세상에 왔나니 무릇 나를 믿는 자로 어둠에 다니지 않게 하려 함이라"
요일5:5	"예수께서 하나님의 아들이심을 믿는 자가 아니면 세상을 이기는 자가 누구냐"
요14:12	"내가 진실로 진실로 너희에게 이르노니 나를 믿는 자는 내가 하는 일을 그도 할 것이요 또한 그보다 큰 일도 하리니 이는 내가 아버지께로 감이라"
벧전2:6	"성경에 기록되었으되 보라 내가 택한 보배로운 모퉁잇돌을 시온에 두노니 그를 믿는 자는 부끄러움을 당하지 아니하리라 하였으니"

예수 그리스도를 믿는 자는 영혼이 잘 됨같이 범사가 잘 되고 강건
하며(요삼1:2), 마음이 기쁘고 영도 즐거워하며 육체도 안전히 삽니
다(시16:9). 또한 예수 그리스도를 믿는 자는 하나님께서 모든 죄악
을 사하시며, 모든 병을 고치시며, 생명을 파멸에서 속량하시고, 인자
와 긍휼로 관을 씌우시며, 좋은 것으로 소원을 만족하게 하십니다(시
103:3-5). 그리고 예수 그리스도를 믿는 자는 속이는 자 같으나 참되
고, 무명한 자 같으나 유명한 자요, 죽은 자 같으나 살아 있는 자요, 징
계를 받은 자 같으나 죽임을 당하지 아니하고, 근심하는 자 같으나 항
상 기뻐하고, 가난한 자 같으나 많은 사람을 부요하게 하고, 아무 것도
없는 자 같으나 모든 것을 가진 자입니다(고후6:8-10).

요삼1:2   "사랑하는 자여 네 영혼이 잘됨 같이 네가 범사에 잘되고 강건
            하기를 내가 간구하노라"
시16:9   "이러므로 나의 마음이 기쁘고 나의 영도 즐거워하며 내 육체
            도 안전히 살리니"
시103:3-5   "그가 네 모든 죄악을 사하시며 네 모든 병을 고치시며 네 생명
            을 파멸에서 속량하시고 인자와 긍휼로 관을 씌우시며 좋은 것
            으로 네 소원을 만족하게 하사 네 청춘을 독수리 같이 새롭게
            하시는도다"
고후6:8-10 "영광과 욕됨으로 그러했으며 악한 이름과 아름다운 이름으로
            그러했느니라 우리는 속이는 자 같으나 참되고 무명한 자 같으
            나 유명한 자요 죽은 자 같으나 보라 우리가 살아 있고 징계를
            받는 자 같으나 죽임을 당하지 아니하고 근심하는 자 같으나 항

상 기뻐하고 가난한 자 같으나 많은 사람을 부요하게 하고 아무

것도 없는 자 같으나 모든 것을 가진 자로다"

8) 예수 그리스도를 믿으면 천국(안식)에 들어갑니다.

예수 그리스도를 믿어 구원을 받아 하나님의 자녀가 되고 성령을 받아 거룩하게 되면 이 세상에서 복을 받고 천국에 들어가게 됩니다. 예수 그리스도를 믿는 자는 심판을 받지 아니합니다(요3:18). 곧 예수 그리스도를 믿는 자는 지옥에 들어가지 않습니다. 하나님 아버지의 뜻은 예수님을 믿는 자마다 영생을 얻는 것 곧 마지막 날에 예수님이 이를 다시 살리시는 것(생명의 부활)입니다(요6:40). 마지막 날에 예수님이 다시 살리시는 자(생명의 부활을 한 자)는 천국에 들어갑니다. 하나님은 우리를 택하셔서 믿음에 부요하게 하시고 천국을 상속으로 받게 하셨습니다(약2:5). 그런데 이스라엘 자손은 믿지 아니하므로 하나님의 안식에 능히 들어가지 못했습니다(히3:19). 곧 이스라엘 자손은 복음 전함을 먼저 받은 자이나 순종하지 아니함으로 말미암아 안식에 들어가지 못하였습니다(히4:6). 그리고 안식할 때가 하나님의 백성에게 남아 있으며(히4:9), 이미 믿는 우리들은 안식(천국)에 들어가며 세상을 창조할 때부터 이 일이 이루어졌습니다(히4:3).

요3:18   "그를 믿는 자는 심판을 받지 아니하는 것이요 믿지 아니하는 자는 하나님의 독생자의 이름을 믿지 아니하므로 벌써 심판을 받은 것이니라"

요6:40   "내 아버지의 뜻은 아들을 보고 믿는 자마다 영생을 얻는 이것

이니 마지막 날에 내가 이를 다시 살리리라 하시니라"

약2:5   "내 사랑하는 형제들아 들을지어다 하나님이 세상에서 가난한 자를 택하사 믿음에 부요하게 하시고 또 자기를 사랑하는 자들에게 약속하신 나라를 상속으로 받게 하지 아니하셨느냐"

히3:19 "이로 보건대 그들이 믿지 아니하므로 능히 들어가지 못한 것이라"

히4:6   "그러면 거기에 들어갈 자들이 남아 있거니와 복음 전함을 먼저 받은 자들은 순종하지 아니함으로 말미암아 들어가지 못하였으므로"

히4:9   "그런즉 안식할 때가 하나님의 백성에게 남아 있도다"

히4:3   "이미 믿는 우리들은 저 안식에 들어가는도다 그가 말씀하신 바와 같으니 내가 노하여 맹세한 바와 같이 그들이 내 안식에 들어오지 못하리라 하셨다 하였으나 세상을 창조할 때부터 그 일이 이루어졌느니라"

우리는 하나님의 은혜에 의하여 믿음으로 말미암아 구원을 받았습니다. 그리고 우리는 하나님이 주신 믿음과 하나님의 말씀대로 예수 그리스도를 믿습니다. 그러면 우리가 예수 그리스도를 믿으면 어떻게 될까요? 우리가 예수 그리스도를 믿으면 구원을 받고, 영생을 얻으며, 의롭게 되고, 하나님의 자녀가 되며, 성령을 받고, 거룩하게 되며, 복을 받고, 천국에 들어가게 됩니다.

4. 우리는 믿음 안에서 살아야 합니다.

하나님의 은혜에 의하여 믿음으로 말미암아 구원을 받은 우리는 영혼을 구원함에 이르는 믿음을 가진 자입니다(히10:39). 그러므로 우리는 믿음을 끝까지 지켜야 합니다(딤후4:7). 성도는 예수님에 대한 믿음을 지키는 자입니다(계14:12). 우리가 믿음을 지키는 것은 믿음 안에서 살며 모든 것을 믿음으로 행하는 것입니다. 예수 그리스도를 믿는 우리가 육체 가운데 사는 것은 하나님의 아들 예수 그리스도를 믿는 믿음 안에서 사는 것입니다(갈2:20). 우리가 몸에 거할 때에는 영으로는 예수님과 함께 하지만 몸으로는 예수님과 따로 거하므로 우리는 보는 것으로 행하지 아니하고 믿음으로 행해야 합니다(고후5:6-7). 믿음을 따라 하지 아니하는 것은 다 죄입니다(롬14:23).

히10:39   "우리는 뒤로 물러가 멸망할 자가 아니요 오직 영혼을 구원함에 이르는 믿음을 가진 자니라"

딤후4:7   "나는 선한 싸움을 싸우고 나의 달려갈 길을 마치고 믿음을 지켰으니"

계14:12   "성도들의 인내가 여기 있나니 그들은 하나님의 계명과 예수에 대한 믿음을 지키는 자니라"

갈2:20   "내가 그리스도와 함께 십자가에 못 박혔나니 그런즉 이제는 내가 사는 것이 아니요 오직 내 안에 그리스도께서 사시는 것이라 이제 내가 육체 가운데 사는 것은 나를 사랑하사 나를 위하여 자기 자신을 버리신 하나님의 아들을 믿는 믿음 안에서 사는 것이라"

고후5:6-7   "그러므로 우리가 항상 담대하여 몸으로 있을 때에는 주와 따로 있는 줄을 아노니 이는 우리가 믿음으로 행하고 보는 것으로 행하지 아니함이로라"

롬14:23   "의심하고 먹는 자는 정죄되었나니 이는 믿음을 따라 하지 아니하였기 때문이라 믿음을 따라 하지 아니하는 것은 다 죄니라"

1) 우리는 믿음에 굳게 서야 합니다.

우리가 믿음 안에서 살기 위해서는 믿음에 굳게 서야 합니다. 우리는 믿음에 굳게 서서 감사함을 넘치게 하고(골2:7), 믿음에 굳게 서서 남자답게 강건해야 합니다(고전16:13). 그리고 우리는 믿음을 굳건하게 하여 마귀를 대적해야 합니다(벧전5:8-9). 우리가 믿음에 굳게 서 있으면 다른 사람이 우리 믿음을 기쁘게 보며(골2:5), 다른 사람이 우리 믿음을 주관하지 못하며(고후1:24), 믿는 자의 수가 늘어가게 됩니다(행16:5).

골2:7   "그 안에 뿌리를 박으며 세움을 받아 교훈을 받은 대로 믿음에 굳게 서서 감사함을 넘치게 하라"

고전16:13   "깨어 믿음에 굳게 서서 남자답게 강건하라"

벧전5:8-9   "근신하라 깨어라 너희 대적 마귀가 우는 사자 같이 두루 다니며 삼킬 자를 찾나니 너희는 믿음을 굳건하게 하여 그를 대적하라 이는 세상에 있는 너희 형제들도 동일한 고난을 당하는 줄을 앎이라"

골2:5	"이는 내가 육신으로는 떠나 있으나 심령으로는 너희와 함께 있어 너희가 질서 있게 행함과 그리스도를 믿는 너희 믿음이 굳건한 것을 기쁘게 봄이라"
고후1:24	"우리가 너희 믿음을 주관하려는 것이 아니요 오직 너희 기쁨을 돕는 자가 되려 함이니 이는 너희가 믿음에 섰음이라"
행16:5	"이에 여러 교회가 믿음이 더 굳건해지고 수가 날마다 늘어가더라"

우리는 믿음이 자라야 하고(살후1:3), 믿음이 진보해야 하며(빌 1:25), 믿음이 충만해야 합니다(행11:24). 그래서 우리는 믿음이 온전해야 합니다(히10:22). 그리고 우리는 우리 믿음의 부족한 것을 보충하기 위하여 심히 간구해야 합니다(살전3:10). 그런데 믿음은 시련을 통해 온전(확실)하게 되며(벧전1:7), 믿음의 시련이 인내를 만들어 냅니다(약1:3).

살후1:3	"형제들아 우리가 너희를 위하여 항상 하나님께 감사할지니 이것이 당연함은 너희의 믿음이 더욱 자라고 너희가 다 각기 서로 사랑함이 풍성함이니"
빌1:25	"내가 살 것과 너희 믿음의 진보와 기쁨을 위하여 너희 무리와 함께 거할 이것을 확실히 아노니"
행11:24	"바나바는 착한 사람이요 성령과 믿음이 충만한 사람이라 이에 큰 무리가 주께 더하여지더라"
히10:22	"우리가 마음에 뿌림을 받아 악한 양심으로부터 벗어나고 몸은 맑은 물로 씻음을 받았으니 참 마음과 온전한 믿음으로 하나님

께 나아가자"

살전3:10   "주야로 심히 간구함은 너희 얼굴을 보고 너희 믿음의 부족한

            것을 보충하게 하려 함이라"

벧전1:7   "너희 믿음의 확실함은 불로 연단하여도 없어질 금보다 더 귀

            하여 예수 그리스도께서 나타나실 때에 칭찬과 영광과 존귀를

            얻게 할 것이니라"

약1:3   "이는 너희 믿음의 시련이 인내를 만들어 내는 줄 너희가 앎이라"

　　우리는 믿음의 비밀을 가진 자여야 하고(딤전3:9), 지극히 거룩한 믿음 위에 자기를 건축해야 합니다(유1:20). 그리고 우리는 성도 간에 믿음의 교제를 가져야 합니다. 믿음의 교제가 성도들 가운데 있는 선을 알게 하고 그리스도께 이르도록 역사합니다(몬1:6). 또한 우리는 믿는 자들을 향하여 거룩하고 옳고 흠 없이 행해야 하며(살전2:10), 믿는 자를 실족하게 하지 않아야 하고(마18:6), 우리에게 하나님의 말씀을 일러주고 우리를 인도하는 자의 믿음을 본받아야 합니다(히13:7).

딤전3:9   "깨끗한 양심에 믿음의 비밀을 가진 자라야 할지니"

유1:20   "사랑하는 자들아 너희는 너희의 지극히 거룩한 믿음 위에 자신

            을 세우며 성령으로 기도하며"

몬1:6   "이로써 네 믿음의 교제가 우리 가운데 있는 선을 알게 하고 그

            리스도께 이르도록 역사하느니라"

살전2:10   "우리가 너희 믿는 자들을 향하여 어떻게 거룩하고 옳고 흠 없

이 행하였는지에 대하여 너희가 증인이요 하나님도 그러하시
도다"

마18:6 　"누구든지 나를 믿는 이 작은 자 중 하나를 실족하게 하면 차라
리 연자 맷돌이 그 목에 달려서 깊은 바다에 빠뜨려지는 것이
나으니라"

히13:7 　"하나님의 말씀을 너희에게 일러주고 너희를 인도하던 자들을
생각하며 그들의 행실의 결말을 주의하여 보고 그들의 믿음을
본받으라"

2) 우리는 믿음으로 기도해야 합니다.

우리가 예수님을 믿으면 예수 이름을 믿는 믿음으로 하나님 아버지
께 기도해야 합니다. 믿음의 기도는 믿음의 증거가 됩니다. 그러므로
우리가 예수님을 믿는다면 믿음으로 기도해야 합니다. 예수님은 모든
믿는 자들을 위하여 기도하십니다(요17:20). 그리고 예수님은 하나
님 아버지께서 우리의 기도를 속히 들어주심을 말씀하셨으며, 예수님
은 우리가 믿음으로 기도하기를 원하십니다(눅18:7-8). 그러므로 우
리는 믿음으로 기도해야 합니다.

우리가 믿고 구하는 것은 다 받습니다(마21:22). 그러므로 우리는
믿음으로 구하고 의심하지 말며(약1:6-7), 기도하고 구하는 것은 다
받은 줄로 믿어야 합니다(막11:24). 믿음의 기도는 병든 자를 구원합
니다(약5:15). 우리는 만물의 마지막이 가까이 왔으므로 정신을 차리
고 기도해야 하며(벧전4:7), 쉬지 말고 기도해야 합니다(살전5:17).

요17:20	"내가 비옵는 것은 이 사람들만 위함이 아니요 또 그들의 말로 말미암아 나를 믿는 사람들도 위함이니"
눅18:7-8	"하물며 하나님께서 그 밤낮 부르짖는 택하신 자들의 원한을 풀어 주지 아니하시겠느냐 그들에게 오래 참으시겠느냐 내가 너희에게 이르노니 속히 그 원한을 풀어 주시리라 그러나 인자가 올 때에 세상에서 믿음을 보겠느냐 하시니라"
마21:22	"너희가 기도할 때에 무엇이든지 믿고 구하는 것은 다 받으리라 하시니라"
약1:6-7	"오직 믿음으로 구하고 조금도 의심하지 말라 의심하는 자는 마치 바람에 밀려 요동하는 바다 물결 같으니 이런 사람은 무엇이든지 주께 얻기를 생각하지 말라"
막11:24	"그러므로 내가 너희에게 말하노니 무엇이든지 기도하고 구하는 것은 받은 줄로 믿으라 그리하면 너희에게 그대로 되리라"
약5:15	"믿음의 기도는 병든 자를 구원하리니 주께서 그를 일으키시리라 혹시 죄를 범하였을지라도 사하심을 받으리라"
벧전4:7	"만물의 마지막이 가까이 왔으니 그러므로 너희는 정신을 차리고 근신하여 기도하라"
살전7:17	"쉬지 말고 기도하라"

3) 믿지 않는 자들이 있습니다.

믿음은 모든 사람의 것이 아닙니다(살후3:2). 곧 모든 사람이 다 믿는 것은 아닙니다. 세상에는 믿지 않고 부당하고 악한 사람들이 있습니다. 많은 유대인들은 예수님을 보고도 믿지 아니하였으며(요6:36),

예수님이 행하신 표적을 보고도 믿지 아니했습니다(요12:37). 또 유
대인들은 예수님이 진리를 말씀하시므로 믿지 아니하였으며(요8:45-
46), 예수님이 자신을 그리스도라고 말씀하셔도 믿지 아니하였습니
다(눅22:67).

살후3:2   "또한 우리를 부당하고 악한 사람들에게서 건지시옵소서 하라
           믿음은 모든 사람의 것이 아니니라"

요6:36   "그러나 내가 너희에게 이르기를 너희는 나를 보고도 믿지 아니
           하는도다 하였느니라"

요12:37   "이렇게 많은 표적을 그들 앞에서 행하셨으나 그를 믿지 아니하니"

요8:45-46 "내가 진리를 말하므로 너희가 나를 믿지 아니하는도다 너희 중
           에 누가 나를 죄로 책잡겠느냐 내가 진리를 말하는데도 어찌하
           여 나를 믿지 아니하느냐"

눅22:67   "이르되 네가 그리스도이거든 우리에게 말하라 대답하시되 내
           가 말할지라도 너희가 믿지 아니할것이요"

그러면 유대인들이 왜 예수님을 믿지 아니했을까요? 유대인들이 예
수님을 믿지 아니한 것은 그들이 모세의 글을 믿지 아니하였기 때문
이며(요5:46-47), 그들은 서로 영광을 취하고 하나님께로부터 오는
영광은 구하지 아니하였기 때문입니다(요5:44). 또한 그들은 예수님
의 양이 아니므로 예수님을 믿지 아니하였습니다(요10:25-26). 예수
님을 믿지 아니하는 자는 정죄를 받으며(막16:16), 자기 죄 가운데서
죽고(요8:24), 안식(천국)에 들어가지 못하며(히3:19), 불과 유황으로

타는 못(지옥)에 던져지게 됩니다(계21:8).

요5:46-47	"모세를 믿었더라면 또 나를 믿었으리니 이는 그가 내게 대하여 기록하였음이라 그러나 그의 글도 믿지 아니하거든 어찌 내 말을 믿겠느냐 하시니라"
요5:44	"너희가 서로 영광을 취하고 유일하신 하나님께로부터 오는 영광은 구하지 아니하니 어찌 나를 믿을 수 있느냐"
요10:25-26	"예수께서 대답하시되 내가 너희에게 말하였으되 믿지 아니하는도다 내가 내 아버지의 이름으로 행하는 일들이 나를 증거하는 것이거늘 너희가 내 양이 아니므로 믿지 아니하는도다"
막16:16	"믿고 세례를 받는 사람은 구원을 얻을 것이요 믿지 않는 사람은 정죄를 받으리라"
요8:24	"그러므로 내가 너희에게 말하기를 너희가 너희 죄 가운데서 죽으리라 하였노라 너희가 만일 내가 그인 줄 믿지 아니하면 너희 죄 가운데서 죽으리라"
히3:19	"이로 보건대 그들이 믿지 아니하므로 능히 들어가지 못한 것이라"
계21:8	"그러나 두려워하는 자들과 믿지 아니하는 자들과 흉악한 자들과 살인자들과 음행하는 자들과 점술가들과 우상 숭배자들과 거짓말하는 모든 자들은 불과 유황으로 타는 못에 던져지리니 이것이 둘째 사망이라"

4) 믿음이 연약한(작은) 자들이 있습니다.

믿는 자 중에는 믿음이 굳건한 자가 있고 믿음이 연약한 자가 있습니다. 곧 믿는 자 중에는 모든 것(말씀)을 먹을 만한 믿음이 있으며, 믿음이 연약한 자는 채소(말씀)만 먹습니다(롬14:2). 그러므로 우리는 믿음이 굳건한 자가 되어야 하며 믿음이 연약한 자를 비판하지 말아야 합니다(롬14:1). 곧 우리는 믿음이 강한 자가 되어 믿음이 약한 자의 약점을 담당해야 합니다(롬15:1).

롬14:2   "어떤 사람은 모든 것을 먹을 만한 믿음이 있고 믿음이 연약한 자는 채소만 먹느니라"

롬14:1   "믿음이 연약한 자를 너희가 받되 그의 의견을 비판하지말라"

롬15:1   "믿음이 강한 우리는 마땅히 믿음이 약한 자의 약점을 담당하고 자기를 기쁘게 하지 아니할 것이라"

그러면 믿음이 연약한(작은) 자들은 어떤 자들일까요? 믿음이 연약한(작은) 자들은 염려하며(마6:30-31), 무서워하며(마8:26), 의심하며(마14:31), 육신의 것만 생각하며(마16:8), 귀신을 쫓아내지 못합니다(마17:19-20). 예수님의 제자들도 성령을 받기 전에는 믿음이 연약하여 염려하며, 무서워하며, 의심하며, 육신의 것만 생각하며, 귀신을 쫓아내지 못했습니다.

마6:30-31 "오늘 있다가 내일 아궁이에 던져지는 들풀도 하나님이 이렇게 입히시거든 하물며 너희일까보냐 믿음이 작은 자들아 그러므로 염려하여 이르기를 무엇을 먹을까 무엇을 마실까 무엇을 입을까 하지 말라"

마8:26	"예수께서 이르시되 어찌하여 무서워하느냐 믿음이 작은 자들아 하시고 일어나사 바람과 바다를 꾸짖으시니 아주 잔잔하게 되거늘"
마14:31	"예수께서 즉시 손을 내밀어 그를 붙잡으시며 이르시되 믿음이 작은 자여 왜 의심하였느냐 하시고"
마16:8	"예수께서 아시고 이르시되 믿음이 작은 자들아 어찌 떡이 없으므로 서로 논의 하느냐"
마17:19-20	"이 때에 제자들이 조용히 예수께 나아와 이르되 우리는 어찌하여 쫓아내지 못하였나이까 이르시되 너희 믿음이 작은 까닭이니라 진실로 너희에게 이르노니 만일 너희에게 믿음이 겨자씨 한 알 만큼만 있어도 이 산을 명하여 여기서 저기로 옮겨지라 하면 옮겨질 것이요 또 너희가 못할 것이 없으리라"

5) 믿음을 떠난 자들이 있습니다.

믿음을 파선한 자들이 있습니다. 어떤 이들은 착한 양심을 버렸고 그 믿음에 관하여는 파선하였습니다(딤전1:19). 그러므로 우리는 믿음과 착한 양심을 가져야 합니다. 또한 믿음에서 떠난 자들이 있습니다. 성령님이 사도 바울에게 밝히 말씀하시기를 후일에 어떤 사람들이 믿음에서 떠나 미혹하게 하는 영과 귀신의 가르침을 따르리라고 하셨습니다(딤전4:1). 그리고 믿음을 무너뜨리는 자들도 있습니다(딤후2:18). 그러므로 우리는 형제 중에 누가 믿지 아니하는 악심을 품고 하나님에게서 떨어질까 염려해야 합니다(히3:12). 믿음을 배반한 자는 불신자보다 더 악한 자이며(딤전5:8), 믿음을 저버리면 정죄(심판)

를 받습니다(딤전5:11-12).

딤전1:19   "믿음과 착한 양심을 가지라 어떤 이들은 이 양심을 버렸고 그
           믿음에 관하여는 파선하였느니라"
딤전4:1   "그러나 성령이 밝히 말씀하시기를 후일에 어떤 사람들이 믿음
           에서 떠나 미혹하는 영과 귀신의 가르침을 따르리라 하셨으니"
딤후2:18   "진리에 관하여는 그들이 그릇되었도다 부활이 이미 지나갔다
           함으로 어떤 사람들의 믿음을 무너뜨리느니라"
히3:12   "형제들아 너희는 삼가 혹 너희 중에 누가 믿지 아니하는 악한
           마음을 품고 살아 계신 하나님에게서 떨어질까 조심할 것이요"
딤전5:8   "누구든지 자기 친족 특히 자기 가족을 돌보지 아니하면 믿음
           을 배반한 자요 불신자보다 더 악한 자니라"
딤전5:11-12 "젊은 과부는 올리지 말지니 이는 정욕으로 그리스도를 배반할
           때에 시집 가고자 함이니 처음 믿음을 저버렸으므로 정죄를 받
           느니라"

그러면 어떤 자들이 믿음에서 떠날까요? 돈을 사랑하는 자들이 믿음에서 떠나고(딤전6:10), 망령되고 헛된 말과 거짓된 지식의 반론을 따르는 자들이 믿음에서 벗어납니다(딤전6:20-21). 그리고 진리를 대적하는 자들은 마음이 부패한 자요 믿음에 관하여는 버림받은 자들입니다(딤후3:8). 그러므로 우리는 믿음에 굳게 서서 믿음 안에서 살아야 합니다.

딤전6:10   "돈을 사랑함이 일만 악의 뿌리가 되나니 이것을 탐내는 자들은
           미혹을 받아 믿음에서 떠나 많은 근심으로써 자기를 찔렀도다"

딤전6:20-21 "디모데야 망령되고 헛된 말과 거짓된 지식의 반론을 피함으로
           네게 부탁한 것을 지키라 이것을 따르는 사람들이 있어 믿음에
           서 벗어났느니라 은혜가 너희와 함께 있을지어다"

딤후3:8   "얀네와 얌브레가 모세를 대적한 것 같이 그들도 진리를 대적
           하니 이 사람들은 그 마음이 부패한 자요 믿음에 관하여는 버림
           받은 자들이라"

　하나님의 은혜에 의하여 믿음으로 말미암아 구원을 받은 우리는 그
믿음을 끝까지 지켜야 합니다. 곧 구원 받은 우리는 믿음 안에서 살아
야 합니다. 그리고 우리는 믿음이 자라야 하며, 믿음이 진보해야 하며,
믿음이 충만하여 온전해야 합니다.

　믿지 아니하는 자들이 있는데 그들은 성경을 믿지 않고, 하나님께
로부터 오는 영광을 구하지 아니하며, 예수님의 양이 아니므로 믿지
아니합니다. 또한 믿음이 연약한 자들이 있는데 그들은 염려하며, 무
서워하며, 의심하며, 육신의 것만 생각하므로 믿음이 연약합니다. 그
리고 믿음을 떠난 자들이 있는데 그들은 돈을 사랑하며, 망령되고 헛
된 말과 거짓된 지식의 반론을 따르므로 믿음에서 벗어납니다. 그러
므로 우리는 믿음에 굳건하게 서서 믿음 안에서 살아야 합니다. 할렐
루야! 아멘.

5장

회개하여 죄 사함을 받으라

우리는 하나님의 은혜에 의하여 믿음으로 말미암아 구원을 받았습니다(엡2:8). 우리는 하나님의 은혜를 받았고 예수 그리스도를 믿음으로 구원을 받았습니다. 우리가 받은 구원은 하나님이 주신 것이요, 하나님이 주신 구원은 죄 사함으로 말미암은 구원입니다(눅1:77). 그런데 우리가 죄 사함을 받기 위해서는 회개해야 합니다(눅24:47). 곧 우리가 하나님의 은혜를 받아 예수 그리스도를 믿고 회개하여 죄 사함을 받음으로 하나님이 주신 구원을 받았습니다.

엡2:8	"너희는 그 은혜에 의하여 믿음으로 말미암아 구원을 받았으니 이것은 너희에게서 난 것이 아니요 하나님의 선물이라"
눅1:77	"주의 백성에게 그 죄 사함으로 말미암는 구원을 알게 하리니"
눅24:47	"또 그의 이름으로 죄 사함을 받게 하는 회개가 예루살렘에서 시작하여 모든 족속에게 전파될 것이 기록되었으니"

하나님이 주신 구원은 죄 사함으로 말미암는 구원입니다. 그러므로 죄인은 죄 사함을 받아야 합니다. 죄를 범한 모든 사람에게 죄 사함을 받는 것은 가장 중요한 일입니다. 그래서 하나님은 모든 선지자들로 예수님을 믿는 사람들이 그 이름을 힘입어 죄 사함을 받는다고 증언하게 하셨습니다(행10:43). 그리고 세상에 구주로 오신 예수님은 죄

인들로 죄 사함을 얻게 하시려고 십자가에 못 박혀 피를 흘리셨습니다 (마26:28). 이는 피 흘림이 없은즉 사함이 없기 때문입니다(히9:22). 또 하나님은 죄인들로 죄 사함을 받게 하시려고 십자가에 죽으시고 부활하신 예수님을 오른손으로 높이셔서 임금과 구주를 삼으셨습니다(행5:31). 그러므로 우리는 죄 사함을 받아야 합니다.

행10:43   "그에 대하여 모든 선지자도 증언하되 그를 믿는 사람들이 다 그의 이름을 힘입어 죄 사함을 받는다 하였느니라"

마26:28   "이것은 죄 사함을 얻게 하려고 많은 사람을 위하여 흘리는바 나의 피 곧 언약의 피니라"

히9:22   "율법을 따라 거의 모든 물건이 피로써 정결하게 되나니 피흘림이 없은즉 사함이 없느니라"

행5:31   "이스라엘에게 회개함과 죄 사함을 주시려고 그를 오른손으로 높이사 임금과 구주로 삼으셨느니라"

1. 죄를 알아야 합니다.

하나님이 주신 구원은 죄 사함으로 말미암는 구원입니다. 그러므로 죄인이 하나님이 주신 구원을 받기 위해서는 죄 사함을 받아야 하고, 죄인이 그 죄를 사함 받기 위해서는 죄를 알아야 합니다. 그런데 죄를 범한 죄인들은 죄를 알지 못합니다. 이에 하나님께서는 죄가 무엇인지를 밝히 말씀하셨습니다. 하나님께서 말씀하신 죄는 불신과 불법과 불의입니다. 곧 예수 그리스도를 믿지 않는 것이 죄이며, 불법을 행하는 것이 죄를 짓는 것이며, 모든 불의가 죄입니다. 그리고 마귀의 일이 죄입니다. 마귀는 처음부터 범죄 하였으며(요일3:8), 마귀가 하는 모든 일이 죄입니다. 그러므로 죄를 짓는 자는 마귀에게 속하며, 마귀에게서 난 자들은 마귀의 욕심을 행합니다(요8:44). 또한 육체의 욕심을 이루는 것(약1:15), 곧 육체의 일이 죄입니다. 육체의 일은 음행, 더러운 것, 호색, 우상 숭배, 주술, 원수 맺는 것, 분쟁, 시기, 분냄, 당 짓는 것, 분열함, 이단, 투기, 술 취함, 방탕함과 또 그와 같은 것들입니다(갈5:19-21). 그리고 선을 행할 줄 알고도 행하지 아니하는 것이 죄이며(약4:17), 믿음으로 행하지 아니하는 모든 것이 죄입니다(롬14:23). 죄는 하나님의 법을 순종함에 부족한 것이나 그것을 범하는 것입니다(요리문답 문14).

요일3:8　　"죄를 짓는 자는 마귀에게 속하나니 마귀는 처음부터 범죄 함이라 하나님의 아들이 나타나신 것은 마귀의 일을 멸하려 하심이라"

요8:44　　"너희는 너희 아비 마귀에게서 났으니 너희 아비의 욕심대로 너희도 행하고자 하느니라 그는 처음부터 살인한 자요 진리가 그 속에 없으므로 진리에 서지 못하고 거짓을 말할 때마다 제 것으로 말하나니 이는 그가 거짓말쟁이요 거짓의 아비가 되었음이라"

약1:15　　"욕심이 잉태한즉 죄를 낳고 죄가 장성한즉 사망을 낳느니라"

갈5:19-21　"육체의 일은 분명하니 곧 음행과 더러운 것과 호색과 우상 숭배와 주술과 원수 맺는 것과 분쟁과 시기와 분냄과 당 짓는 것과 분열함과 이단과 투기와 술 취함과 방탕함과 또 그와 같은 것들이라 전에 너희에게 경계한 것 같이 경계하노니 이런 일을 하는 자들은 하나님의 나라를 유업으로 받지 못할 것이요"

약4:17　　"그러므로 사람이 선을 행할 줄 알고도 행하지 아니하면 죄니라"

롬14:23　　"의심하고 먹는 자는 정죄되었나니 이는 믿음을 따라 하지 아니하였기 때문이라 믿음을 따라 하지 아니하는 것은 다 죄니라"

1) 불신이 죄입니다.

예수 그리스도를 믿지 아니하는 것이 죄입니다(요16:8-9). 그런데 사람들은 이를 알지 못합니다. 그래서 성령님이 오셔서 예수 그리스도를 믿지 아니하는 것이 죄임을 알게 하십니다. 예수 그리스도를 믿지 아니하는 사람은 정죄를 받을 것이며(막16:16), 자기 죄 가운데서 죽을 것입니다(요8:24). 곧 예수 그리스도를 믿지 아니하는 자는 벌써 심판을 받은 것입니다(요3:18).

예수 그리스도를 믿지 아니하는 자는 마귀의 종노릇을 하며 불법을 행하고 불의를 행합니다. 그러므로 예수 그리스도를 믿는 우리는 불법을 행하지 말아야 하고 불의를 행하지 말아야 합니다. 우리가 불신의 죄를 짓지 않는 길은 예수님께 순종하는 것입니다. 예수님께 순종하는 것이 예수님을 믿는 것입니다(요3:36)

요16:8-9　　"그가 와서 죄에 대하여, 의에 대하여, 심판에 대하여 세상을 책망하시리라 죄에 대하여라 함은 그들이 나를 믿지 아니함이요"

막16:16　　"믿고 세례를 받는 사람은 구원을 얻을 것이요 믿지 않는 사람은 정죄를 받으리라"

요8:24	"그러므로 내가 너희에게 말하기를 너희가 너희 죄 가운데서 죽으리라 하였노라 너희가 만일 내가 그인 줄 믿지 아니하면 너희 죄 가운데서 죽으리라"
요3:18	"그를 믿는 자는 심판을 받지 아니하는 것이요 믿지 아니하는 자는 하나님의 독생자의 이름을 믿지 아니하므로 벌써 심판을 받은 것이니라"
요3:36	"아들을 믿는 자에게는 영생이 있고 아들에게 순종하지 아니하는 자는 영생을 보지 못하고 도리어 하나님의 진노가 그 위에 머물러 있느니라"

2) 불법이 죄입니다.

죄를 짓는 자마다 불법을 행하므로 죄는 불법입니다(요일3:4). 그리고 불법을 행하는 자들은 풀무 불에 던져 넣어지게 될 것입니다(마13:41-42). 그러면 불법이란 무엇일까요? 불법은 "법에서 어긋난 것"입니다. 곧 불법이란 하나님의 법을 지키지 않는 것입니다. 그러므로 하나님의 법(말씀)을 지키지 않는 것이 죄입니다.   입법자와 재판관은 오직 하나님이시며 사람은 준행자입니다(약4:11-12). 그러므로 우리는 하나님의 법을 준행하며 전심으로 지켜야 합니다(시119:34). 우리가 하나님을 사랑하는 것은 그의 계명들을 지키는 것입니다(요일5:3). 그리고 우리가 불법을 행하지 않는 길은 우리가 형제를 비방하거나 판단하지 아니하여 하나님의 법(말씀)을 비방하거나 판단하는 자가 되지 아니하고 준행하는 자가 되는 것입니다.

요일3:4   "죄를 짓는 자마다 불법을 행하나니 죄는 불법이라"

마13:41-42 "인자가 그 천사들을 보내리니 그들이 그 나라에서 모든 넘어

지게 하는 것과 또 불법을 행하는 자들을 거두어 내어 풀무 불

에 던져 넣으리니 거기서 울며 이를 갈게 되리라"

약4:11-12 "형제들아 서로 비방하지 말라 형제를 비방하는 자나 형제를 판

단하는 자는 곧 율법을 비방하고 율법을 판단하는 것이라 네가

만일 율법을 판단하면 율법의 준행자가 아니요 재판관이로다

입법자와 재판관은 오직 한 분이시니 능히 구원하기도 하시며

멸하기도 하시느니라 너는 누구이기에 이웃을 판단하느냐"

시119:34 "나로 하여금 깨닫게 하여 주소서 내가 주의 법을 준행하며 전

심으로 지키리이다"

요일5:3 "하나님을 사랑하는 것은 이것이니 우리가 그의 계명들을 지키

는 것이라 그의 계명들은 무거운 것이 아니로다"

3) 모든 불의가 죄입니다.

불의란 "옳지 않음"이란 의미입니다. 즉 불의란 하나님이 보시기에
옳지 않은 것입니다. 모든 불의가 죄입니다(요일5:17). 그리고 하나님
의 진노가 불의에 대하여 하늘로부터 나타나며(롬1:18), 불의한 자는
하나님의 나라(천국)를 유업으로 받지 못합니다(고전6:9-10).

불의를 행하는 자들은 불의로 진리를 막는 자들인데 그들은 하나
님을 알되 하나님을 영화롭게도 아니하며 감사하지도 아니하고(롬
1:21), 하나님의 영광을 썩어질 사람과 금수와 버러지 형상으로 바꾸
었으며(롬1:23), 하나님의 진리를 거짓 것으로 바꾸어 피조물을 조물

주보다 더 경배하고 섬깁니다(롬1:25). 그리고 진리를 믿지 않고 불의를 좋아하는 모든 자는 심판을 받게 됩니다(살후2:12). 그러므로 주의 이름을 부르는 자는 불의에서 떠나야 합니다(딤후2:19).

우리가 불의를 행하지 않는 길은 진리를 믿고 진리를 사랑하는 것입니다. 우리가 진리를 믿고 진리를 사랑하는 것은 진리 가운데서 행하는 것입니다. 우리가 진리 가운데서 행하면 불의를 행하지 않습니다.

요일5:17 "모든 불의가 죄로되 사망에 이르지 아니하는 죄도 있도다"

롬1:18 "하나님의 진노가 불의로 진리를 막는 사람들의 모든 경건하지 않음과 불의에 대하여 하늘로부터 나타나나니"

고전6:9-10 "불의한 자가 하나님의 나라를 유업으로 받지 못할 줄을 알지 못하느냐 미혹을 받지 말라 음행하는 자나 우상 숭배하는 자나 간음하는 자나 탐색하는 자나 남색하는 자나 도적이나 탐욕을 부리는 자나 모욕하는 자나 속여 빼앗는 자들은 하나님의 나라를 유업으로 받지 못하리라"

롬1:21 "하나님을 알되 하나님을 영화롭게도 아니하며 감사하지도 아니하고 오히려 그 생각이 허망하여지며 미련한 마음이 어두워졌나니"

롬1:23 "썩어지지 아니하는 하나님의 영광을 썩어질 사람과 새와 짐승과 기어다니는 동물 모양의 우상으로 바꾸었느니라"

롬1:25 "이는 그들이 하나님의 진리를 거짓 것으로 바꾸어 피조물을 조물주보다 더 경배하고 섬김이라 주는 곧 영원히 찬송할 이시로다 아멘"

살후2:12	"진리를 믿지 않고 불의를 좋아하는 모든 자들로 하여금 심판을 받게 하려 하심이라"
딤후2:19	"그러나 하나님의 견고한 터는 섰으니 인침이 있어 일렀으되 주께서 자기 백성을 아신다 하며 또 주의 이름을 부르는 자마다 불의에서 떠날지어다 하였느니라"

　모든 불의가 죄로되 사망에 이르지 아니하는 죄(불의)도 있습니다(요일5:17). 곧 사망에 이르지 아니하는 불의(죄)가 있고 사망에 이르는 불의(죄)가 있습니다(요일5:16). 사망에 이르는 불의(죄)를 행하는 자는 불의를 좋아하므로 불의를 행하는 것입니다. 악한 자의 나타남은 사탄의 활동을 따라 불의의 모든 속임으로 진리의 사랑을 받지 아니하여 구원함을 받지 못한 멸망하는 자들에게 있습니다(살후2:9-10). 곧 하나님이 진리를 믿지 않고 불의를 좋아하는 모든 자들로 하여금 심판을 받게 하려고 미혹의 역사를 그들에게 보내셔서 거짓 것을 믿게 하십니다(살후2:11-12). 그리고 하나님은 당을 지어 진리를 따르지 아니하고 불의를 따르는 자에게 진노와 분노로 보응하십니다(롬2:8). 사망에 이르는 불의를 행하는 자는 회개를 할 수 없는 자이며 구원함을 얻지 못한 멸망하는 자입니다. 반면에 사망에 이르지 아니하는 불의(죄)를 행하는 자는 불의를 좋아하지 않지만 연약하므로 불의를 행하는 것입니다. 사망에 이르지 아니하는 불의를 행하는 자는 연약하여 불의를 행하지만 예수님이 의인으로서 불의한 자를 대신하여 죄를 위하여 죽으신 것을 믿으며(벧전3:18), 하나님께서 그들의 불의를 긍휼히 여기고 그들의 죄를 다시 기억하지 아니하리라 하심을

믿고(히8:12), 만일 죄를 자백하면 하나님께서 의로우사 죄를 사하시며 모든 불의에서 깨끗하게 하심을 믿는 자입니다(요일1:9). 곧 사망에 이르지 아니하는 불의를 행하는 자는 회개할 수 있는 자이며, 회개하면 하나님이 생명을 주십니다(요일5:16).

요일5:17   "모든 불의가 죄로되 사망에 이르지 아니하는 죄도 있도다"

요일5:16   "누구든지 형제가 사망에 이르지 아니하는 죄 범하는 것을 보거든 구하라 그리하면 사망에 이르지 아니하는 범죄자들을 위하여 그에게 생명을 주시리라 사망에 이르는 죄가 있으니 이에 관하여 나는 구하라 하지 않노라"

살후2:9-10 "악한 자의 나타남은 사탄의 활동을 따라 모든 능력과 표적과 거짓 기적과 불의의 모든 속임으로 멸망하는 자들에게 있으리니 이는 그들이 진리의 사랑을 받지 아니하여 구원함을 받지 못함이라"

살후2:11-12 "이러므로 하나님이 미혹의 역사를 그들에게 보내사 거짓것을 믿게 하심은 진리를 믿지 않고 불의를 좋아하는 모든 자들로 하여금 심판을 받게 하려 하심이라"

롬2:8   "오직 당을 지어 진리를 따르지 아니하고 불의를 따르는 자에게는 진노와 분노로 하시리라"

벧전3:18   "그리스도께서도 단번에 죄를 위하여 죽으사 의인으로서 불의한 자를 대신하셨으니 이는 우리를 하나님 앞으로 인도하려 하심이라 육체로는 죽임을 당하시고 영으로는 살리심을 받으셨으니"

히8:12   "내가 그들의 불의를 긍휼히 여기고 그들의 죄를 다시 기억하지 아니하리라 하셨느니라"

요일1:9 "만일 우리가 우리 죄를 자백하면 그는 미쁘시고 의로우사 우리 죄를 사하시며 우리를 모든 불의에서 깨끗하게 하실 것이요"

우리는 하나님의 은혜에 의하여 믿음으로 말미암아 구원을 받았습니다. 그런데 우리가 받은 하나님이 주신 구원은 죄 사함으로 말미암는 구원입니다. 그리고 우리가 죄 사함을 받기 위해서는 회개해야 하며, 우리가 회개하기 위해서는 죄를 알아야 합니다. 그래서 하나님은 죄를 알게 하셨습니다.

그러면 무엇이 죄일까요? 불신이 죄입니다. 곧 예수 그리스도를 믿지 아니하는 것이 죄입니다. 예수 그리스도를 믿지 아니하는 사람은 정죄를 받으며, 자기 죄 가운데서 죽을 것입니다. 우리가 예수님을 믿는 것은 예수님께 순종하는 것입니다. 또한 불법이 죄입니다. 곧 하나님의 말씀을 지키지 않는 것이 죄입니다. 우리가 불법을 행하지 않는 길은 하나님의 말씀을 판단하는 자가 되지 아니하고 준행자가 되는 것입니다. 그리고 모든 불의가 죄입니다. 곧 불의로 진리를 막고 불의를 행하는 것이 죄입니다. 우리가 불의를 행하지 않는 길은 진리의 말씀을 믿으며, 진리를 사랑하며, 진리 가운데서 행하는 것입니다. 할렐루야! 아멘.

2. 죄를 회개해야 합니다.

하나님이 주신 구원은 죄 사함으로 말미암은 구원입니다. 그러므로 죄인이 하나님이 주신 구원을 받기 위해서는 죄 사함을 받아야 하고, 죄인이 그 죄를 사함 받기 위해서는 죄를 알아야 하고, 죄를 알면 그 죄를 회개해야 합니다.

모든 선지자들이 증언한 대로 예수 그리스도를 믿는 사람들이 다 그 이름을 힘입어 죄 사함을 받습니다(행10:43). 그런데 예수 그리스도를 믿는 사람들이 예수 그리스도의 이름을 힘입어 죄 사함을 받는 것은 회개입니다. 누구든지 회개 없이는 죄 사함을 받을 수가 없습니다. 왜냐하면 하나님께서 회개함을 주시며(딤후2:25-26), 하나님께서 회개하게 하사 죄 사함을 얻게 하시기 때문입니다(행5:31). 또 예수님은 죄인을 불러 회개시키러 오셨고(눅5:32). 회개하라고 전파하셨습니다(마4:17). 그러므로 우리는 회개하여 죄 사함을 받아야 합니다. 하나님이 주시는 회개는 생명을 얻게 하는 회개입니다(행11:18). 생명에 이르는 회개는 일종의 구원의 은총입니다. 그것에 의하여 죄인이 자기 죄에 대한 참된 의식을 가지고 그리스도 안에서 베푸신 하나님의 자비를 이해하는 가운데 자기 죄를 슬퍼하고 미워하며 그의 죄에서 돌이켜 하나님을 향하고 새로운 복종을 최고의 목적으로 삼고 또 그것을 위하여 노력하는 것입니다(요리문답 87문)

행10:43　　"그에 대하여 모든 선지자도 증언하되 그를 믿는 사람들이 다 그의 이름을 힘입어 죄 사함을 받는다 하였느니라"

딤후2:25-26 "거역하는 자를 온유함으로 훈계할지니 혹 하나님이 그들에게 회개함을 주사 진리를 알게 하실까 하며 그들로 깨어 마귀의 올무에서 벗어나 하나님께 사로잡힌 바 되어 그 뜻을 따르게 하실까 함이라"

행5:31 "이스라엘에게 회개함과 죄 사함을 주시려고 그를 오른손으로 높이사 임금과 구주로 삼으셨느니라"

눅5:32 "내가 의인을 부르러 온 것이 아니요 죄인을 불러 회개시키러 왔노라"

마4:17 "이 때부터 예수께서 비로소 전파하여 이르시되 회개하라 천국이 가까이 왔느니라 하시더라"

행11:18 "그들이 이 말을 듣고 잠잠하여 하나님께 영광을 돌려 이르되 그러면 하나님께서 이방인에게도 생명 얻는 회개를 주셨도다 하니라"

1) 죄를 회개하지 아니하면 어떻게 될까요?

죄의 삯은 사망입니다(롬6:23). 그러므로 사람이 죄를 회개하지 아니하면 망하고 멸망합니다. 그래서 예수님은 아무도 멸망하지 않고 다 회개하기에 이르기를 원하시며(벧후3:9), 회개하지 아니하면 망하리라고 말씀하셨습니다(눅13:3).

롬6:23 "죄의 삯은 사망이요 하나님의 은사는 그리스도 예수 우리 주 안에 있는 영생이니라"

벧후3:9 "주의 약속은 어떤 이들이 더디다고 생각하는 것 같이 더딘 것

이 아니라 오직 주께서는 너희를 대하여 오래 참으사 아무도 멸
망하지 아니하고 다 회개하기에 이르기를 원하시느니라"

눅13:3   "너희에게 이르노니 아니라 너희도 만일 회개하지 아니하면 다
이와 같이 망하리라"

   죄를 회개하지 아니하면 형통하지 못합니다. 자기 죄를 회개하지 아
니하고 숨기는 자는 형통하지 못합니다(잠28:13). 다윗은 죄를 회개
하지 아니할 때에 종일 신음하므로 뼈가 쇠하였고 여름 가뭄에 마름
같이 되었다고 고백했습니다(시32:3-4). 사람이 죄를 회개하지 아니
하면 하나님이 그 칼을 가시고 활을 당기어 예비하시며 죽일 도구를
예비하십니다(시7:12-13). 또한 예수님은 회개할 기회를 주시되 회
개하고자 아니하면 그들을 병들게 하시고 큰 환난 가운데 던지시며(
계2:21-23), 그들에게 도적같이 임하셔서(계3:3), 그들과 싸우실 것
입니다(계2:16). 그러므로 우리는 우리 죄를 회개해야 합니다.

잠28:13   "자기의 죄를 숨기는 자는 형통하지 못하나 죄를 자복하고 버리
는 자는 불쌍히 여김을 받으리라"

시32:3-4   "내가 입을 열지 아니할 때에 종일 신음하므로 내 뼈가 쇠하였
도다 주의 손이 주야로 나를 누르시오니 내 진액이 빠져서 여름
가뭄에 마름 같이 되었나이다"

시7:12-13   "사람이 회개하지 아니하면 그가 그 칼을 가심이여 그의 활을
당기어 예비하셨도다 죽일 도구를 또한 예비하심이여 그가 만
든 화살은 불화살이로다"

계2:21-23 "또 내가 회개할 기회를 주었으되 자기의 음행을 회개하고자 하지 아니하는도다 볼지어다 내가 그를 침상에 던질터이요 또 그와 더불어 간음하는 자들도 만일 그의 행위를 회개하지 아니하면 큰 환난 가운데 던지고 또 내가 사망으로 그의 자녀를 죽이리니 모든 교회가 나는 사람의 뜻과 마음을 살피는 자인 줄 알지라 내가 너희 각 사람의 행위대로 갚아 주리라"

계3:3 "그러므로 네가 어떻게 받았으며 어떻게 들었는지 생각하고 지켜 회개하라 만일 일깨지 아니하면 내가 도둑 같이 이르리니 어느 때에 네게 이르는지 네가 알지 못하리라"

계2:16 "그러므로 회개하라 그리하지 아니하면 내가 네게 속히 가서 내 입의 검으로 그들과 싸우리라"

회개하지 아니하는 자들이 있습니다. 누구든지 죄를 회개하지 아니하면 망하고 멸망합니다. 그러므로 죄를 회개하지 아니하는 것이 가장 불행한 일입니다. 그래서 하나님께서는 사랑하시는 자를 회개하도록 책망하여 징계하십니다(계3:19). 그러므로 우리는 하나님께 책망과 징계를 받을 때에 열심을 내서 회개해야 합니다. 그런데 하나님이 내리시는 재앙을 받고도 회개하지 아니하는 자들이 있습니다(계9:20-21, 계16:9-11). 그러므로 우리가 우리의 악하고 불의한 행위를 회개하는 것은 하나님의 크신 은혜입니다. 반면에 회개하지 아니하는 것이 가장 불행한 일입니다.

계3:19 "무릇 내가 사랑하는 자를 책망하여 징계하노니 그러므로 네가 열심을 내라 회개하라"

계9:20-21 "이 재앙에 죽지 않고 남은 사람들은 손으로 행한 일을 회개하지 아니하고 오히려 여러 귀신과 또는 보거나 듣거나 다니거나 하지 못하는 금, 은, 동과 목석의 우상에게 절하고 또 살인과 복술과 음행과 도둑질을 회개하지 아니하더라"

계16:9-11 "사람들이 크게 태움에 태워진지라 이 재앙들을 행하는 권세를 가지신 하나님의 이름을 비방하며 또 회개하지 아니하고 주께 영광을 돌리지 아니하더라 또 다섯째 천사가 그 대접을 짐승의 왕좌에 쏟으니 그 나라가 곧 어두워지며 사람들이 아파서 자기 혀를 깨물고 아픈 것과 종기로 말미암아 하늘의 하나님을 비방하고 그들의 행위를 회개하지 아니하더라"

2) 죄를 회개하면 어떻게 될까요?

우리가 죄를 회개하면 죄 사함을 받습니다(눅24:47). 우리가 우리 죄를 자백하면 하나님께서 우리의 죄를 사하시며 우리를 모든 불의에서 깨끗하게 하십니다(요일1:9). 다윗이 죄를 자복했더니 하나님께서 그의 죄를 사하여 주셨습니다(시32:5). 그리고 우리가 회개하여 죄 사함을 받으면 구원에 이릅니다(고후7:10). 곧 우리가 회개하면 영생을 얻고(행11:18), 멸망하지 않습니다(벧후3:9). 또한 우리가 회개하면 성령을 선물로 받으며(행2:38), 새롭게(유쾌하게) 되는 날이 주 앞으로부터 이릅니다(행3:19). 그리고 우리가 회개하면 천국에 들어가게 될 것입니다(마4:17). 그러므로 우리는 우리 죄를 회개해야 합니다.

눅24:47	"또 그의 이름으로 죄 사함을 받게 하는 회개가 예루살렘으로부터 시작하여 모든 족속에게 전파될 것이 기록되었으니"
요일1:9	"만일 우리가 우리 죄를 자백하면 그는 미쁘시고 의로우사 우리 죄를 사하시며 우리를 모든 불의에서 깨끗하게 하실것이요"
시32:5	"내가 이르기를 내 허물을 여호와께 자복하리라 하고 주께 내 죄를 아뢰고 내 죄악을 숨기지 아니하였더니 곧 주께서 내 죄악을 사하셨나이다"
고후7:10	"하나님의 뜻대로 하는 근심은 후회할 것이 없는 구원에 이르게 하는 회개를 이루는 것이요 세상 근심은 사망을 이루는 것이니라"
행11:18	"그들이 이 말을 듣고 잠잠하여 하나님께 영광을 돌려 이르되 그러면 하나님께서 이방인에게도 생명 얻는 회개를 주셨도다 하니라"
벧후3:9	"주의 약속은 어떤 이들이 더디다고 생각하는 것 같이 더딘 것이 아니라 오직 주께서는 너희를 대하여 오래 참으사 아무도 멸망하지 아니하고 다 회개하기에 이르기를 원하시느니라"
행2:38	"베드로가 이르되 너희가 회개하여 각각 예수 그리스도의 이름으로 세례를 받고 죄 사함을 받으라 그리하면 성령의 선물을 받으리니"
행3:19	"그러므로 너희가 회개하고 돌이켜 너희 죄 없이 함을 받으라 이같이 하면 새롭게 되는 날이 주 앞으로부터 이를 것이요"
마4:17	"이 때부터 예수께서 비로소 전파하여 이르시되 회개하라 천국이 가까이 왔느니라 하시더라"

3) 죄를 어떻게 회개해야 할까요?

하나님께서 사람들을 다 명하사 회개하라 하셨고 또 하나님이 회개함을 주십니다. 하나님이 회개함을 주시기에 우리는 회개해야 합니다. 회개는 하나님께 대한 회개입니다(행20:21). 사람들이 짓는 죄가 결국은 하나님께 대하여 짓는 죄이기 때문입니다. 그러므로 우리는 하나님께 대하여 회개해야 합니다. 다윗은 하나님께만 범죄 하여 주의 목전에 악을 행했다고 자백했습니다(시51:4).

행20:21   "유대인과 헬라인들에게 하나님께 대한 회개와 우리 주 예수 그리스도께 대한 믿음을 증언한 것이라"

시51:4   "내가 주께만 범죄 하여 주의 목전에 악을 행하였사오니 주께서 말씀하실 때에 의로우시다 하고 주께서 심판하실 때에 순전하시다 하리이다"

① 행한 죄악을 하나님께 자백해야 합니다.

우리가 우리 죄를 자백하면 하나님께서 우리의 죄를 사하시며 모든 불의에서 우리를 깨끗하게 하십니다(요일1:9). 죄를 자백하는 것은 죄를 회개하고 주께 기도하는 것입니다(행8:22). 다윗은 그 죄를 하나님께 아뢰었더니 하나님께서 그 죄악을 사하셨습니다(시32:5). 사람은 누구나 심판 날에 하나님의 심판대 앞에서 각인이 자기 일을 하나님께 직고할 것입니다(롬14:10-12). 그러므로 우리는 지금 우리가 행한 일을 하나님께 직고해야 합니다. 그렇지 않으면 우리가 심판 날에 하나님께 직고하게 될 것입니다. 그런데 지금 우리가 행한 악한 일을 하나님께 직고하면 사함을 받지만 심판 날에 하나님께 직고하게 되면 형벌을 받을 것입니다. 그러므로 우리는 우리의 죄악을 지금 하나님께 자백해야 합니다.

요일1:9 "만일 우리가 우리 죄를 자백하면 그는 미쁘시고 의로우사 우리 죄를 사하시며 우리를 모든 불의에서 깨끗하게 하실 것이요"

행8:22 "그러므로 너의 이 악함을 회개하고 주께 기도하라 혹 마음에 품은 것을 사하여 주시리라"

시32:5 "내가 이르기를 내 허물을 여호와께 자복하리라 하고 주께 내 죄를 아뢰고 내 죄악을 숨기지 아니하였더니 곧 주께서 내 죄악을 사하셨나이다"

롬14:10-12 "네가 어찌하여 네 형제를 비판하느냐 어찌하여 네 형제를 업신여기느냐 우리가 다 하나님의 심판대 앞에 서리라 기록되었으되 주께서 이르시되 내가 살았노니 모든 무릎이 내게 꿇을 것이요 모든 혀가 하나님께 자백하리라 하였느니라 이러므로 각 사람이 자기 일을 하나님께 직고하리라"

② 자백한 죄를 버려야 합니다.

우리가 하나님께 우리 죄를 자백하면 그 죄를 버려야 합니다. 자기의 죄를 자복하고 버리는 자는 하나님께 불쌍히 여김을 받습니다(잠28:13). 곧 죄를 자백한 자는 모든 죄에서 돌이켜 떠나야 합니다. 악인이 그 행한 모든 죄에서 돌이켜 떠나 하나님의 법과 의를 행하면 그는 정녕 살고 죽지 아니합니다(겔18:21-22). 반면에 의인이 돌이켜 그 의에서 떠나 범죄하고 악을 행하면 그 지은 죄로 인하여 그는 죽을 것입니다(겔18:24). 그러므로 우리는 자백한 죄를 버려야 합니다.

잠28:13   "자기의 죄를 숨기는 자는 형통하지 못하나 죄를 자복하고 버리는 자는 불쌍히 여김을 받으리라"

겔18:21   "그러나 악인이 만일 그가 행한 모든 죄에서 돌이켜 떠나 내 모든 율례를 지키고 정의와 공의를 행하면 반드시 살고 죽지 아니할 것이라

겔18:24   "만일 의인이 돌이켜 그 공의에서 떠나 범죄하고 악인이 행하는 모든 가증한 일대로 행하면 살겠느냐 그가 행한 공의로운 일은 하나도 기억함이 되지 아니하리니 그가 범한 허물과 그 지은 죄로 죽으리라"

우리는 얽매이기 쉬운 죄를 벗어버려야 하며(히12:1), 우리는 구습을 따르는 옛 사람을 벗어버려야 합니다. 곧 우리는 옛 사람과 그 행위를 벗어버려야 합니다(골3:9). 우리는 경건하지 않은 것과 이 세상 정욕을 다 버리고(딛2:12), 악은 어떤 모양이라도 버려야 합니다(살전5:22). 또 우리는 모든 더러운 것과 넘치는 악을 내버리고(약1:21), 거짓을 버리고(엡4:25), 분함과 노여움과 악의와 입의 부끄러운 말을 버리고(골3:8), 모든 악독과 모든 기만과 외식과 시기와 모든 비방하는 말을 버리고(벧전2:1), 망령되고 헛된 말을 버리고(딤후2:16), 숨은 부끄러움의 일을 버려야 합니다(고후4:2). 하나님은 우리가 경건하지 않은 것과 이 세상 정욕을 다 버리도록 우리를 양육하십니다(딛2:12).

히12:1　　　"이러므로 우리에게 구름같이 둘러싼 허다한 증인들이 있으니 모든 무거운 것과 얽매이기 쉬운 죄를 벗어 버리고 인내로써 우리 앞에 당한 경주를 하며"

골3:9　　　"너희가 서로 거짓말을 하지 말라 옛 사람과 그 행위를 벗어 버리고"

딛2:12　　　"우리를 양육하시되 경건하지 않은 것과 이 세상 정욕을 다버리고 신중함과 의로움과 경건함으로 이 세상에 살고"

살전5:22　　　"악은 어떤 모양이라도 버리라"

약1:21　　　"그러므로 모든 더러운 것과 넘치는 악을 내버리고 너희 영혼을 능히 구원할 바 마음에 심어진 말씀을 온유함으로 받으라"

엡4:25　　　"그런즉 거짓을 버리고 각각 그 이웃과 더불어 참된 것을 말하라 이는 우리가 서로 지체가 됨이라"

골3:8　　　"이제는 너희가 이 모든 것을 벗어버리라 곧 분함과 노여움과 악의와 비방과 너희 입의 부끄러운 말이라"

벧전2:1　　　"그러므로 모든 악독과 모든 기만과 외식과 시기와 모든 비방하는 말을 버리고"

딤후2:16　　　"망령되고 헛된 말을 버리라 그들은 경건하지 아니함에 점점 나아가나니"

고후4:2　　　"이에 숨은 부끄러움의 일을 버리고 속임으로 행하지 아니하며 하나님의 말씀을 혼잡하게 하지 아니하고 오직 진리를 나타냄으로 하나님 앞에서 각 사람의 양심에 대하여 스스로 추천하노라"

③ 회개에 합당한 열매를 맺어야 합니다.

회개한 자 곧 그 죄를 자백하고 버리는 자는 회개에 합당한 열매를 맺어야 합니다(마3:8). 곧 회개에 합당한 일을 행해야 합니다(행26:20). 우리가 자복한 죄를 버리는 것은 소극적인 일이며, 회개에 합당한 열매를 맺는 것은 적극적인 일입니다. 그리고 회개에 합당한 열매를 맺는 것은 성령의 열매를 맺는 것이며, 성령의 열매는 사랑, 희락, 화평, 오래 참음, 자비, 양선, 충성, 온유, 절제입니다(갈5:22-23). 또 회개에 합당한 열매를 맺는 것은 빛의 열매를 맺는 것이며, 빛의 열매는 착함과 의로움과 진실함입니다(엡5:9). 하나님은 우리가 신중함과 의로움과 경건함으로 살도록 우리를 양육하십니다(딛2:12).

마3:8   "그러므로 회개에 합당한 열매를 맺고"

행26:20   "먼저 다메섹과 예루살렘에 있는 사람과 유대 온 땅과 이방인에게까지 회개하고 하나님께 돌아와서 회개에 합당한 일을 하라 전하므로"

갈5:22-23 "오직 성령의 열매는 사랑과 희락과 화평과 오래 참음과 자비와 양선과 충성과 온유와 절제니 이같은 것을 금지할 법이 없느니라"

엡5:9   "빛의 열매는 모든 착함과 의로움과 진실함에 있느니라"

딛2:12   "우리를 양육하시되 경건하지 않은 것과 이 세상 정욕을 다 버리고 신중함과 의로움과 경건함으로 이 세상에 살고"

우리가 회개에 합당한 열매를 맺는 것은 하나님의 성품에 참여하는 자가 되는 것입니다(벧후1:4). 우리는 더욱 힘써 믿음에 덕을, 덕에 지식을, 지식에 절제를, 절제에 인내를 , 인내에 경건을, 경건에 형제 우애를, 형제 우애에 사랑을 더해야 합니다(벧후1:5-7). 또한 우리는 모든 사람을 대할 때 항상 선을 따르며(살전5:15), 악에서 떠나 선과 화평을 구하고 그것을 따르며(벧전3:11), 성도들과 함께 의와 믿음과 사랑과 화평을 따르며(딤후2:22), 모든 사람과 더불어 화평함과 거룩함을 따라야 합니다(히12:14).

벧후1:4   "이로써 그 보배롭고 지극히 큰 약속을 우리에게 주사 이 약속으로 말미암아 너희가 정욕 때문에 세상에서 썩어질 것을 피하여 신성한 성품에 참여하는 자가 되게 하려 하셨느니라"

벧후1:5-7   "그러므로 너희가 더욱 힘써 너희 믿음에 덕을, 덕에 지식을, 지식에 절제를, 절제에 인내를, 인내에 경건을, 경건에 형제 우애를, 형제 우애에 사랑을 더하라"

살전5:15   "삼가 누가 누구에게든지 악으로 악을 갚지 말게 하고 서로 대하든지 모든 사람을 대하든지 항상 선을 따르라"

벧전3:11   "악에서 떠나 선을 행하고 화평을 구하며 그것을 따르라"

딤후2:22   "또한 너는 청년의 정욕을 피하고 주를 깨끗한 마음으로 부르는 자들과 함께 의와 믿음과 사랑과 화평을 따르라"

히12:14   "모든 사람과 더불어 화평함과 거룩함을 따르라 이것이 없이는 아무도 주를 보지 못하리라"

예수 그리스도를 믿는 사람들이 그 이름을 힘입어 회개하여 죄 사

함을 받음으로 구원을 받습니다. 그러므로 우리는 우리의 죄를 알고
그 죄를 회개해야 합니다. 하나님은 우리에게 생명을 얻는 회개를 주
십니다. 만일 사람이 그 죄를 회개하지 않으면 어떻게 될까요? 사람이
그 죄를 회개하지 아니하면 형통하지 못하며 망하고 멸망합니다. 그
러므로 죄를 회개하지 아니하는 것이 가장 불행한 일입니다. 그러면
사람이 그 죄를 회개하면 어떻게 될까요? 사람이 그 죄를 회개하면
죄 사함을 얻고, 멸망하지 않고 영생을 얻으며, 성령을 선물로 받고,
새롭게 되는 날이 주 앞으로부터 이르며, 천국에 들어가게 됩니다. 그
러므로 우리는 회개해야 하는데 어떻게 회개해야 할까요? 우리는 우
리가 행한 죄악을 자백해야 하며, 자백한 죄를 버리고, 회개에 합당한
열매를 맺어야 합니다.

3. 죄 사함을 받아야 합니다.

하나님이 주신 구원은 죄 사함으로 말미암는 구원입니다. 그러므로
죄인이 하나님이 주신 구원을 받기 위해서는 죄 사함을 받아야 하고,
죄인이 그 죄를 사함 받기 위해서는 죄를 알아야 하고, 죄를 알면 그
죄를 회개해야 하며, 죄를 회개하면 그 죄를 사함 받습니다. 우리는
우리 죄를 자백하고 회개하여 죄 사함을 받았습니다. 이는 우리가 우
리 죄를 자백하면 하나님이 우리 죄를 사하시기 때문입니다(요일1:9).

요일1:9   "만일 우리가 우리 죄를 자백하면 그는 미쁘시고 의로우사 우리

죄를 사하시며 우리를 모든 불의에서 깨끗하게 하실 것이요"

1) 하나님이 우리 죄를 사하시기 위하여 예수님을 세상에 보내셨습니다.
하나님이 우리를 사랑하사 우리 죄를 위하여 화목제로 그 아들을 보내셨습니다(요일4:10). 하나님은 우리의 죄를 우리에게 돌리지 아니하시고(고후5:19), 하나님은 우리의 죄를 인하여 자기 아들을 죄 있는 육신의 모양으로 보내어 그 육신에 우리의 죄를 정하셨습니다(롬8:3-4). 곧 하나님이 죄를 알지도 못하신 예수님으로 우리를 대신하여 죄를 삼으신 것입니다(고후5:21). 그래서 세상에 오신 예수님은 세상 죄를 지고 가는 하나님의 어린양이십니다(요1:29).

요일4:10   "사랑은 여기 있으니 우리가 하나님을 사랑한 것이 아니요 하나님이 우리를 사랑하사 우리 죄를 속하기 위하여 화목 제물로 그 아들을 보내셨음이라"

고후5:19   "곧 하나님께서 그리스도 안에 계시사 세상을 자기와 화목하게 하시며 그들의 죄를 그들에게 돌리지 아니하시고 화목하게 하는 말씀을 우리에게 부탁하셨느니라"

롬8:3-4   "율법이 육신으로 말미암아 연약하여 할 수 없는 그것을 하나님은 하시나니 곧 죄로 말미암아 자기 아들을 죄 있는 육신의 모양으로 보내어 육신에 죄를 정하사 육신을 따르지 않고 그 영을 따라 행하는 우리에게 율법의 요구가 이루어지게 하려 하심이니라"

고후5:21   "하나님이 죄를 알지도 못하신 이를 우리를 대신하여 죄로 삼으신 것은 우리로 하여금 그 안에서 하나님의 의가 되게 하려 하심이라"

요1:29   "이튿날 요한이 예수께서 자기에게 오심을 보고 이르시되 보라
세상 죄를 지고 가는 하나님의 어린 양이로다"

2) 예수님이 우리의 죄를 담당하시고 사하여 주셨습니다.

예수님이 친히 나무에 달려 그 몸으로 우리 죄를 담당하셔서 우리
로 죄에 대하여 죽고 의에 대하여 살게 하셨습니다(벧전2:24). 곧 예
수 그리스도께서 우리 죄를 위하여 죽으셨습니다(고전15:3). 예수님
은 의인으로서 불의 한 자를 대신하여 죽으셨으며(벧전3:18), 예수님
은 우리가 아직 죄인 되었을 때에 우리를 위하여 죽으셨고(롬5:8), 예
수님은 자기를 단번에 제사로 드려 우리의 죄를 없게 하셨습니다(히
9:28). 곧 죄가 없으신 예수님이 우리 죄를 없애려고 나타나셨으며(
요일3:5), 예수님은 우리로 죄 사함을 얻게 하시려고 피를 흘리셨으
며(마26:28), 예수님의 피가 우리를 모든 죄에서 깨끗하게 하며(요
일1:7), 예수님은 그의 피로 우리 죄에서 우리를 해방하셨습니다(계
1:5). 또한 승천하셔서 하나님 우편에 계신 예수님은 만일 우리가 죄
를 범하면 아버지 앞에서 우리의 대언자가 되십니다(요일2:1).

벧전2:24   "친히 나무에 달려 그 몸으로 우리 죄를 담당하셨으니 이는 우
리로 죄에 대하여 죽고 의에 대하여 살게 하심이라 그가
채찍에 맞음으로 너희는 나음을 얻었나니"

고전15:3   "내가 받은 것을 먼저 너희에게 전하였노니 이는 성경대로 그
리스도께서 우리 죄를 위하여 죽으시고"

벧전3:18	"그리스도께서도 단번에 죄를 위하여 죽으사 의인으로서 불의한 자를 대신하셨으니 이는 우리를 하나님 앞으로 인도하려 하심이라 육체로는 죽임을 당하시고 영으로는 살리심을 받으셨으니"
롬5:8	"우리가 아직 죄인 되었을 때에 그리스도께서 우리를 위하여 죽으심으로 하나님께서 우리에 대한 자기의 사랑을 확증하셨느니라"
히9:28	"이와 같이 그리스도도 많은 사람의 죄를 담당하시려고 단번에 드리신 바 되셨고 구원에 이르게 하기 위하여 죄와 상관 없이 자기를 바라는 자들에게 두 번째 나타나시리라"
요일3:5	"그가 우리 죄를 없애려고 나타나신 것을 너희가 아나니 그에게는 죄가 없느니라"
마26:28	"이것은 죄 사함을 얻게 하려고 많은 사람을 위하여 흘리는 바 나의 피 곧 언약의 피니라"
요일1:7	"그가 빛 가운데 계신 것 같이 우리도 빛 가운데 행하면 우리가 서로 사귐이 있고 그 아들 예수의 피가 우리를 모든 죄에서 깨끗하게 하실 것이요"
계1:5	"또 충성된 증인으로서 죽은 자들 가운데서 먼저 나시고 땅의 임금들의 머리가 되신 예수 그리스도로 말미암아 은혜와 평강이 너희에게 있기를 원하노라 우리를 사랑하사 그의 피로 우리 죄에서 우리를 해방하시고"
요일2:1	"나의 자녀들아 내가 이것을 너희에게 씀은 너희로 죄를 범하지 않게 하려 함이라 만일 누가 죄를 범하여도 아버지 앞에서 우리에게 대언자가 있으니 곧 의로우신 예수 그리스도시라"

3) 예수 그리스도를 믿는 우리는 죄 사함을 받았습니다.

우리의 죄를 담당하시고 우리의 죄를 사해 주신 예수 그리스도를 믿고 죄를 자백하고 회개한 우리는 죄 사함을 받았습니다. 이는 우리가 우리 죄를 자백하면 하나님이 우리 죄를 사하시기 때문입니다(요일1:9). 우리는 그리스도 예수 안에서 죄 사함을 얻었고(골1:14), 예수 그리스도의 은혜의 풍성함을 따라 그의 피로 말미암아 죄 사함을 받았습니다(엡1:7). 곧 예수 그리스도를 믿는 우리는 그 이름을 힘입어 죄 사함을 받았습니다(행10:43). 우리의 죄가 예수 그리스도의 이름으로 말미암아 사함을 받은 것입니다(요일2:12).

요일1:9	"만일 우리가 우리 죄를 자백하면 그는 미쁘시고 의로우사 우리 죄를 사하시며 우리를 모든 불의에서 깨끗하게 하실 것이요"
골1:14	"그 아들 안에서 우리가 속량 곧 죄 사함을 얻었도다"
엡1:7	"우리는 그리스도 안에서 그의 은혜의 풍성함을 따라 그의 피로 말미암아 속량 곧 죄 사함을 받았느니라"
행10:43	"그에 대하여 모든 선지자도 증언하되 그를 믿는 사람들이 다 그의 이름을 힘입어 죄 사함을 받는다 하였느니라"
요일2:12	"자녀들아 내가 너희에게 쓰는 것은 너희 죄가 그의 이름으로 말미암아 사함을 받았음이요"

① 우리는 죄에 대하여 죽은 자요 하나님께 대하여는 산 자입니다.

죄 사함을 받은 우리는 죄에 대하여는 죽은 자요 하나님께 대하여는 산 자입니다(롬6:11). 그리고 죄에 대하여 죽은 우리는 죄에게서 해방되어 의에게 종이 되었습니다(롬6:17-18). 곧 우리의 옛 사람이 예수님과 함께 십자가에 못 박혀 죄의 몸이 멸하여 다시는 우리가 죄에게 종노릇하지 아니하게 되었습니다(롬6:6). 그리고 죄에 대하여 죽은 우리는 죄 가운데 더 살지 않습니다(롬6:2). 그러므로 우리는 깨어 의를 행하고 죄를 짓지 않아야 합니다(고전15:34). 왜냐하면 하나님께로 난 자는 죄를 짓지 아니하고(요일3:9), 예수 그리스도 안에 거하는 자는 범죄 하지 아니하기 때문입니다(요일3:6). 그리고 만일 우리가 죄를 범하여도 아버지 앞에서 예수님이 우리에게 대언자가 되시기 때문입니다(요일2:1).

롬6:11	"이와 같이 너희도 너희 자신을 죄에 대하여는 죽은 자요 그리스도 예수 안에서 하나님께 대하여는 살아 있는 자로 여길지어다"
롬6:17-18	"하나님께 감사하리로다 너희가 본래 죄의 종이더니 너희에게 전하여 준 바 교훈의 본을 마음으로 순종하여 죄로부터 해방되어 의에게 종이 되었느니라"
롬6:6	"우리가 알거니와 우리의 옛 사람이 예수와 함께 십자가에 못 박힌 것은 죄의 몸이 죽어 다시는 우리가 죄에게 종노릇 하지 아니하려 함이니"
롬6:1-2	"그런즉 우리가 무슨 말을 하리요 은혜를 더하게 하려고 죄에 거하겠느냐 그럴 수 없느니라 죄에 대하여 죽은 우리가 어찌 그 가운데 더 살리요"
고전15:34	"깨어 의를 행하고 죄를 짓지 말라 하나님을 알지 못하는 자가 있기로 내가 너희를 부끄럽게 하기 위하여 말하노라"

요일3:9 "하나님께로부터 난 자마다 죄를 짓지 아니하나니 이는 하나님의 씨가 그의 속에 거함이요 그도 범죄하지 못하는 것은 하나님께로부터 났음이라"

요일3:6 "그 안에 거하는 자마다 범죄하지 아니하나니 범죄하는 자마다 그를 보지도 못하였고 그를 알지도 못하였느니라"

요일2:1 "나의 자녀들아 내가 이것을 너희에게 씀은 너희로 죄를 범하지 않게 하려 함이라 만일 누가 죄를 범하여도 아버지 앞에서 우리에게 대언자가 있으니 곧 의로우신 예수 그리스도시라"

② 우리는 영은 의로 말미암아 살았으나 몸은 죄로 말미암아 죽은 것입니다.

예수 그리스를 믿고 영접한 우리는 영은 의로 말미암아 살았으나 몸은 죄로 말미암아 죽은 것입니다(롬8:10). 그래서 우리는 마음으로는 하나님의 법을, 육신으로는 죄의 법을 섬깁니다(롬7:25). 곧 우리는 영이 살아서 마음으로는 하나님의 법을 즐거워하되, 몸은 죽은 것이어서 우리 지체 속에 다른 법(욕심)이 있어서 마음의 법과 싸우며 죄의 법으로 우리를 사로잡습니다(롬7:22-23). 곧 선을 행하기 원하는 우리에게 악이 함께 있습니다(롬7:21). 그래서 우리가 원하지 아니하는 악을 행하게 되면 행하는 자가 내가 아니요 내 속에 거하는 죄입니다(롬7:20). 이렇게 우리에게는 죄 곧 육체의 욕심, 몸의 사욕이 있습니다. 그리고 우리 속에 진리가 들어올수록 그 죄가 드러납니다. 그러므로 만일 우리가 죄가 없다고 말하면 스스로 속이고 또 진리가 우리 속에 있지 아니한 것입니다(요일1:8). 또한 만일 우리가 범죄 하지 아니하였다 하면 하나님을 거짓말하는 이로 만드는 것이며 그의 말씀이 우리 속에 있지 아니한 것입니다(요일1:10).

롬8:10	"또 그리스도께서 너희 안에 계시면 몸은 죄로 말미암아 죽은 것이나 영은 의로 말미암아 살아 있는 것이니라"
롬7:25	"우리 주 예수 그리스도로 말미암아 하나님께 감사하리로다 그런즉 내 자신이 마음으로는 하나님의 법을 육신으로는 죄의 법을 섬기노라"
롬7:22-23	"내 속사람으로는 하나님의 법을 즐거워하되 내 지체 속에서 한 다른 법이 내 마음의 법과 싸워 내 지체 속에 있는 죄의 법으로 나를 사로 잡는 것을 보는도다"
롬7:21	"그러므로 내가 한 법을 깨달았노니 곧 선을 행하기 원하는 나에게 악이 함께 있는 것이로다"
롬7:20	"만일 내가 원하지 아니하는 그것을 하면 이를 행하는 자는 내가 아니요 내 속에 거하는 죄니라"
요일1:8	"만일 우리가 죄가 없다고 말하면 스스로 속이고 또 진리가 우리 속에 있지 아니할 것이요"
요일1:10	"만일 우리가 범죄하지 아니하였다 하면 하나님을 거짓말하는 이로 만드는 것이니 또한 그의 말씀이 우리 속에 있지 아니하니라"

③ 우리는 죄가 우리 죽을 몸을 지배하지 못하게 해야 합니다.

죄 사함 받은 우리는 영은 의로 말미암아 살았으나 몸은 죄로 말미암아 죽은 것입니다. 그러므로 죄 사함 받은 우리는 죄가 우리의 죽을 몸을 지배하지 못하게 하여 몸의 사욕을 순종하지 말며(롬6:12), 영혼을 거슬러 싸우는 육체의 정욕을 제어하며(벧전2:11), 육신대로 살지 말고 성령으로 인도함을 받아 영으로써 몸의 행실을 죽이며(롬8:12-14), 성령을 따라 행하므로 육체의 욕심을 이루지 아니해야 합니다(갈5:16). 또한 우리는 우리 지체를 불의의 병기로 죄에게 드리지 말고 오직 우리 자신을 의의 병기로 하나님께 드리며(롬6:13), 우리 지체를 의에게 종으로 드려 거룩함에 이르러야 합니다(롬6:19). 그리고 우리 몸을 하나님이 기뻐하시는 산 제물로 드리는 영적 예배를 드려야 합니다(롬12:1).

롬6:12   "그러므로 너희는 죄가 너희 죽을 몸을 지배하지 못하게 하여 몸의 사욕에 순종하지 말고"

벧전2:11   "사랑하는 자들아 거류민과 나그네 같은 너희를 권하노니 영혼을 거슬러 싸우는 육체의 정욕을 제어하라"

롬8:12-14   "그러므로 형제들아 우리가 빚진 자로되 육신에게 져서 육신대로 살 것이 아니니라 너희가 육신대로 살면 반드시 죽을 것이로되 영으로써 몸의 행실을 죽이면 살리니 무릇 하나님의 영으로 인도함을 받는 사람은 곧 하나님의 아들이라"

갈5:16   "내가 이르노니 너희는 성령을 따라 행하라 그리하면 육체의 욕심을 이루지 아니하리라"

롬6:13   "또한 너희 지체를 불의의 무기로 죄에게 내주지 말고 오직 너희 자신을 죽은 자 가운데서 다시 살아난 자 같이 하나님께 드리며 너희 지체를 의의 무기로 하나님께 드리라"

롬6:19	"너희 육신이 연약하므로 내가 사람의 예대로 말하노니 전에 너희가 너희 지체를 부정과 불법에 내주어 불법에 이른것 같이 이제는 너희 지체를 의에게 종으로 내주어 거룩함에 이르라"
롬12:1	"그러므로 형제들아 내가 하나님의 모든 자비하심으로 너희를 권하노니 너희 몸을 하나님이 기뻐하시는 거룩한 산 제물로 드리라 이는 너희가 드릴 영적 예배니라"

　우리는 우리 죄를 알고 회개하여 사함을 받아야 합니다. 우리가 우리 죄를 자백하면 하나님께서 우리 죄를 사하십니다. 하나님께서 우리 죄를 사하시기 위하여 예수님을 육신의 모양으로 세상에 보내어 그 육신에 우리 죄를 정하셨습니다. 곧 하나님께서 우리 죄를 예수님에게 담당시키셨습니다. 이에 예수님은 친히 나무에 달려 우리 죄를 담당하시고 우리로 죄에 대하여 죽고 의에 대하여 살게 하셨습니다. 곧 예수님이 우리 죄를 없애려고 나타나셨으며, 예수님이 우리로 죄 사함을 얻게 하시려고 피를 흘리셨으며, 예수님의 피가 우리를 모든 죄에서 깨끗하게 하며, 예수님이 그의 피로 우리를 우리 죄에서 해방하셨습니다. 그래서 예수 그리스도를 믿는 우리는 죄 사함을 받았습니다. 우리는 그리스도 예수 안에서 그의 은혜의 풍성함을 따라 그의 피로 말미암아 죄 사함을 받았습니다. 그리고 죄 사함을 받은 우리는 죄에 대하여는 죽은 자요 하나님께 대하여는 산 자입니다.

　그런데 예수 그리스도를 믿음으로 죄 사함 받은 우리는 영은 의로 말미암아 살았으나 몸은 죄로 말미암아 죽은 것입니다. 그래서 우리는 마음으로는 하나님의 법을, 육신으로는 죄를 법을 섬깁니다. 곧 우리의 영이 살아서 선을 행하기 원하는 우리에게 우리의 몸은 죽은 것이므로 악이 함께 있습니다. 그래서 우리가 원하지 아니하는 악을 행하게 되며, 악을 행하는 자가 우리가 아니요 우리 속에 거하는 죄입니다. 그리고 우리 속에 진리가 들어올수록 우리 속에 있는 죄(악=육체의 욕심=몸의 사욕)가 드러나게 됩니다. 그러므로 죄 사함 받은 우리는 우리 속에 죄(악)가 있음을 알고 죄가 우리 몸을 지배하지 못하게 하여 몸의 사욕을 순종하지 말며, 성령으로 인도함을 받아 영으로써 몸의 행실을 죽이며, 성령을 따라 행하므로 육체의 욕심을 이루지 아니해야 합니다.

할렐루야! 아멘.

6장
마귀를 대적하여 이기라

1. 마귀를 알아야 합니다.
2. 마귀가 하는 일을 알아야 합니다.
3. 마귀를 대적하여 이겨야 합니다.

우리는 하나님의 은혜에 의하여 믿음으로 말미암아 구원을 받았습니다(엡2:8). 우리는 하나님의 은혜를 받았고 예수 그리스도를 믿음으로 구원을 받았습니다. 우리가 받은 구원은 하나님이 주신 것이요 하나님이 주신 구원은 죄 사함으로 말미암은 구원이며, 죄 사함을 받기 위해서는 회개해야 합니다. 그래서 우리는 하나님의 은혜를 받아 예수 그리스도를 믿고 회개하여 죄 사함을 받음으로 하나님이 주신 구원을 받았습니다. 그런데 하나님의 구원역사를 대적하고 방해하는 자가 있는데 그는 마귀(사탄)입니다. 마귀는 불신자들로 구원을 받지 못하게 하고(고후4:4), 구원 받은 자들을 넘어지도록 미혹합니다(마24:24). 그러므로 구원 받은 우리는 마귀를 대적하여 이겨야 합니다(약4:7).

엡2:8   "너희는 그 은혜에 의하여 믿음으로 말미암아 구원을 받았으니 이것은 너희에게서 난 것이 아니요 하나님의 선물이라"

고후4:4   "그 중에 이 세상 신이 믿지 아니하는 자들의 마음을 혼미하게 하여 그리스도의 영광의 복음의 광채가 비치지 못하게 함이니 그리스도는 하나님의 형상이니라"

마24:24   "거짓 그리스도들과 거짓 선지자들이 일어나 큰 표적과 기사를 보여 할 수만 있으면 택하신 자들도 미혹하리라"

약4:7   "그런즉 너희는 하나님께 복종할지어다 마귀를 대적하라 그리
         하면 너희를 피하리라"

마귀는 처음부터 범죄 하였으며(요일3:8), 처음부터 살인한 자요 진리가 그 속에 없으므로 진리에 서지 못하고 거짓을 말할 때마다 제 것으로 말하는 거짓말쟁이요 거짓의 아비가 되었습니다(요8:44). 마귀는 거짓으로 하와를 미혹하여 아담으로 범죄 하게 하였습니다. 그리고 마귀는 하나님의 구원역사를 대적하고 방해합니다. 곧 마귀는 죄인들이 구원 받는 것을 방해하려고 예수 그리스도를 대적하며, 예수 그리스도의 복음을 방해하며 다른 복음을 전하게 합니다. 그리고 마귀는 성도들의 믿음을 방해하여 믿음이 약해지게 하며, 믿음이 떨어지게 하고, 믿음에서 떠나게 합니다. 또한 마귀는 교회를 훼방하며 박해하고, 주의 사자 곧 목회자들을 대적하며 거짓 목회자들을 세워 목회자들을 대적하게 합니다. 그뿐만 아니라 마귀는 경건하게 사는 성도들을 박해하며, 부활을 부인하게 하고, 천국을 부인하게 하며 잘못된 천국을 말하게 합니다. 또한 마귀는 불신자들로 구원을 받지 못하게 하고(고후4:4), 구원 받은 자들을 넘어지도록 미혹하며(마24:24), 두루 다니며 삼킬 자를 찾습니다. 그러므로 우리는 믿음을 굳게 하여 마귀를 대적해야 합니다(벧전5:8-9).

요일3:8   "죄를 짓는 자는 마귀에게 속하나니 마귀는 처음부터 범죄함이라
          하나님의 아들이 나타나신 것은 마귀의 일을 멸하려 하심이라"
요8:44   "너희는 너희 아비 마귀에게서 났으니 너희 아비의 욕심대로 너

희도 행하고자 하느니라 그는 처음부터 살인한 자요 진리가 그 속에 없으므로 진리에 서지 못하고 거짓을 말할 때마다 제 것으로 말하나니 이는 그가 거짓말쟁이요 거짓의 아비가 되었음이라"

고후4:4 "그 중에 이 세상 신이 믿지 아니하는 자들의 마음을 혼미하게 하여 그리스도의 영광의 복음의 광채가 비치지 못하게 함이니 그리스도는 하나님의 형상이니라"

마24:24 "거짓 그리스도들과 거짓 선지자들이 일어나 큰 표적과 기사를 보여 할 수만 있으면 택하신 자들도 미혹하리라"

벧전5:8-9 "근신하라 깨어라 너희 대적 마귀가 우는 사자 같이 두루 다니며 삼킬 자를 찾나니 너희는 믿음을 굳건하게 하여 그를 대적하라 이는 세상에 있는 너희 형제들도 동일한 고난을 당하는 줄을 앎이라"

1. 마귀를 알아야 합니다.

마귀에 대해서 가장 중요한 것은 우리가 마귀를 이기는 것입니다. 그런데 우리가 마귀를 이기기 위해서는 마귀를 알아야 합니다. 그래서 하나님은 마귀가 어떤 자인가를 말씀해 주셨습니다. 우리는 하나님이 말씀하신 대로 마귀를 알아야 합니다.

1) 천사(루시엘=루시퍼)가 범죄 하여 마귀(사탄)가 되었습니다.
에스겔 28장 1-20절은 두로와 두로의 왕에 대한 하나님의 심판을 말씀하고 있습니다. 그런데 그 중 11-17절은 두로의 실제적인 왕 그 이상에게로 눈을 돌리게 합니다. 곧 두로의 왕을 지배하는 자 곧 마귀(사탄)에 대하여 말씀하는 것으로 볼 수 있습니다. 그리고 사14장 12절에 계명성(새벽별=Lucifer)을 말씀하는데 이 루시퍼를 사탄(마귀)으로 보며, 그는 하늘에서 떨어졌으며 땅에 찍혔습니다(사14:12). 루시퍼는 "빛 나는 자, 보광자"란 뜻이 있습니다. 루시퍼는 광명의 천사였는데 타락하여(범죄 하여) 사탄(마귀)이 되었습니다. 그래서 사탄은 자기를 광명의 천사로 가장합니다(고후11:14). 그리고 이 루시퍼와 함께 범죄 한 천사들이 있는데 하나님은 범죄 한 천사들 곧 자기 지위를 지키지 아니하고 자기 처소를 떠난 천사들을 용서하지 아니하시고 큰 날의 심판까지 영원한 결박으로 흑암에 가두셨습니다(벧후2:4, 유1:6).

사14:12	"너 아침의 아들 계명성이여 어찌 그리 하늘에서 떨어졌으며 너 열국을 엎은 자여 어찌 그리 땅에 찍혔는고"
고후11:14	"이것은 이상한 일이 아니니라 사탄도 자기를 광명의 천사로 가장하나니"
벧후2:4	"하나님이 범죄한 천사들을 용서하지 아니하시고 지옥에 던져 어두운 구덩이에 두어 심판 때까지 지키게 하셨으며"
유1:6	"또 자기 지위를 지키지 아니하고 자기 처소를 떠난 천사들을 큰 날의 심판까지 영원한 결박으로 흑암에 가두셨으며"

① 마귀(사탄)는 천사였습니다.

루시퍼는 하나님이 세우심으로 하나님의 성산에 있어서 왕래하였던 그룹 천사 중의 하나로(겔28:14), 완전한 보증(도장)이었고 지혜가 충족하며 완전히 아름다웠습니다(겔28:12). 그리고 그가 지음을 받던 날부터 그의 모든 길에 완전하였는데 마침내 불의가 드러났습니다(겔28:15). 루시퍼 천사가 가진 지혜와 아름다움은 자신의 것이 아니었고 하나님이 주신 것이었습니다. 그러므로 루시퍼는 하나님께 찬송과 영광과 존귀를 돌려야 했습니다. 그러나 루시퍼는 자신이 하나님이 되려고 하나님께 범죄 하였으며 사탄(마귀)이 되었습니다.

겔28:14   "너는 기름부음을 받고 지키는 그룹임이여 내가 너를 세우매 네가 하나님의 성산에 있어서 불타는 돌들 사이에 왕래하였도다"

겔28:12   "인자야 두로 왕을 위하여 슬픈 노래를 지어 그에게 이르기를 주 여호와의 말씀에 너는 완전한 도장이었고 지혜가 충족하며 온전히 아름다웠도다"

겔28:15   "네가 지음을 받던 날로부터 네 모든 길에 완전하더니 마침내 네게서 불의가 드러났도다"

② 마귀(사탄)는 하나님을 반역하였습니다.

루시퍼 천사가 하나님을 반역하므로 사탄이 되었습니다. 사탄이란 "반역자, 혁명가"란 뜻이 있습니다. 이사야 14장 12-14절은 루시퍼 천사가 하나님을 반역한 과정을 계시해 줍니다. 아침의 아들 계명성은 사탄이며 그는 하늘에서 떨어져 땅에 찍혔습니다(사14:12). 그는

그 마음에 하나님의 보좌를 차지하기를 원했고 모든 천사를 다스리는
하나님의 권위와 모든 것을 다스리는 왕적 권위를 가지려 했습니다
(사14:13). 그리고 그는 하나님의 영광에 올라 지극히 높으신 하나님
과 같아지려고 하였습니다(사14:14). 이렇게 루시퍼 천사가 하나님을
대적하여 범죄 함으로 사탄(마귀)이 되었습니다. 그런데 루시퍼 천사
가 범죄 할 때 그를 따라 함께 범죄 한 천사들이 있었으며 그들을 악
령이라고 합니다(벧후2:4).

사14:12   "너 아침의 아들 계명성이여 어찌 그리 하늘에서 떨어졌으며 너
           열국을 엎은 자여 어찌 그리 땅에 찍혔는고"
사14:13   "네가 네 마음에 이르기를 내가 하늘에 올라 하나님의 뭇별 위
           에 내 자리를 높이리라 내가 북극 집회의 산 위에 앉으리라"
사14:14   "가장 높은 구름에 올라가 지극히 높은 이와 같아지리라 하는도다"
벧후2:4   "하나님이 범죄한 천사들을 용서하지 아니하시고 지옥에 던져
           어두운 구덩이에 두어 심판 때까지 지키게 하셨으며"

③ 마귀(사탄)는 자기의 범죄를 사람들에게도 짓게 합니다.

사탄은 사람들로 하나님을 대적하게 하며, 하나님을 피조물로 끌
어내리려고 하나님의 영광을 피조물의 우상으로 바꾸게 합니다(롬
1:23). 또한 사탄은 사람으로 하나님과 같이 되게 하려고 합니다. 사
탄은 대환난의 때에 나타날 멸망의 아들 곧 불법의 사람(짐승)에게 자
기의 능력과 보좌와 큰 권세를 주어(계13:2), 하나님을 비방하게 하
며(계13:6), 자기를 하나님이라고 내세우게 하며(살후2:4), 어린 양의

생명책에 이름이 기록되지 못하고 이 땅에 사는 자들로 그 짐승에게 경배하게 합니다(계13:8).

롬1:23	"썩어지지 아니하는 하나님의 영광을 사람과 새와 짐승과 기어 다니는 동물 모양의 우상으로 바꾸었느니라"
계13:2	"내가 본 짐승은 표범과 비슷하고 그 발은 곰의 발 같고 그 입은 사자의 입 같은데 용이 자기의 능력과 보좌와 큰 권세를 그에게 주었더라"
계13:6	"짐승이 입을 벌려 하나님을 향하여 비방하되 그의 이름과 그의 장막 곧 하늘에 사는 자들을 비방하더라"
살후2:4	"그는 대적하는 자라 신이라고 불리는 모든 것과 숭배함을 받는 것에 대항하여 그 위에 자기를 높이고 하나님의 성전에 앉아 자기를 하나님이라고 내세우느니라"
계13:8	"죽임을 당한 어린 양의 생명책에 창세 이후로 이름이 기록되지 못하고 이 땅에 사는 자들은 다 그 짐승에게 경배하리라"

2) 범죄 한 마귀(사탄)는 하늘에서 땅으로 내쫓겼습니다.

하나님은 범죄 한 천사들을 용서하지 아니하셨습니다(벧후2:4). 범죄 한 천사들은 자기 지위를 지키지 아니하고 자기 처소를 떠난 천사들입니다(유1:6). 사탄은 그의 사자들(타락한 천사들)과 함께 하늘에서 내쫓겼습니다. 하늘에 전쟁이 있었는데 천사 미가엘과 그의 사자들(천사들)이 용(사탄=마귀)과 그의 사자들(타락한 천사들)과 싸우는 전쟁이었습니다. 그런데 사탄과 그의 사자들이 이기지 못하여 하늘에서 저희의 있을 곳을 얻지 못하고 땅으로 내쫓겼습니다(계12:7-9). 그리고 사탄이 하늘에서 쫓겨나므로 하나님의 구원과 능력과 나라와 또 그의 그리스도의 권세가 나타났습니다(계12:10). 또 죽기까지 자기들의 생명을 아끼지 아니한 성도들이 어린 양의 피와 자기들이 증언하는 말씀으로 사탄을 이겼습니다(계12:11). 그런데 사탄이 하늘에서 땅으로 내쫓길 때 타락한 천사들도 그와 함께 내쫓겼습니다. 그리고 땅으로 내쫓긴 사탄은 범죄 한 천사들인 악령들을 데리고 자기의 나라를 세웠습니다. 그래서 이 땅에는 사탄의 나라가 실제로 존재하는 것입니다. 사탄은 어떤 힘만이 아니라 실제로 존재합니다. 예수님은 사탄의 나라가 있음을 말씀하셨습니다(눅11:18). 그러므로 우리는 근신하여 깨어 마귀를 대적해야 합니다.

벧후2:4   "하나님이 범죄한 천사들을 용서하지 아니하시고 지옥에 던져 어두운 구덩이에 두어 심판 때까지 지키게 하셨으며"

유1:6   "또 자기 지위를 지키지 아니하고 자기 처소를 떠난 천사들을 큰 날의 심판까지 영원한 결박으로 흑암에 가두셨으며"

계12:7-9   "하늘에 전쟁이 있으니 미가엘과 그의 사자들이 용과 더불어 싸울새 용과 그의 사자들도 싸우나 이기지 못하여 다시 하늘에서 그들이 있을 곳을 얻지 못한지라 큰 용이 내쫓기니 옛 뱀 곧 마귀라고도 하고 사탄이라고도 하며 온 천하를 꾀는 자라 그가 땅으로 내쫓기니 그의 사자들도 그와 함께 내쫓기니라"

계12:10   "내가 또 들으니 하늘에 큰 음성이 있어 이르되 이제 우리 하나님의 구원과 능력과 나라와 또 그의 그리스도의 권세가 나타났

으니 우리 형제들을 참소하던 자 곧 우리 하나님 앞에서 밤낮

참소하던 자가 쫓겨났고"

계12:11   "또 우리 형제들이 어린 양의 피와 자기들이 증언하는 말씀으

로써 그를 이겼으니 그들은 죽기까지 자기들의 생명을 아끼지

아니하였도다"

눅11:18   "너희 말이 내가 바알세불을 힘입어 귀신을 쫓아낸다 하니 만일

사탄이 스스로 분쟁하면 그의 나라가 어떻게 서겠느냐"

3) 마귀는 사탄이요 용이요 옛 뱀이라고 부르는 자입니다.

마귀는 한 존재인데 마귀라고도 부르고 사탄이라고도 부르며 용이
라고도 부르고 옛 뱀(에덴동산에서 하와를 미혹한 뱀)이라고도 부릅
니다(계12:9, 20:2). 마귀는 처음부터 범죄한 자요(요일3:8), 살인자
요 거짓말쟁이며(요8:44), 하늘에서 땅으로 내쫓기기 전에는 참소하
던 자였습니다(계12:10). 그리고 땅으로 내쫓긴 마귀는 이 세상 신
이며(고후4:4), 이 세상 임금입니다(요14:30). 또한 마귀는 온 천하
를 꾀는 자이며(계12:9), 죽음의 세력을 잡은 자이며(히2:14), 공중
의 권세 잡은 자로 불순종의 아들들 가운데서 역사하는 영입니다(엡
2:2). 그리고 마귀를 바알세불(눅11:18), 벨리알(고후6;15), 아볼루
온(계9:11)이라고도 합니다.

계12:9   "큰 용이 내쫓기니 옛 뱀 곧 마귀라고도 하고 사탄이라고도하며

온 천하를 꾀는 자라 그가 땅으로 내쫓기니 그의 사자들도 그와

함께 내쫓기니라"

계20:2	"용을 잡으니 곧 옛 뱀이요 마귀요 사탄이라 잡아서 천 년 동안 결박하여"
요일3:8	"죄를 짓는 자는 마귀에게 속하나니 마귀는 처음부터 범죄함이라 하나님의 아들이 나타나신 것은 마귀의 일을 멸하려 하심이라"
요8:44	"너희는 너희 아비 마귀에게서 났으니 너희 아비의 욕심대로 너희도 행하고자 하느니라 그는 처음부터 살인한 자요 진리가 그 속에 없으므로 진리에 서지 못하고 거짓을 말할 때마다 제 것으로 말하나니 이는 그가 거짓말쟁이요 거짓의 아비가 되었음이라"
계12:10	"내가 또 들으니 하늘에 큰 음성이 있어 이르되 이제 우리 하나님의 구원과 능력과 나라와 또 그의 그리스도의 권세가 나타났으니 우리 형제들을 참소하던 자 곧 우리 하나님 앞에서 밤낮 참소하던 자가 쫓겨났고"
고후4:4	"그 중에 이 세상 신이 믿지 아니하는 자들의 마음을 혼미하게 하여 그리스도의 영광의 복음의 광채가 비치지 못하게 함이니 그리스도는 하나님의 형상이니라"
요14:30	"이 후에는 내가 너희와 말을 많이 하지 아니하리니 이 세상의 임금이 오겠음이라 그러나 그는 내게 관계할 것이 없으니"
히12:4	"자녀들은 혈과 육에 속하였으매 그도 또한 같은 모양으로 혈과 육을 함께 지니심은 죽음을 통하여 죽음의 세력을 잡은 자 곧 마귀를 멸하시며"
엡2:2	"그 때에 너희는 그 가운데서 행하여 이 세상 풍조를 따르고 공중의 권세 잡은 자를 따랐으니 곧 지금 불순종의 아들들 가운데서 역사하는 영이라"

4) 마귀는 결국 불과 유황 못(지옥)에 던져질 것입니다.

하나님은 마귀와 그 사자들을 위하여 영원한 불(지옥)을 예비하셨습니다(마25:41). 그래서 마귀는 영원한 불에 던져질 것입니다. 마귀는 하늘에서 범죄 하여 땅으로 내쫓겼습니다. 그리고 땅으로 내쫓긴 마귀는 사람들로 범죄 하게 하는 일을 멸망할 때까지 계속 할 것입니다. 마귀는 대환난의 때에 교회와 성도들을 핍박하다가 예수님이 재림하신 후에 일천년 동안 무저갱에 갇히게 될 것입니다. 곧 마귀는 무저갱의 열쇠와 큰 쇠사슬을 그 손에 가지고 하늘로서 내려오는 천사에게 붙잡혀 결박당하여 일천년 동안 무저갱에 던져져 갇히게 될 것이며 천년이 차도록 다시는 만국을 미혹하지 못할 것입니다(계20:1-3). 그리고 마귀는 천 년이 차면 잠간 놓여져서 땅의 사방 백성을 미혹하고 모아 성도들과 싸움을 붙일 것입니다(계20:7-8). 이때 하늘에서 불이 내려와 성도들과 싸우는 자들을 소멸할 것입니다(계20:9). 그리고 저희를 미혹하는 마귀가 불과 유황 못(지옥)에 던져져서 세세토록 밤낮 괴로움을 받을 것입니다(계20:10).

마25:41   "또 왼편에 있는 자들에게 이르시되 저주를 받은 자들아 나를
           떠나 마귀와 그 사자들을 위하여 예비된 영원한 불에 들어가라"

계20:1-3   "또 내가 보매 천사가 무저갱의 열쇠와 큰 쇠사슬을 그의 손에
           가지고 하늘로부터 내려와서 용을 잡으니 곧 옛 뱀이요 마귀요
           사탄이라 잡아서 천 년 동안 결박하여 무저갱에 던져 넣어 잠그
           고 그 위에 인봉하여 천 년이 차도록 다시는 만국을 미혹하지
           못하게 하였는데 그 후에는 반드시 잠깐 놓이리라"

계20:7-8　　　“천 년이 차매 사탄이 그 옥에서 놓여 나와서 땅의 사방 백성 곧 곡과 마곡을 미혹하고 모아 싸움을 붙이리니 그 수가 바다 모래 같으리라”

계20:9　　　　“그들이 지면에 널리 퍼져 성도들의 진과 사랑하시는 성을 두르매 하늘에서 불이 내려와 그들을 태워버리고”

계20:10　　　“또 그들을 미혹하는 마귀가 불과 유황 못에 던져지니 거기는 그 짐승과 거짓 선지자도 있어 세세토록 밤낮 괴로움을 받으리라”

마귀에 대해서 가장 중요한 것은 우리가 마귀를 이기는 것입니다. 그런데 우리가 마귀를 이기기 위해서는 마귀를 알아야 합니다. 우리는 하나님이 말씀하신 대로 마귀를 알아야 합니다.

천사 루시퍼(루시엘)가 범죄 하여 마귀(사탄)가 되었습니다. 천사 루시퍼는 교만하여 자신이 하나님이 되려고 하나님께 범죄 하였으며 마귀(사탄)가 되었습니다. 그리고 범죄 한 마귀(사탄)는 하늘에서 땅으로 내쫓겼습니다. 이 마귀를 사탄, 용, 옛 뱀이라고도 부릅니다.

마귀는 처음부터 범죄한 자요, 살인자요, 거짓말쟁이며, 참소하던 자입니다. 그리고 땅으로 내쫓긴 마귀는 이 세상 신이며, 이 세상 임금이며, 온 천하를 꾀는 자이며, 죽음의 세력을 잡은 자이며, 공중의 권세 잡은 자로 불순종의 아들들 가운데서 역사하는 영입니다.

마귀는 결국 불과 유황 못(지옥)에 던져질 것입니다. 마귀는 이 세상에서 사람들로 범죄 하게 하는 일을 계속할 것이며, 대 환난 때에 교회와 성도들을 핍박하다가 예수님이 재림하신 후에 붙잡혀 일천년 동안 무저갱에 갇히게 되어 만국을 미혹하지 못할 것입니다. 그리고 마귀는 천년이 차면 잠깐 놓여 땅의 사방 백성을 미혹할 것이며, 세상 불 심판 후에 유황 불 못(지옥)에 던져져서 세세토록 밤낮 괴로움을 받을 것입니다.

2. 마귀가 하는 일을 알아야 합니다.

우리는 마귀를 대적하여 이겨야 합니다. 우리가 마귀를 대적하여 이기기 위해서는 마귀가 어떤 자인가를 알아야 하고 또 마귀가 하는 일을 알아야 합니다. 그래서 하나님은 마귀가 어떤 일을 하는가를 말씀해주셨습니다. 우리는 하나님이 말씀하신 대로 마귀가 하는 일을 알아야 합니다. 마귀가 하는 일은 도둑질하고 죽이고 멸망시키는 것입니다(요10:10).

요10:10   "도둑이 오는 것은 도둑질하고 죽이고 멸망시키려는 것뿐이요 내가 온 것은 양으로 생명을 얻게 하고 더 풍성히 얻게 하려는 것이라"

1) 마귀는 사람들을 자기 자녀로 삼습니다.

마귀는 사람들로 죄를 짓게 합니다. 왜냐하면 죄를 짓는 자마다 마귀에게 속하기 때문입니다(요일3:8). 마귀는 거짓으로 하와를 미혹하여 죄를 짓게 하였으며, 하와로 말미암아 아담이 범죄 하였습니다. 그리고 아담으로 말미암아 죄가 세상에 들어오고 모든 사람이 범죄 함으로 사망이 모든 사람에게 이르렀습니다. 이에 범죄 한 모든 사람들은 죽기를 무서워하므로 죽음의 세력을 잡은 자 곧 마귀에게 종노릇 하게 되었습니다(히2:14-15).

요일3:8   "죄를 짓는 자는 마귀에게 속하나니 마귀는 처음부터 범죄함이라 하나님의 아들이 나타나신 것은 마귀의 일을 멸하려 하심이라"

히2:14-15 "자녀들은 혈과 육에 속하였으매 그도 또한 같은 모양으로 혈과 육을 함께 지니심은 죽음을 통하여 죽음의 세력을 잡은 자 곧 마귀를 멸하시며 또 죽기를 무서워하므로 한평생 매여 종 노릇 하는 모든 자들을 놓아 주려 하심이니"

마귀는 이 세상에 가라지 곧 자기의 자녀들을 뿌립니다(마13:39). 그래서 이 세상에는 마귀의 자녀들이 드러납니다(요일3:10). 그리고 마귀는 불순종의 아들들(마귀의 자녀들) 가운데 역사하며 그들은 이 세상 풍속을 따르고 공중의 권세 잡은 자 곧 마귀를 따릅니다(엡2:2). 그래서 마귀의 자녀들은 그 아비 마귀의 욕심대로 행하고자 합니다(요8:44). 가인은 마귀에게 속하여 그 아우를 죽였고(요일3:12), 예수님을 은 삼십에 판 가룟 유다는 마귀에게 속한 자여서 마귀가 그의 마음에 예수님을 팔려는 생각을 넣었고, 마귀(사탄)가 그 속에 들어갔으며(요6:70, 요13:2, 요13:27), 사도들을 속인 아나니아는 사탄이 그 마음에 가득하였고(행5:3), 바울의 전도를 방해한 박수 엘루마는 마귀의 자식이었습니다(행13:8-10). 그리고 서머나 교회를 비방한 유대인들은 사탄의 회당이었습니다(계2:9).

마13:39	"가라지를 뿌린 원수는 마귀요 추수 때는 세상 끝이요 추수꾼은 천사들이니"
요일3:10	"이러므로 하나님의 자녀들과 마귀의 자녀들이 드러나나니 무릇 의를 행하지 아니하는 자나 또는 그 형제를 사랑하지 아니하는 자는 하나님께 속하지 아니하니라"
엡2:2	"그 때에 너희는 그 가운데서 행하여 이 세상 풍조를 따르고 공중의 권세 잡은 자를 따랐으니 곧 지금 불순종의 아들들 가운데서 역사하는 영이라"
요8:44	"너희는 너희 아비 마귀에게서 났으니 너희 아비의 욕심대로 너희도 행하고자 하느니라 그는 처음부터 살인한 자요 진리가 그 속에 없으므로 진리에 서지 못하고 거짓을 말할 때마다 제 것으로 말하나니 이는 그가 거짓말쟁이요 거짓의 아비가 되었음이라"
요일3:12	"가인 같이 하지 말라 그는 악한 자에게 속하여 그 아우를 죽였으니 어떤 이유로 죽였느냐 자기의 행위는 악하고 그의 아우의 행위는 의로움이라"
요6:70	"예수께서 대답하시되 내가 너희 열둘을 택하지 아니하였느냐 그러나 너희 중의 한 사람은 마귀니라"
요13:2	"마귀가 벌써 시몬의 아들 가룟 유다의 마음에 예수를 팔려는 생각을 넣었더라"
요13:27	"조각을 받은 후 곧 사탄이 그 속에 들어간지라 이에 예수께서 유다에게 이르시되 네가 하는 일을 속히 하라 하시니"
행5:3	"베드로가 이르되 아나니아야 어찌하여 사탄이 네 마음에 가득하여 네가 성령을 속이고 땅 값 얼마를 감추었느냐"

행13:8-10   "이 마술사 엘루마는 (이 이름을 번역하면 마술사라) 그들을 대적하여 총독으로 믿지 못하게 힘쓰니 바울이라고 하는 사울이 성령이 충만하여 그를 주목하고 이르되 모든 거짓과 악행이 가득한 자요 마귀의 자식이요 모든 의의 원수여 주의 바른 길을 굽게 하기를 그치지 아니하겠느냐"

계2:9   "내가 네 환난과 궁핍을 알거니와 실상은 네가 부요한 자니라 자칭 유대인이라 하는 자들의 비방도 알거니와 실상은 유대인이 아니요 사탄의 회당이라"

이 세상 신 곧 마귀는 불신자들의 마음을 혼미하게 하여 그리스도의 영광의 복음의 광채가 비취지 못하게 하여 그들에게 복음이 가리어지게 합니다(고후4:3-4). 그리고 마귀는 사람들을 누르며(행10:38), 매고 고통을 줍니다(눅13:16). 마귀는 자기의 때가 얼마 남지 않은 줄을 알므로 크게 분내어 땅으로 내려왔음으로 땅에 속한 자들은 화가 있습니다(계12:12).

고후4:3-4   "만일 우리의 복음이 가리었으면 망하는 자들에게 가리어진 것이라 그 중에 이 세상 신이 믿지 아니하는 자들의 마음을 혼미하게 하여 그리스도의 영광의 복음의 광채가 비치지 못하게 함이니 그리스도는 하나님의 형상이니라"

행10:38   "하나님이 나사렛 예수에게 성령과 능력을 기름 붓듯 하셨으매 그가 두루 다니시며 선한 일을 행하시고 마귀에게 눌린 모든 사람을 고치셨으니 이는 하나님이 함께 하셨음이라"

눅13:16   "그러면 열여덟 해 동안 사탄에게 매인 바 된 이 아브라함의 딸
          을 안식일에 이 매임에서 푸는 것이 합당하지 아니하냐"

계12:12   "그러므로 하늘과 그 가운데에 거하는 자들은 즐거워하라 그러
          나 땅과 바다는 화 있을진저 이는 마귀가 자기의 때가 얼마 남
          지 않은 줄을 알므로 크게 분내어 너희에게 내려갔음이라"

2) 마귀는 자기의 일꾼들을 세웁니다.

마귀는 하나님의 자녀들을 미혹하고 박해하기 위하여 자기 일꾼들
을 세웁니다. 마귀가 하나님의 자녀들을 미혹하기 위하여 세운 사탄
의 일꾼들은 거짓 그리스도들, 거짓 사도들, 거짓 선지자들, 거짓 선
생들이 있습니다. 사탄의 일꾼은 거짓 사도요 속이는 일꾼이며 자기
를 그리스도의 사도로 가장합니다(고후11:13). 그리고 사탄의 일꾼
은 거짓 선지자들이며, 거짓 선지자들이 많이 일어나 많은 사람을 미
혹합니다(마24:11). 이미 많은 거짓 선지자가 세상에 나왔음으로 우
리는 영을 다 믿지 말고 영들이 하나님께 속하였나를 분별해야 합니
다(요일4:1). 거짓 선지자들은 양의 옷을 입고 나아오나 속에는 노략
질하는 이리이므로 우리는 그들을 삼가야 합니다(마7:15). 또한 사탄
의 일꾼들은 거짓 선생들이며 그들은 멸망하게 할 이단을 가만히 끌
어들여 자기들을 사신 주를 부인하고 임박한 멸망을 스스로 취하는
자들입니다(벧후2:1).

고후11:13   "그런 사람들은 거짓 사도요 속이는 일꾼이니 자기를 그리스도
           의 사도로 가장하는 자들이니라"

마24:11	"거짓 선지자가 많이 일어나 많은 사람을 미혹하겠으며"
요일4:1	"사랑하는 자들아 영을 다 믿지 말고 오직 영들이 하나님께 속
	하였나 분별하라 많은 거짓 선지자가 세상에 나왔음이라"
마7:15	"거짓 선지자들을 삼가라 양의 옷을 입고 너희에게 나아오나 속
	에는 노략질하는 이리라"
벧후2:1	"그러나 백성 가운데 또한 거짓 선지자들이 일어났었나니 이와
	같이 너희 중에도 거짓 선생들이 있으리라 그들은 멸망하게 할
	이단을 가만히 끌어들여 자기들을 사신 주를 부인하고 임박한
	멸망을 스스로 취하는 자들이라"

마귀가 하나님의 자녀들을 대적하기 위하여 세운 사탄의 일꾼들은 통치자들과 권세들과 이 어둠의 세상 주관자들과 악의 영들입니다(엡 6:12). 대환난의 때에 성도들을 박해하기 위하여 마귀가 세운 통치자를 불법의 사람 곧 멸망의 아들이라고 하며(살후2:3), 짐승이라고 합니다(계13:1). 마귀는 이 짐승에게 자기의 능력과 보좌와 큰 권세를 줍니다(계13:2). 이 불법의 사람은 하나님과 성도들을 대적하는 자며 하나님의 성전에 앉아 자기를 하나님이라고 내세웁니다(살후2:4).

엡6:12	"우리의 씨름은 혈과 육을 상대하는 것이 아니요 통치자들과 권
	세들과 이 어둠의 세상 주관자들과 하늘에 있는 악의 영들을 상
	대함이라"
살후2:3	"누가 어떻게 하여도 너희가 미혹되지 말라 먼저 배교하는 일
	이 있고 저 불법의 사람 곧 멸망의 아들이 나타나기 전에는 그

날이 이르지 아니하리니"

계13:1   "내가 보니 바다에서 한 짐승이 나오는데 뿔이 열이요 머리가 일곱이라 그 뿔에는 열 왕관이 있고 그 머리들에는 신성 모독하는 이름들이 있더라"

계13:2   "내가 본 짐승은 표범과 비슷하고 그 발은 곰의 발 같고 그 입은 사자의 입 같은데 용이 자기의 능력과 보좌와 큰 권세를 그에게 주었더라"

살후2:4   "그는 대적하는 자라 신이라고 불리는 모든 것과 숭배함을 받는 것에 대항하여 그 위에 자기를 높이고 하나님의 성전에 앉아 자기를 하나님이라고 내세우느니라"

3) 마귀는 하나님의 자녀들을 미혹하고 대적합니다.

마귀는 구원을 얻지 못하게 하려고 성도들이 말씀을 들을 때 말씀을 그 마음에서 빼앗습니다(눅8:12). 또 마귀는 성도들의 믿음이 떨어지게 하려고 밀 까부르듯 합니다(눅22:31-32). 마귀는 성도들을 시험하며(고전7:5), 성도들이 주의 일을 하는 것을 막고 방해하며(살전2:18), 성도들을 올무에 빠지게 하며(딤전3:7), 틈을 탑니다(엡4:26-27). 우리의 대적인 마귀는 두루 다니며 삼킬 자를 찾습니다(벧전5:8).

눅8:12   "길 가에 있다는 것은 말씀을 들은 자니 이에 마귀가 가서 그들이 믿어 구원을 얻지 못하게 하려고 말씀을 그 마음에서 빼앗는 것이요"

눅22:31-32   "시몬아, 시몬아, 사탄이 너희를 밀 까부르듯 하려고 요구 하였

으나 그러나 내가 너를 위하여 네 믿음이 떨어지지 않기를 기도

하였노니 너는 돌이킨 후에 네 형제를 굳게하라"

고전7:5   "서로 분방하지 말라 다만 기도할 틈을 얻기 위하여 합의상 얼

마 동안은 하되 다시 합하라 이는 너희가 절제 못함으로 말미

암아 사탄이 너희를 시험하지 못하게 하려 함이라"

살전2:18   "그러므로 나 바울은 한번 두번 너희에게 가고자 하였으나 사탄

이 우리를 막았도다"

딤전3:7   "또한 외인에게서도 선한 증거를 얻은 자라야 할지니 비방과 마

귀의 올무에 빠질까 염려하라"

엡4:26-27   "분을 내어도 죄를 짓지 말며 해가 지도록 분을 품지 말고 마귀

에게 틈을 주지 말라"

벧전5:8   "근신하라 깨어라 너희 대적 마귀가 우는 사자 같이 두루 다니

며 삼킬 자를 찾나니"

① 마귀는 하나님의 자녀들을 미혹합니다.

마귀는 하나님의 자녀들을 미혹하는 일을 하는데 마귀는 자기를 광
명의 천사로 가장 합니다(고후11:14). 그리고 마귀는 자기의 일꾼인
거짓 그리스도들과 거짓 사도들과 거짓 선지자들과 거짓 선생들을 통
하여 하나님의 자녀들을 미혹합니다. 마귀의 일꾼인 거짓 그리스도
들과 거짓 선지자들이 일어나 할 수만 있으면 택하신 자라도 미혹하
게 합니다(마24:24). 마귀의 일꾼들은 하나님의 자녀들을 미혹하기
위하여 자기를 의의 일꾼으로 가장합니다(고후11:15). 그리고 사탄

의 일꾼들이 가만히 들어온 것은 자기들의 종으로 삼고자 함이며(갈 2:4), 사탄의 일꾼들은 열심을 내는데 좋은 뜻이 아니요 자기들에 대하여 열심을 내게 하려 함입니다(갈4:17). 또한 사탄의 일꾼들은 호색하며 탐심으로써 지어낸 말을 가지고 이득을 삼으며, 그들은 심판을 받고 멸망할 것입니다(벧후2:2-3).

고후11:14   "이것은 이상한 일이 아니니라 사탄도 자기를 광명의 천사로 가장하나니"

마24:24   "거짓 그리스도들과 거짓 선지자들이 일어나 큰 표적과 기사를 보여 할 수만 있으면 택하신 자들을 미혹하리라"

고후11:15   "그러므로 사탄의 일꾼들도 자기를 의의 일꾼으로 가장하는 것이 또한 대단한 일이 아니니라 그들의 마지막은 그 행위대로 되리라"

갈2:4   "이는 가만히 들어온 거짓 형제들 때문이라 그들이 가만히 들어온 것은 그리스도 예수 안에서 우리가 가진 자유를 엿보고 우리를 종으로 삼고자 함이로되"

갈4:17   "그들이 너희에게 대하여 열심 내는 것은 좋은 뜻이 아니요 오직 너희를 이간시켜 너희로 그들에게 대하여 열심을 내게 하려 함이라"

벧후2:2-3   "여럿이 그들의 호색하는 것을 따르리니 이로 말미암아 진리의 도가 비방을 받을 것이요 그들이 탐심으로써 지어낸 말을 가지고 너희로 이득을 삼으니 그들의 심판은 옛적부터 지체하지 아니하며 그들의 멸망은 잠들지 아니하느니라"

② 마귀는 하나님의 자녀들을 대적합니다.

마귀는 하나님의 자녀들을 대적하는데 우는 사자 같이 두루 다니며 삼킬 자를 찾습니다(벧전5:8). 마귀는 교회를 박해하며(계12:13), 성도들과 싸웁니다(계12:17). 또 마귀는 성도들을 시험을 받게 하고 환난을 받게 합니다(계2:10).

벧전5:8 "근신하라 깨어라 너희 대적 마귀가 우는 사자 같이 두루 다니며 삼킬 자를 찾나니"

계12:13 "용이 자기가 땅으로 내쫓긴 것을 보고 남자를 낳은 여자를 박해하는지라"

계12:17 "용이 여자에게 분노하여 돌아가서 그 여자의 남은 자손 곧 하나님의 계명을 지키며 예수의 증거를 가진 자들과 더불어 싸우려고 바다 모래 위에 서 있더라"

계2:10 "너는 장차 받을 고난을 두려워하지 말라 볼지어다 마귀가 장차 너희 가운데에서 몇 사람을 옥에 던져 시험을 받게하리니 너희가 십일 동안 환난을 받으리라 네가 죽도록 충성하라 그리하면 내가 생명의 관을 네게 주리라"

마귀의 자녀들은 하나님의 자녀들을 박해합니다(갈4:29). 세상 사람들은 예수님을 박해하였으며, 예수님을 믿는 자들을 박해합니다(요15:20). 세상 사람들은 예수님이 보내신 자들을 따라다니며 박해합니다(마23:34). 대환난의 때에는 세계를 지배하는 짐승이 마귀에게 권세를 받아 성도들과 싸워 이기게 되고(계13:7), 또 짐승의 우상에게 경배하지 아니하는 자는 몇이든지 다 죽이게 할 것입니다(계13:15). 그리고 이 짐승은 모든 자에게 그 오른손에나 이마에 표(짐승의 이름이나 그 이름의 수 곧 666)를 받게 하고 누구든지 이 표를 가긴 자 외에는 매매를 못하게 할 것입니다(계13:16-17). 이 때 성도들은 짐승의 우상에게 경배하지도 아니하고 그 오른손에나 이마에 표를 받지 아니할 것이며 천년 왕국에서 왕 노릇 할 것입니다(계20:4).

갈4:29	"그러나 그 때에 육체를 따라 난 자가 성령을 따라 난 자를 박해한 것 같이 이제도 그러하도다"
요15:20	"내가 너희에게 종이 주인보다 더 크지 못하다 한 말을 기억하라 사람들이 나를 박해하였은즉 너희도 박해할 것이요 내 말을 지켰은즉 너희 말도 지킬 것이라"
마23:34	"그러므로 내가 너희에게 선지자들과 지혜 있는 자들과 서기관들을 보내매 너희가 그 중에서 더러는 죽이거나 십자가에 못 박고 그 중에서 더러는 너희 회당에서 채찍질하고 이 동네에서 저 동네로 따라다니며 박해하리라"
계13:7	"또 권세를 받아 성도들과 싸워 이기게 되고 각 족속과 백성과 방언과 나라를 다스리는 권세를 받으니"
계13:15	"그가 권세를 받아 그 짐승의 우상에게 생기를 주어 그 짐승의 우상으로 말하게 하고 또 짐승의 우상에게 경배하지 아니하는 자는 몇이든지 다 죽이게 하더라"
계13:16-18	"그가 모든 자 곧 작은 자나 큰 자나 부자나 가난한 자나 자유인이나 종들에게 그 오른손에나 이마에 표를 받게 하고 누구든지

이 표를 가진 자 외에는 매매를 못하게 하니 이 표는 곧 짐승의 이름이나 그 이름의 수라 지혜가 여기 있으니 총명한 자는 그 짐승의 수를 세어 보라 그것은 사람의 수니 그의 수는 육백육십육이니라"

계20:4　"또 내가 보좌들을 보니 거기에 앉은 자들이 있어 심판하는 권세를 받았더라 또 내가 보니 예수를 증언함과 하나님의 말씀 때문에 목 베임을 당한 자들의 영혼들과 또 짐승과 그의 우상에게 경배하지 아니하고 그들의 이마와 손에 그 표를 받지 아니한 자들이 살아서 그리스도와 더불어 천 년 동안 왕 노릇 하니"

　우리가 마귀를 대적하여 이기기 위해서는 마귀가 어떤 자인가를 알아야 하고 또 마귀가 하는 일을 알아야 합니다. 마귀는 사람들로 죄를 짓게 하여 자기 자녀로 삼습니다. 그리고 마귀는 사람들로 자기의 종노릇을 하게하며, 믿지 아니한 자들의 마음을 혼미하게 하여 예수 그리스도를 믿지 못하게 합니다. 또한 마귀는 교회와 성도들을 미혹하며 박해합니다. 곧 마귀는 자기 일꾼들을 세워서 하나님의 자녀들을 미혹하게 하며 박해하게 합니다. 마귀는 거짓 그리스도들과 거짓 사도들과 거짓 선지자들과 거짓 선생들을 세워서 하나님의 자녀들을 미혹합니다. 그리고 마귀의 일꾼들은 자기를 의의 일꾼으로 가장하여 하나님이 택하신 자라도 미혹하며, 자기들의 종으로 삼고자 하며, 자기들에 대하여 열심을 내게 합니다. 또한 마귀는 통치자들과 권세들과 이 어둠의 세상 주관자들과 악의 영들로 하나님의 자녀들을 박해합니다. 그러므로 우리는 믿음을 굳건하게 하여 마귀를 대적하여 이겨야 합니다.

3. 마귀를 대적하여 이겨야 합니다.

우리는 마귀를 대적하여 이겨야 합니다. 마귀에 대해서는 우리가 마귀를 이기는 것이 가장 중요합니다. 그런데 우리가 마귀를 이기기 위해서는 마귀를 알아야 하고, 마귀의 일을 알아야 하고, 마귀를 이기는 법을 알아야 합니다. 그래서 하나님께서는 마귀가 어떤 자인가를 말씀하셨고, 마귀가 하는 일을 말씀하셨으며, 마귀를 이기는 법을 말씀하셨습니다. 그러므로 우리는 마귀가 어떤 자인가를 알고, 마귀가 하는 일을 알고, 마귀를 이기는 법을 알아서 마귀를 이겨야 합니다.

우리는 마귀를 이길 수 있습니다. 왜냐하면 예수님께서 마귀를 없이 하시며 마귀의 일을 멸하려 오셨기 때문이며, 하나님께서 우리로 마귀(사탄)를 이기게 하시기 때문입니다.

1) 예수님이 마귀를 없이 하시며 마귀의 일을 멸하셨습니다.

창3:15에 예언된 말씀대로 마귀는 예수님의 발꿈치를 상하게 하였고, 예수님은 마귀의 머리를 상하게 하셨습니다. 예수님은 죽음으로 말미암아 죽음의 세력을 잡은 자 곧 마귀를 없이 하시려고 혈육에 속하셨고(육체를 입으셨고)(히2:14-15), 마귀의 일을 멸하려고 이 세상에 오셨습니다(요일3:8). 그리고 이 세상에 오신 예수님은 성령에게 이끌리어 마귀에게 시험을 받으셨으며(마4:1), 시험하는 마귀(사탄)를 물리치셨습니다(마4:10-11). 또 예수님은 그 제자 베드로에게 역사하는 사탄을 물리치셨고(막8:33), 마귀에게 눌린 모든 자를 고치셨으며(행10:38), 귀신들을 내쫓으셨습니다(막1:34).

창3:15	"내가 너로 여자와 원수가 되게 하고 네 후손도 여자의 후손과 원수가 되게 하리니 여자의 후손은 네 머리를 상하게 할 것이요 너는 그의 발꿈치를 상하게 할 것이니라"
히2:14-15	"자녀들은 혈과 육에 속하였으매 그도 또한 같은 모양으로 혈과 육을 함께 지니심은 죽음을 통하여 죽음의 세력을 잡은 자 곧 마귀를 멸하시며 또 죽기를 무서워하므로 한 평생 매여 종 노릇하는 모든 자들을 놓아 주려 하심이니"
요일3:8	"죄를 짓는 자는 마귀에게 속하나니 마귀는 처음부터 범죄함이라 하나님의 아들이 나타나신 것은 마귀의 일을 멸하려 하심이라"
마4:1	"그 때에 예수께서 성령에게 이끌리어 마귀에게 시험을 받으러 광야로 가사"
마4:10-11	"이에 예수께서 말씀하시되 사탄아 물러가라 기록되었으되 주 너의 하나님께 경배하고 다만 그를 섬기라 하였느니라 이에 마귀는 예수를 떠나고 천사들이 나아와서 수종드니라"
막8:33	"예수께서 돌이키사 제자들을 보시며 베드로를 꾸짖어 이르시되 사탄아 내 뒤로 물러가라 네가 하나님의 일을 생각하지 아니하고 도리어 사람의 일을 생각하는도다 하시고"
행10:38	"하나님이 나사렛 예수에게 성령과 능력을 기름 붓듯 하셨으매 그가 두루 다니시며 선한 일을 행하시고 마귀에게 눌린 모든 사람을 고치셨으니 이는 하나님이 함께 하셨음이라"

막1:34   "예수께서 각종 병이 든 많은 사람을 고치시며 많은 귀신을 내
           쫓으시되 귀신이 자기를 알므로 그 말하는 것을 허락하지 아니
           하시니라"

2) 예수님은 믿는 자들에게 마귀를 이길 권능을 주십니다.

예수님은 그의 열두 제자를 부르셔서 더러운 귀신을 쫓아내며 모든
병과 모든 약한 것을 고치는 권능을 주셨습니다(마10:1). 또 예수님
은 칠십 인을 따로 세우셔서 친히 가시려는 각 동네와 각 지역으로 둘
씩 앞서 보내시며(눅10:1), 그들에게 뱀과 전갈을 밟으며 원수의 모
든 능력을 제어할 권능을 주셨습니다(눅10:19). 그래서 주의 이름이
면 귀신들도 칠십 인에게 항복하였으며(눅10:17), 귀신들이 항복할
때 예수님은 사탄이 하늘로부터 번개같이 떨어지는 것을 보셨습니다(
눅10:18). 이와 같이 예수님이 모든 믿는 자들에게 마귀를 이길 권능
을 주시므로 모든 믿는 자들에게는 예수님의 이름으로 귀신을 쫓아내
는 표적이 따릅니다(막16:17-18).

마10:1   "예수께서 그의 열두 제자를 부르사 더러운 귀신을 쫓아내며 모
           든 병과 모든 약한 것을 고치는 권능을 주시니라"

눅10:1   "그 후에 주께서 따로 칠십 인을 세우사 친히 가시려는 각 동네
           와 각 지역으로 둘씩 앞서 보내시며"

눅10:19   "내가 너희에게 뱀과 전갈을 밟으며 원수의 모든 능력을 제어할
           권능을 주었으니 너희를 해칠 자가 결코 없으리라"

눅10:17   "칠십 인이 기뻐하며 돌아와 이르되 주여 주의 이름이면 귀신들

도 우리에게 항복하더이다"

눅10:18   "예수께서 이르시되 사탄이 하늘로부터 번개 같이 떨어지는 것
          을 내가 보았노라"

막16:17-18 "믿는 자들에게는 이런 표적이 따르리니 곧 그들이 내 이름으로
          귀신을 쫓아내며 새 방언을 말하며 뱀을 집어 올리며 무슨 독을
          마실지라도 해를 받지 아니하며 병든 사람에게 손을 얹은즉 나
          으리라"

3) 우리는 마귀를 대적하여 이겨야 합니다.

예수 그리스도를 믿는 우리는 마귀를 이깁니다. 예수님께서 마귀를
없이 하시며 마귀의 일을 멸하셨고, 우리에게 마귀를 이길 권능을 주
셨습니다. 또 하나님께서 속히 사탄을 우리 발아래서 상하게 하실 것
입니다(롬16:20). 그러므로 우리는 마귀를 능히 이깁니다. 예수님을
위해 죽기까지 생명을 아끼지 아니하는 우리는 예수 그리스도의 피
와 증언하는 하나님의 말씀을 인하여 마귀를 이깁니다(계12:11). 또
한 예수님과 함께 있는 우리 곧 부르심을 받고 택하심을 받은 진실한
우리는 마귀의 사람들을 이깁니다(계17:14). 그러므로 우리는 하나
님께 복종하며 마귀를 대적해야 합니다(약4:7). 우리는 믿음을 굳게
하여 마귀를 대적해야 합니다(벧전5:8-9). 그리고 우리가 마귀의 간
계를 능히 대적하기 위해서는 하나님의 전신갑주를 입어야 합니다(
엡6:11). 하나님의 전신갑주는 구원의 투구, 의의 호심경, 진리의 허
리띠, 평안의 복음의 신, 믿음의 방패, 성령의 검인 하나님의 말씀입
니다.

롬16:20	"평강의 하나님께서 속히 사탄을 너희 발 아래에서 상하게 하시리라 우리 주 예수의 은혜가 너희에게 있을지어다"
계12:11	"또 우리 형제들이 어린 양의 피와 자기들이 증언하는 말씀으로써 그를 이겼으니 그들은 죽기까지 자기들의 생명을 아끼지 아니하였도다"
계17:14	"그들이 어린 양과 더불어 싸우려니와 어린 양은 만주의 주시오 만왕의 왕이시므로 그들을 이기실 터이요 또 그와 함께 있는 자들 곧 부르심을 받고 택하심을 받은 진실한 자들도 이기리로다"
약4:7	"그런즉 너희는 하나님께 복종할지어다 마귀를 대적하라 그리하면 너희를 피하리라"
벧전5:8-9	"근신하라 깨어라 너희 대적 마귀가 우는 사자 같이 두루 다니며 삼킬 자를 찾나니 너희는 믿음을 굳건하게 하여 그를 대적하라 이는 세상에 있는 너희 형제들도 동일한 고난을 당하는 줄을 앎이라"
엡6:11	"마귀의 간계를 능히 대적하기 위하여 하나님의 전신갑주를 입으라"

우리가 마귀를 대적하여 이기기 위해서는 마귀에게 속지 않아야 합니다. 우리가 마귀에게 속지 않기 위해서는 무슨 일이든지 서로 용서해야 하고(고후2:10-11), 마귀로 우리를 시험하지 못하게 해야 하며(고전7:5), 마귀로 틈을 타지 못하게 하고(엡4:26-27), 마귀의 정죄에 빠지고 마귀의 올무에 빠질까 염려해야 합니다(딤전3:6-7). 우리가 회개하면 마귀의 올무에서 벗어납니다(딤후2:25-26). 또한 우리는 선으로 악을 이겨야 합니다(롬12:21). 그리고 우리가 원수를 갚지 말고 원수 갚는 것을 하나님의 진노하심에 맡겨야 합니다(롬12:19).

고후2:10-11 "너희가 무슨 일에든지 누구를 용서하면 나도 그리하고 내가 만일 용서한 일이 있으면 용서한 그것은 너희를 위하여 그리스도 앞에서 한 것이니 이는 우리로 사탄에게 속지 않게 하려 함이라 우리는 그 계책을 알지 못하는 바가 아니로라"

고전7:5 "서로 분방하지 말라 다만 기도할 틈을 얻기 위하여 합의상 얼마 동안은 하되 다시 합하라 이는 너희가 절제 못함으로 말미암아 사탄이 너희를 시험하지 못하게 하려 함이라"

엡4:26-27 "분을 내어도 죄를 짓지 말며 해가 지도록 분을 품지 말고 마귀에게 틈을 주지 말라"

딤전3:6-7 "새로 입교한 자도 말지니 교만하여져서 마귀를 정죄하는 그 정죄에 빠질까 함이요 또한 외인에게서도 선한 증거를 얻은 자라야 할지니 비방과 마귀의 올무에 빠질까 염려하라"

딤후2:25-26 "거역하는 자를 온유함으로 훈계할지니 혹 하나님이 그들에게 회개함을 주사 진리를 알게 하실까 하며 그들로 깨어 마귀의 올무에서 벗어나 하나님께 사로잡힌 바 되어 그 뜻을 따르게 하실까 함이라"

롬12:21 "악에게 지지 말고 선으로 악을 이기라"

롬12:19 "내 사랑하는 자들아 너희가 친히 원수를 갚지 말고 하나님의 진노하심에 맡기라 기록되었으되 원수 갚는 것이 내게 있으니 내가 갚으리라고 주께서 말씀하시니라"

우리는 마귀를 대적하여 이겨야 합니다. 예수님이 마귀를 없이 하시며 마귀의 일을 멸하셨으며, 우리에게 마귀를 이기는 권능을 주시므로 우리는 마귀를 이길 수 있습니다. 또 하나님께서 속히 사탄을 우리 발아래서 상하게 하실 것이기에 우리는 마귀를 이길 수 있습니다. 우리가 마귀를 대적하여 이기기 위해서는 믿음을 굳게 하여 마귀를 대적해야 하며, 하나님의 전신갑주를 입어야 하며, 마귀에게 속지 않아야 하고, 선으로 악을 이기며, 원수 갚는 것을 하나님의 진노하심에 맡겨야 합니다. 할렐루야! 아멘.

7장

예수 그리스도 안에 거하며
고난을 받으라

1. 예수 그리스도 안에 거해야 합니다.

2. 그리스도인은 고난을 받아야 합니다.

우리는 하나님의 은혜에 의하여 믿음으로 말미암아 구원을 받았습니다. 우리는 하나님의 은혜를 받았고 예수 그리스도를 믿음으로 구원을 받았습니다. 우리가 받은 구원은 하나님이 주신 것이요 하나님이 주신 구원은 죄 사함으로 말미암은 구원이며, 죄 사함을 받기 위해서는 회개해야 합니다. 그래서 우리는 하나님의 은혜를 받아 예수 그리스도를 믿고 회개하여 죄 사함을 받음으로 하나님이 주신 구원을 받았습니다. 곧 우리는 하나님이 우리의 영을 살리신 구원을 받았으며, 이 세상에 사는 동안 하나님의 보호와 양육을 받아서 천국에 들어가는 구원을 받았습니다. 그런데 하나님의 구원역사를 대적하고 방해하는 자가 있는데 그는 마귀(사탄)입니다. 그래서 구원 받은 우리는 마귀를 대적하여 이겨야 합니다. 우리가 이 세상에서 마귀를 대적하여 이기고 천국에 들어가기 위해서는 예수 그리스도 안에 거하며 고난을 받으므로 보호를 받으며, 양육을 받아야 합니다. 그러므로 우리는 그리스도 예수 안에 거하며 고난을 받아야 합니다.

1. 그리스도 예수 안에 거해야 합니다.

예수 그리스도를 믿는 자는 예수 그리스도 안에 있으며 예수 그리스도는 믿는 자 안에 계십니다. 이를 그리스도와의 연합이라고 합니다. 예수 그리스도를 믿는 자는 그리스도와 연합한 자입니다. 그러므로 예수 그리스도를 믿는 우리는 그리스도 예수 안에 거해야 합니다. 우리가 그리스도 예수 안에 거하는 것은 절대적으로 필요합니다. 우리가 그리스도 예수 안에 거하는 것은 마치 포도나무 가지가 포도나무에 붙어 있는 것과 같습니다. 가지가 포도나무에 붙어 있지 아니하면 스스로 열매를 맺을 수 없음 같이 우리가 그리스도 예수 안에 거하지 아니하면 열매를 맺을 수 없습니다(요15:4). 또 우리가 그리스도 예수 안에 거하지 아니하면 가지처럼 밖에 버리어져 말라져서 아무 소용이 없게 됩니다(요15:6). 그러므로 우리는 반드시 그리스도 예수 안에 거해야 합니다.

요15:4 "내 안에 거하라 나도 너희 안에 거하리라 가지가 포도나무에 붙어 있지 아니하면 스스로 열매를 맺을 수 없음 같이 너희도 내 안에 있지 아니하면 그러하리라"

요15:6 "사람이 내 안에 거하지 아니하면 가지처럼 밖에 버려져 마르나니 사람들이 그것을 모아다가 불에 던져 사르느니라"

1) 그리스도 예수 안에는 무엇이 있는가?

그리스도 예수 안에는 무엇이 있을까요? 그리스도 예수 안에는 아버지 하나님께서 계시며 일하십니다. 그리고 그리스도 예수 안에는 영생이 있고, 은혜와 진리가 있으며, 믿음과 사랑이 있고, 구원(속량)이 있으며, 만물이 있고, 하나님의 모든 충만이 있습니다. 그러므로 우리는 반드시 그리스도 예수 안에 거해야 합니다.

① 그리스도 예수 안에는 아버지 하나님께서 계십니다.

하나님께서 그리스도 안에 계십니다(고후5:19). 아버지 하나님은 예수님 안에 계셔서 그의 일을 하십니다(요14:10). 그러므로 우리는 하나님 아버지께서 예수님 안에 계심을 믿어야 합니다(요14:11). 이는 예수님의 명령입니다. 우리가 예수님이 행하신 일을 믿으면 하나님 아버지께서 예수님 안에 계심을 깨달아 알 수 있습니다(요10:37-38). 왜냐하면 예수님이 행하신 일은 하나님 아버지께서 예수님 안에 계셔서 행하신 아버지의 일이기 때문입니다.

고후5:19   "곧 하나님께서 그리스도 안에 계시사 세상을 자기와 화목하게
            하시며 그들의 죄를 그들에게 돌리지 아니하시고 화목하게 하
            는 말씀을 우리에게 부탁하셨느니라"
요14:10   "내가 아버지 안에 거하고 아버지는 내 안에 계신 것을 네가 믿
            지 아니하느냐 내가 너희에게 이르는 말은 스스로 하는 것이 아
            니라 아버지께서 내 안에 계셔서 그의 일을 하시는 것이니라"
요14:11   "내가 아버지 안에 거하고 아버지께서 내 안에 계심을 믿으라
            그렇지 못하겠거든 행하는 그 일로 말미암아 나를 믿으라"
요10:37-38 "만일 내가 내 아버지의 일을 행하지 아니하거든 나를 믿지 말
            려니와 내가 행하거든 나를 믿지 아니할지라도 그 일은 믿으라
            그러면 너희가 아버지께서 내 안에 계시고 내가 아버지 안에 있
            음을 깨달아 알리라 하시니"

② 그리스도 예수 안에는 영원한 생명(영생)이 있습니다.

예수님 안에 생명이 있었습니다(요1:4). 그런데 이 생명은 하나님 아버지께서 자기 속에 생명이 있음 같이 예수님에게도 주어 그 속에 있게 하신 것입니다(요5:26). 그리고 하나님은 그리스도 예수 안에 있는 영생을 우리에게 주셨습니다. 그래서 죄의 삯은 사망이며 하나님의 은사는 그리스도 예수 안에 있는 영생입니다(롬6:23). 하나님은 우리에게 영생을 주셨는데 이 생명이 그의 아들 예수 그리스도 안에 있습니다(요일5:11).

요1:4   "그 안에 생명이 있었으니 이 생명은 사람들의 빛이라"

요5:26   "아버지께서 자기 속에 생명이 있음 같이 아들에게도 생명을 주어 그 속에 있게 하셨고"

롬6:23   "죄의 삯은 사망이요 하나님의 은사는 그리스도 예수 우리 주 안에 있는 영생이니라"

요일5:11   "또 증거는 이것이니 하나님이 우리에게 영생을 주신 것과 이 생명이 그의 아들 안에 있는 그것이니라"

③ 그리스도 예수 안에는 은혜와 진리가 있습니다.

말씀이 육신이 되어 우리 가운데 거하신 예수님은 은혜와 진리가 충만하셨습니다(요1:14). 곧 그리스도 예수 안에는 은혜가 있고(딤후2:1), 진리가 있습니다(엡4:21). 그리고 하나님은 그리스도 예수 안에서 우리에게 은혜를 주셨고(딤후1:9, 고전1:4), 우리는 예수 안에서 진리를 듣고 가르침을 받았습니다(엡4:21).

요1:14	"말씀이 육신이 되어 우리 가운데 거하시매 우리가 그의 영광을 보니 아버지의 독생자의 영광이요 은혜와 진리가 충만하더라"
딤후2:1	"내 아들아 그러므로 너는 그리스도 예수 안에 있는 은혜 가운데서 강하고"
엡4:21	"진리가 예수 안에 있는 것 같이 너희가 참으로 그에게서 듣고 또한 그 안에서 가르침을 받았을진대"
딤후1:9	"하나님이 우리를 구원하사 거룩하신 소명으로 부르심은 우리의 행위대로 하심이 아니요 오직 자기의 뜻과 영원전부터 그리스도 예수 안에서 우리에게 주신 은혜 대로 하심이라"
고전1:4	"그리스도 예수 안에서 너희에게 주신 하나님의 은혜로 말미암아 내가 너희를 위하여 항상 하나님께 감사하노니"

④ 그리스도 예수 안에는 믿음과 사랑이 있습니다.

그리스도 예수 안에 믿음과 사랑이 있습니다(딤전1:14, 딤후1:13). 곧 그리스도 예수 안에 하나님의 사랑이 있고(롬8:39), 그리스도 예수 안에 믿음이 있습니다(딤전3:13). 그리고 우리의 믿음과 성도에 대한 사랑이 그리스도 예수 안에 있습니다(골1:4).

딤전1:14	"우리 주의 은혜가 그리스도 예수 안에 있는 믿음과 사랑과 함께 넘치도록 풍성하였도다"
딤후1:13	"너는 그리스도 예수 안에 있는 믿음과 사랑으로써 내게 들은 바 바른 말을 본받아 지키고"
롬8:39	"높음이나 깊음이나 다른 어떤 피조물이라도 우리를 우리 주 그

리스도 예수 안에 있는 하나님의 사랑에서 끊을 수 없으리라"

딤전3:13   "집사의 직분을 잘한 자들은 아름다운 지위와 그리스도 예수 안

에 있는 믿음에 큰 담력을 얻느니라"

골1:4   "이는 그리스도 예수 안에 있는 너희의 믿음과 모든 성도에 대

한 사랑을 들었음이요"

⑤ 그리스도 예수 안에는 구원(속량)이 있습니다.

그리스도 예수 안에 속량이 있고 구원이 있습니다. 우리는 그리스도 예수 안에 있는 속량으로 말미암아 하나님의 은혜로 값없이 의롭다 하심을 얻은 자 되었습니다(롬3:24). 그리고 우리는 그리스도 예수 안에 있는 구원을 영원한 영광과 함께 받았습니다(딤후2:10).

롬3:24   "그리스도 예수 안에 있는 속량으로 말미암아 하나님의 은혜로

값없이 의롭다 하심을 얻은 자 되었느니라"

딤후2:10   "그러므로 내가 택함 받은 자들을 위하여 모든 것을 참음은 그

들도 그리스도 예수 안에 있는 구원을 영원한 영광과 함께 받게

하려 함이라"

⑥ 그리스도 예수 안에는 만물이 있습니다.

만물이 그리스도 안에 함께 섰습니다(골1:17). 하나님은 하늘에 있는 것이나 땅에 있는 것이 다 그리스도 안에서 통일되게 하십니다(엡1:10). 그리스도 예수 안에는 남자와 여자가 있으며(고전11:11), 그리스도 예수 안에서는 모든 사람이 하나입니다(갈3:28).

골1:17	"또한 그가 만물보다 먼저 계시고 만물이 그 안에 함께 섰느니라"
엡1:10	"하늘에 있는 것이나 땅에 있는 것이 다 그리스도 안에서 통일 되게 하려 하심이라"
고전11:11	"그러나 주 안에는 남자 없이 여자만 있지 않고 여자 없이 남자만 있지 아니하니라"
갈3:28	"너희는 유대인이나 헬라인이나 종이나 자유인이나 남자나 여자나 다 그리스도 예수 안에서 하나이니라"

⑦ 그리스도 예수 안에는 하나님의 모든 충만이 있습니다.

하나님께서는 모든 충만으로 예수 안에 거하게 하셨습니다(골1:19). 그리고 그리스도 예수 안에는 지혜와 지식의 모든 보화가 감추어 있습니다(골2:3). 그래서 그리스도 예수 안에는 신성의 모든 충만이 육체로 거하시고 우리도 그 안에서 충만하여졌습니다(골2:9).

골1:19	"아버지께서는 모든 충만으로 예수 안에 거하게 하시고"
골2:3	"그 안에는 지혜와 지식의 모든 보화가 감추어져 있느니라"
골2:9-10	"그 안에는 신성의 모든 충만이 육체로 거하시고 너희도 그 안에서 충만하여졌으니 그는 모든 통치자의 권세의 머리시라"

2) 그리스도 예수 안에 있으면 어떻게 되는가?

우리는 그리스도 예수 안에 거해야 합니다. 우리가 그리스도 예수 안에 거하면 어떻게 될까요? 우리가 그리스도 예수 안에서 택하심과 부르심을 받았으며, 죄 사함을 얻고 의롭게 되었으며, 삶을 얻고 하나님의 자녀가 되었습니다. 또 우리는 그리스도 예수 안에 있으므로 새로운 피조물이 되었으며, 충만하여졌고, 하나님의 성전이 되어가며, 모세의 얼굴에 쓴 수건이 우리 마음에서 없어집니다.

① 우리가 그리스도 예수 안에서 택하심과 부르심을 받았습니다.

하나님은 그리스도 예수 안에서 역사하십니다. 하나님은 영원부터 우리 주 그리스도 예수 안에서 예정하신 뜻대로 역사하십니다(엡 3:11). 하나님은 창세전에 그리스도 안에서 우리를 택하셨고(엡1:4), 그리스도 안에서 우리를 부르셨습니다(벧전5:10). 또 하나님은 그리스도 예수 안에서 우리에게 자비하시고(엡2:7), 그리스도 안에서 우리를 용서하십니다(엡4:32).

엡3:11   "곧 영원부터 우리 주 그리스도 예수 안에서 예정하신 뜻대로 하신 것이라"

엡1:4   "곧 창세 전에 그리스도 안에서 우리를 택하사 우리로 사랑 안에서 그 앞에 거룩하고 흠이 없게 하시려고"

벧전5:10   "모든 은혜의 하나님 곧 그리스도 안에서 너희를 부르사 자기의 영원한 영광에 들어가게 하신 이가 잠깐 고난을 당한 너희를 친히 온전하게 하시며 굳건하게 하시며 강하게 하시며 터를 견고하게 하시리라"

엡2:7   "이는 그리스도 예수 안에서 우리에게 자비하심으로써 그 은혜의 지극히 풍성함을 오는 여러 세대에 나타내려 하심이라"

엡4:32   "서로 친절하게 하며 불쌍히 여기며 서로 용서하기를 하나님이 그리스도 안에서 너희를 용서하심 같이 하라"

② 우리가 그리스도 예수 안에서 죄 사함을 얻고 의롭게 되었습니다.

우리가 그리스도 안에서 그의 은혜를 따라 그의 피로 말미암아 속량 곧 죄 사함을 받았습니다(엡1:7). 그리고 하나님은 우리로 그리스도 안에서 하나님의 의가 되게 하셨습니다(고후5:21). 또 그리스도 예수 안에 있는 생명의 성령의 법이 죄와 사망의 법에서 우리를 해방하였음으로(롬8:2), 그리스도 예수 안에 있는 우리에게는 결코 정죄함이 없습니다(롬8:1).

엡1:7	"우리는 그리스도 안에서 그의 은혜의 풍성함을 따라 그의 피로 말미암아 속량 곧 죄 사함을 받았느니라"
고후5:21	"하나님이 죄를 알지도 못하신 이를 우리를 대신하여 죄로 삼으신 것은 우리로 그 안에서 하나님의 의가 되게 하려 하심이라"
롬8:2	"이는 그리스도 예수 안에 있는 생명의 성령의 법이 죄와 사망의 법에서 너를 해방하였음이라"
롬8:1	"그러므로 이제 그리스도 예수 안에 있는 자에게는 결코 정죄함이 없나니"

③ 우리가 그리스도 예수 안에서 삶을 얻었습니다.

아담 안에서 모든 사람이 죽은 것 같이 그리스도 안에서 모든 사람이 삶을 얻습니다(고전15:22). 하나님은 그리스도를 죽은 자들 가운데서 일으키셨습니다. 그리고 우리는 세례로 그리스도와 함께 장사한바 되고 죽은 자들 가운데서 그리스도를 일으키신 하나님의 역사를 믿음으로 말미암아 그리스도 안에서 함께 일으키심을 받았습니다(

골2:12). 또 하나님은 우리를 그리스도와 함께 일으키사 그리스도 예수 안에서 함께 하늘에 앉히셨습니다(엡2:6). 그래서 우리는 죄에 대하여는 죽은 자요 그리스도 예수 안에서 하나님께 대하여는 산 자입니다(롬6:11).

고전15:22 "아담 안에서 모든 사람이 죽은 것 같이 그리스도 안에서 모든 사람이 삶을 얻으리라"

골2:12 "너희가 세례로 그리스도와 함께 장사되고 또 죽은 자들 가운데서 그를 일으키신 하나님의 역사를 믿음으로 말미암아 그 안에서 함께 일으키심을 받았느니라"

엡2:6 "또 함께 일으키사 그리스도 예수 안에서 함께 하늘에 앉히시니"

롬6:11 "이와 같이 너희도 너희 자신을 죄에 대하여는 죽은 자요 그리스도 예수 안에서 하나님께 대하여는 살아 있는 자로 여길지어다"

④ 우리가 그리스도 예수 안에서 하나님의 아들이 되었습니다.

우리가 그리스도 예수 안에서 믿음으로 말미암아 하나님의 아들이 되었습니다(갈3:26). 곧 이방인인 우리가 복음으로 말미암아 그리스도 예수 안에서 하나님의 상속자가 되었습니다(엡3:6). 그리고 우리가 하나님의 뜻을 따라 예정을 입어 그리스도 안에서 기업이 되었습니다(엡1:11). 우리가 하나님의 아들이 되고 상속자가 되고 기업이 된 것은 하나님의 것을 받아 누릴 수 있는 자가 된 것입니다. 그래서 하나님은 그리스도 안에서 신령한 복을 우리에게 주시고(엡1:3), 그리스도 예수 안에서 우리의 모든 쓸 것을 채우십니다(빌4:19).

갈3:26	"너희가 다 믿음으로 말미암아 그리스도 예수 안에서 하나님의 아들이 되었으니"
엡3:6	"이는 이방인들이 복음으로 말미암아 그리스도 예수 안에서 함께 상속자가 되고 함께 지체가 되고 함께 약속에 참여하는 자가 됨이라"
엡1:11	"모든 일을 그의 뜻의 결정대로 일하시는 이의 계획을 따라 우리가 예정을 입어 그 안에서 기업이 되었으니"
엡1:3	"찬송하리로다 하나님 곧 우리 주 예수 그리스도의 아버지께서 그리스도 안에서 하늘에 속한 모든 신령한 복을 우리에게 주시되"
빌4:19	"나의 하나님이 그리스도 예수 안에서 영광 가운데 그 풍성한 대로 너희 모든 쓸 것을 채우시리라"

⑤ 우리가 그리스도 예수 안에 있으면 새로운 피조물입니다.

우리는 하나님이 만드신 바요 그리스도 예수 안에서 선한 일을 위하여 지으심을 받은 자입니다(엡2:10). 그리고 우리가 그리스도 안에 있으면 새로운 피조물이며 이전 것은 지나가고 새것이 되었습니다(고후5:17). 곧 우리는 그리스도 안에서 육적 몸을 벗는 그리스도의 할례를 받았습니다(골2:11). 그래서 전에 그리스도 밖에 멀리 있던 우리가 그리스도 예수 안에서 그리스도의 피로 가까워졌으며(엡2:12-13), 그리스도 안에서 그를 믿음으로 말미암아 담대함과 확신을 가지고 하나님께 나아감을 얻습니다(엡3:12).

엡2:10	"우리는 그가 만드신 바라 그리스도 예수 안에서 선한 일을 위

하여 지으심을 받은 자니 이 일은 하나님이 전에 예비하사 우리
로 그 가운데서 행하게 하려 하심이니라"

고후5:17   "그런즉 누구든지 그리스도 안에 있으면 새로운 피조물이라 이
전 것은 지나갔으니 보라 새 것이 되었도다"

골2:11   "또 그 안에서 너희가 손으로 하지 아니한 할례를 받았으니 곧
육의 몸을 벗는 것이요 그리스도의 할례니라"

엡2:12-13   "그 때에 너희는 그리스도 밖에 있었고 이스라엘 나라 밖의 사
람이라 약속의 언약들에 대하여는 외인이요 세상에서 소망이
없고 하나님도 없는 자이더니 이제는 전에 멀리 있던 너희가 그
리스도 예수 안에서 그리스도의 피로 가까워졌느니라"

엡3:12   "우리가 그 안에서 그를 믿음으로 말미암아 담대함과 확신을 가
지고 하나님께 나아감을 얻느니라"

⑥ 우리가 그리스도 예수 안에서 충만하여졌습니다.

그리스도 예수 안에는 신성의 모든 충만이 육체로 거하며 우리도 그
안에서 충만하여졌습니다(골2:9-10). 그리스도 예수 안에 있는 사람
은 열매를 많이 맺습니다(요15:5). 그리고 하나님의 약속은 얼마든지
그리스도 안에서 예가 됩니다(고후1:20). 그래서 우리가 예수님 안에
거하고 예수님의 말씀이 우리 안에 거하면 무엇이든지 원하는 대로 구
하면 이루어집니다(요15:7).

골2:9-10   "그 안에는 신성의 모든 충만이 육체로 거하시고 너희도 그 안
에서 충만하여졌으니 그는 모든 통치자와 권세의 머리시라"

요15:5	"나는 포도나무요 너희는 가지라 그가 내 안에, 내가 그 안에 거하면 사람이 열매를 많이 맺나니 나를 떠나서는 너희가 아무 것도 할 수 없음이라"
고후1:20	"하나님의 약속은 얼마든지 그리스도 안에서 예가 되니 그런즉 그로 말미암아 우리가 아멘 하여 하나님께 영광을 돌리게 되느니라"
요15:7	"너희가 내 안에 거하고 내 말이 너희 안에 거하면 무엇이든지 원하는 대로 구하라 그리하면 이루리라"

⑦ 우리가 그리스도 예수 안에서 하나님의 성전이 되어 갑니다.

우리는 사도들과 선지자들의 터 위에 세우심을 입은 자이며 그리스도 예수께서 친히 모퉁잇돌이 되셨습니다(엡2:20). 그래서 그리스도 예수 안에서 건물마다 서로 연결하여 주 안에서 성전이 되어 가고 우리도 성령 안에서 하나님의 거하실 처소가 되기 위하여 예수 안에서 함께 지어져 갑니다(엡2:21-22). 곧 우리가 그리스도 안에서 한 몸이 되어 서로 지체가 되었습니다(롬12:5).

엡2:20	"너희는 사도들과 선지자들의 터 위에 세우심을 입은 자라 그리스도 예수께서 친히 모퉁잇돌이 되셨느니라"
엡2:21-22	"그의 안에서 건물마다 서로 연결하여 주 안에서 성전이 되어 가고 너희도 성령 안에서 하나님의 거하실 처소가 되기 위하여 그리스도 예수 안에서 함께 지어져 가느니라"
롬12:5	"이와 같이 우리 많은 사람이 그리스도 안에서 한 몸이 되어 서로 지체가 되었느니라"

⑧ 우리가 그리스도 예수 안에서 마음의 수건이 없어집니다.

모세가 시내산에서 돌에 써서 새긴 십계명을 하나님께 받고 이스라엘 자손에게 내려왔을 때 모세의 얼굴에 영광이 있었는데 그 영광은 장차 없어질 영광이었습니다. 그런데 이스라엘 자손들은 모세의 얼굴에 있는 없어질 영광을 인하여 모세의 얼굴을 주목하지 못하였습니다(고후3:7). 이에 모세가 이스라엘 자손들로 장차 없어질 영광의 결국을 주목하지 못하게 하려고 그 얼굴에 수건을 썼습니다(고후3:13). 그러나 이스라엘 자손들의 마음이 완고하여 모세의 글을 읽을 때에 수건이 오히려 그 마음을 덮었습니다(고후3:15). 그런데 그 수건은 그리스도 안에서 없어지며(고후3:14), 언제든지 주께로 돌아가면 그 수건이 벗어집니다(고후3:16). 우리가 그리스도 예수 안에 있으면 우리가 다 수건을 벗은 것 같이 주의 영광을 보며, 주의 영으로 말미암아 주와 같은 형상으로 변화하여 영광으로 영광에 이릅니다(고후3:18).

고후3:7   "돌에 써서 새긴 죽게 하는 율법 조문의 직분도 영광이 있어 이스라엘 자손들은 모세의 얼굴의 없어질 영광 때문에도 그 얼굴을 주목하지 못하였거든"

고후3:13   "우리는 모세가 이스라엘 자손들에게 장차 없어질 것의 결국을 주목하지 못하게 하려고 수건을 그 얼굴에 쓴 것 같이 아니하노라"

고후3:15   "오늘까지 모세의 글을 읽을 때에 수건이 그 마음을 덮었도다"

고후3:14   "그러나 그들의 마음이 완고하여 오늘까지도 구약을 읽을 때에 그 수건이 벗어지지 아니하고 있으니 그 수건은 그리스도 안에서 없어질 것이라"

고후3:16   "그러나 언제든지 주께로 돌아가면 그 수건이 벗겨지리라"

고후3:18   "우리가 다 수건을 벗은 얼굴로 거울을 보는 것 같이 주의 영광
을 보매 그와 같은 형상으로 변화하여 영광에서 영광에 이르니
곧 주의 영으로 말미암음이니라"

3) 우리는 그리스도 예수 안에 거해야 합니다.

우리는 그리스도 예수 안에 거하므로 그리스도 예수 안에서 발견
되어야 합니다(빌3:9). 예수님은 믿는 자들이 성부, 성자, 성령 하나
님 안에 있게 하시기를 아버지 하나님께 간구하셨습니다(요17:21).

빌3:9   "그 안에서 발견되려 함이니 내가 가진 의는 율법에서 난 것이
아니요 오직 그리스도를 믿음으로 말미암은 것이니 곧 믿음으
로 하나님께로부터 난 의라"

요17:21   "아버지여, 아버지께서 내 안에, 내가 아버지 안에 있는 것 같
이 그들도 다 하나가 되어 우리 안에 있게 하사 세상으로 아버
지께서 나를 보내신 것을 믿게 하옵소서"

① 예수님은 자기 안에 거하라고 명하셨습니다.

우리가 그리스도 예수 안에 거하는 것은 예수님의 명령입니다. 예
수님은 그 제자들에게 "내 안에 거하라"고 명하셨습니다(요15:4). 그
러므로 우리는 그리스도 예수 안에 서야 하며(빌4:1), 그 안에 뿌리
를 박으며 세움을 입어야 합니다(골2:7). 곧 우리는 기름부음이 가르
치신 그대로 주 안에 거해야 합니다(요일2:27). 우리가 주 안에 거해

야 주께서 강림하실 때에 담대함을 얻어 그 앞에서 부끄럽지 않게 됩니다(요일2:28).

요15:4	"내 안에 거하라 나도 너희 안에 거하리라 가지가 포도나무에 붙어 있지 아니하면 스스로 열매를 맺을 수 없음같이 너희도 내 안에 있지 아니하면 그러하리라"
빌4:1	"그러므로 나의 사랑하고 사모하는 형제들, 나의 기쁨이요 면류관인 사랑하는 자들아 이와 같이 주 안에 서라"
골2:7	"그 안에 뿌리를 박으며 세움을 받아 교훈을 받은 대로 믿음에 굳게 서서 감사함을 넘치게 하라"
요일2:27	"너희는 주께 받은 바 기름부음이 너희 안에 거하나니 아무도 너희를 가르칠 필요가 없고 오직 그의 기름 부음이 모든 것을 너희에게 가르치며 또 참되고 거짓이 없으니 너희를 가르치신 그대로 주 안에 거하라"
요일2:28	"자녀들아 이제 그의 안에 거하라 이는 주께서 나타내신바 되면 그가 강림하실 때에 우리로 담대함을 얻어 그 앞에서 부끄럽지 않게 하려 함이라"

② 하나님의 교회와 성도는 그리스도 예수 안에 있습니다.

우리가 그리스도 예수 안에 있어야 함은 교회와 성도는 그리스도 예수 안에 있기 때문입니다. 교회들은 그리스도 안에 있습니다(갈1:22). 곧 교회는 하나님 아버지와 그리스도 예수 안에 있습니다(살전1:1). 그리고 성도는 그리스도 예수 안에 있으며(빌4:21), 그리스도 안에서 신실한 형제들이 성도들입니다(골1:2). 우리는 하나님으로부터 나서 그리스도 예수 안에 있습니다(고전1:30).

갈1:22	"그리스도 안에 있는 유대의 교회들이 나를 얼굴로 알지 못하고"
살전1:1	"바울과 실루아노와 디모데는 아버지와 주 예수 그리스도 안에 있는 데살로니가인의 교회에 편지하노니 은혜와 평강이 너희에게 있을지어다"
빌4:21	"그리스도 예수 안에 있는 성도에게 각각 문안하라 나와 함께 있는 형제들이 너희에게 문안하고"
골1:2	"골로새에 있는 성도들 곧 그리스도 안에서 신실한 형제들에게 편지하노니 우리 아버지 하나님으로부터 은혜와 평강이 너희에게 있을지어다"
고전1:30	"너희는 하나님으로부터 나서 그리스도 예수 안에 있고 예수는 하나님으로부터 나와서 우리에게 지혜와 의로움과 거룩함과 구원함이 되셨으니"

③ 우리가 어떻게 하면 그리스도 예수 안에 있는가요?

우리가 예수 그리스도의 살을 먹고 예수 그리스도의 피를 마시는 자면 우리가 그리스도 예수 안에 거합니다(요6:56). 그리고 우리가 처음부터 들은 말씀을 우리 안에 거하게 하여 말씀이 우리 안에 거하면 우리가 그리스도 예수 안에 있습니다(요일2:24). 또한 우리가 하나님의 계명들을 지키는 자면 우리가 주 안에 거합니다(요일3:24). 곧 우리가 그리스도의 말씀을 지키는 자면 하나님의 사랑이 우리 속에서 온전하게 되었으며 우리가 그리스도 안에 있는 줄을 압니다(요일2:5).

요6:56	"내 살을 먹고 내 피를 마시는 자는 내 안에 거하고 나도 그의 안에 거하나니"
요일2:24	"너희는 처음부터 들은 것을 너희 안에 거하게 하라 처음부터 들은 것이 너희 안에 거하면 너희가 아들과 아버지 안에 거하리라"
요일3:24	"그의 계명을 지키는 자는 주 안에 거하고 주는 그의 안에 거하시나니 우리에게 주신 성령으로 말미암아 그가 우리 안에 거하시는 줄을 아느니라"
요일2:5	"누구든지 그의 말씀을 지키는 자는 하나님의 사랑이 참으로 그 속에서 온전하게 되었나니 이로써 우리가 그의 안에 있는 줄을 아노라"

④ 우리가 성령을 받으면 그리스도 예수 안에 있는 줄을 압니다.

우리는 그리스도 예수 안에 거하며 그리스도 예수 안에 있는 줄을 알아야 합니다. 그러면 우리가 그리스도 예수 안에 거하는 줄을 어떻게 알 수 있을까요? 오직 하나님께서 성령을 우리에게 주시므로 우리가 그리스도 안에 있는 줄을 알 수 있습니다(요일4:13). 성령님이 우리에게 오시면 우리가 그리스도 예수 안에 있는 것을 우리가 압니다 (요14:20).

요일4:13	"그의 성령을 우리에게 주시므로 우리가 그 안에 거하고 그가 우리 안에 거하시는 줄을 아느니라"

요14:20 　"그 날에는 내가 아버지 안에, 너희가 내 안에, 내가 너희안에
　　　　있는 것을 너희가 알리라"

4) 우리는 그리스도 예수 안에서 행해야 합니다.

우리는 그리스도 예수 안에 거하여 그 안에서 행해야 합니다. 우
리는 그리스도 예수를 주로 받았으므로 그 안에서 행해야 합니다(골
2:6). 하나님은 우리로 그리스도 예수 안에서 행하게 하려고 우리를
그리스도 예수 안에서 지으셨습니다(엡2:10). 사도 바울은 그리스도
예수 안에서 행한 일을 말하였습니다(고전4:17). 그리스도 안에 산다
고 하는 자는 그리스도가 행하시는 대로 자기도 행해야 합니다(요일
2:6).

골2:6 　"그러므로 너희가 그리스도 예수를 주로 받았으니 그 안에서 행
　　　　하되"
엡2:10 　"우리는 그가 만드신 바라 그리스도 예수 안에서 선한 일을 위
　　　　하여 지으심을 받은 자니 이 일은 하나님이 전에 예비하사 그
　　　　가운데서 행하게 하려 하심이라"
고전4:17 "이로 말미암아 내가 주 안에서 내가 사랑하고 신실한 아들 디
　　　　모데를 너희에게 보내었으니 그가 너희로 하여금 그리스도 예
　　　　수 안에서 나의 행사 곧 내가 각처 각 교회에서 가르치는 것을
　　　　생각나게 하리라"
요일2:6 　"그의 안에 산다고 하는 자는 그가 행하시는 대로 자기도 행할
　　　　지니라"

① 우리는 그리스도 예수 안에서 빛의 자녀들처럼 행해야 합니다.

우리가 전에는 어둠이었지만 이제는 주 안에서 빛이므로 빛의 자녀들처럼 행해야 합니다(엡5:8). 빛의 자녀인 우리는 빛의 열매를 맺어 착하고 의롭고 진실하게 행해야 하며(엡5:9), 우리는 열매 없는 어둠의 일에 참여하지 말고 도리어 책망해야 합니다(엡5:11). 곧 우리는 박해를 받아도 그리스도 예수 안에서 경건하게 살아야 합니다(딤후3:12).

엡5:8 　"너희가 전에는 어둠이더니 이제는 주 안에서 빛이라 빛의 자녀들처럼 행하라"

엡5:9 　"빛의 열매는 모든 착함과 의로움과 진실함에 있느니라"

엡5:11 　"너희는 열매 없는 어둠의 일에 참여하지 말고 도리어 책망하라"

딤후3:12 　"무릇 그리스도 예수 안에서 경건하게 살고자 하는 자는 박해를 받으리라"

② 우리는 그리스도 예수 안에서 항상 기뻐해야 합니다.

우리는 주 안에서 기뻐하고(빌3:1), 주 안에서 항상 기뻐해야 합니다(빌4:4). 또한 우리는 주 안에서 형제를 기쁘게 하고, 그리스도 안에서 형제를 평안하게 해야 합니다(몬1:20).

빌3:1 　"끝으로 나의 형제들아 주 안에서 기뻐하라 너희에게 같은 말을 쓰는 것이 내게는 수고로움이 없고 너희에게는 안전 하니라"

빌4:4 　"주 안에서 항상 기뻐하라 내가 다시 말하노니 기뻐하라"

몬1:20   "오 형제여 나로 주 안에서 너로 말미암아 기쁨을 얻게 하고 내
         마음이 그리스도 안에서 평안하게 하라"

③ 우리는 그리스도 예수 안에서 사랑으로 역사하는 믿음으로 행해야
합니다.

우리가 성령으로 믿음을 따라 의의 소망을 기다리니 그리스도 예수
안에서는 할례나 무할례나 효력이 없으되 사랑으로써 역사하는 믿음
뿐입니다(갈5:5-6). 그러므로 우리는 그리스도 예수 안에서 사랑으로
써 역사하는 믿음으로 행하되 아무 다른 마음을 품지 말고(갈5:10),
주 안에서 같은 마음을 품고(빌4:2), 그리스도 예수 안에서 하나님이
위에서 부르신 부름의 상을 위하여 달려가야 합니다(빌3:14).

갈5:5-6   "우리가 성령으로 믿음을 따라 의의 소망을 기다리노니 그리스
          도 예수 안에서는 할례나 무할례나 효력이 없으되 사랑으로써
          역사하는 믿음뿐이니라"

갈5:10   "나는 너희가 아무 다른 마음을 품지 아니할 줄을 주 안에서 확
          신하노라 그러나 너희를 요동하게 하는 자는 누구든지 심판을
          받으리라"

빌4:2   "내가 유오디아를 권하고 순두게를 권하노니 주 안에서 같은 마
          음을 품으라"

빌3:14   "푯대를 향하여 그리스도 예수 안에서 하나님이 위에서 부르신
          부름의 상을 위하여 달려가노라"

④ 우리는 그리스도 예수 안에서 받은 직분을 이루어야 합니다.

우리는 그리스도 예수 안에서 직분을 받았으며 그 받은 직분을 이루어야 합니다(골4:17). 우리는 주 안에서 받은 직분대로 주 안에서 진리를 증언하며(엡4:17), 주 예수 안에서 형제에게 구하고 권면해야 하며(살전4:1), 각 사람을 그리스도 안에서 완전한 자로 세우기 위해 각 사람을 권해야 합니다(골1:28). 또 우리는 주 안에서 주의 일꾼들을 신뢰해야 합니다(빌1:14).

골4:17   "아킵보에게 이르기를 주 안에서 받은 직분을 삼가 이루라고 하라"

엡4:17   "그러므로 내가 이것을 말하여 주 안에서 증언하노니 이제 부터 너희는 이방인이 그 마음의 허망한 것으로 행함 같이 행하지 말라"

살전4:1   "그러므로 형제들아 우리가 끝으로 주 예수 안에서 너희에게 구하고 권면하노니 너희가 마땅히 어떻게 행하며 하나님을 기쁘시게 할 수 있는지를 우리에게 배웠으니 곧 너희가 행하는 바라 더욱 많이 힘쓰라"

골1:28   "우리가 그를 전파하여 각 사람을 권하고 모든 지혜로 각 사람을 가르침은 각 사람을 그리스도 안에서 완전한 자로 세우려 함이니"

빌1:14   "형제 중 다수가 나의 매임으로 말미암아 주 안에서 신뢰함으로 겁 없이 하나님의 말씀을 더욱 담대하게 전하게 되었느니라"

우리는 예수님의 명령대로 그리스도 예수 안에 거해야 합니다. 그리고 우리는 그리스도 예수 안에 거하는 줄을 알고 그리스도 예수 안에서 행해야 합니다.

우리는 그리스도 예수 안에 거해야 합니다. 그리스도 예수 안에는 하나님 아버지께서 계시며, 영원한 생명이 있고, 은혜와 진리가 있으며, 믿음과 사랑이 있고, 구원이 있으며, 만물이 있으며, 하나님의 모든 충만이 있습니다. 그리고 우리가 그리스도 예수 안에서 택하심과 부르심을 받았으며, 죄 사함을 얻고 의롭게 되었으며, 삶을 얻었고, 하나님의 자녀가 되었습니다. 또 우리는 그리스도 예수 안에서 새로운 피조물이 되었고, 충만하여 졌으며, 하나님의 성전이 되어가며, 마음의 수건이 없어집니다.

우리는 그리스도 예수 안에서 행해야 합니다. 우리는 그리스도 예수 안에서 빛의 자녀들처럼 행해야 하며, 항상 기뻐해야 하고, 사랑으로써 역사하는 믿음으로 행하며, 받은 직분을 이루어야 합니다.

2. 그리스도인은 고난을 받아야 합니다.

영을 살리신 구원을 받은 우리는 이 세상에서 사는 동안 천국에 들어가도록 보호를 받으며 양육을 받아야 합니다. 그런데 하나님은 고난을 통하여 온전하게 자라도록 우리를 양육하십니다. 그러므로 우리는 고난을 받아야 합니다.

죄인들을 구원하시려고 이 세상에 오신 예수님은 많은 고난을 받으셨습니다. 선지자들은 예수님이 고난 받으실 것을 예언했으며, 사도들은 예수님이 고난 받으신 것을 증언하였습니다. 그런데 예수님이 고난 받으실 것을 예언한 선지자들도 고난을 받았으며, 예수님이 고난 받으신 것을 증언한 사도들도 고난을 받았습니다.

우리도 그리스도의 고난에 참여함을 알아서 그리스도의 고난에 참여해야 합니다. 그런데 고난은 선을 행함으로 받는 고난이 있으며, 악을 행함으로 받는 고난이 있습니다. 선을 행함으로 받는 고난은 마귀를 대적하여 받는 고난이며 이를 박해(환난)라 하고, 악을 행하여 받는 고난은 하나님을 대적하여 받는 고난으로 이를 재앙이라고 합니다. 그러므로 우리는 마귀를 대적하여 선을 행함으로 고난을 받아야 합니다. 그리스도 예수 안에서 경건하게 살고자 하는 자는 박해를 받습니다(딤후3:12). 그리고 우리가 하나님의 나라에 들어가려면 많은 환난을 겪어야 합니다(행14:22).

딤후3:12 "무릇 그리스도 예수 안에서 경건하게 살고자 하는 자는 박해를 받으리라"

행14:22 "제자들의 마음을 굳게 하여 이 믿음에 머물러 있으라 권하고 또 우리가 하나님의 나라에 들어가려면 많은 환난을 겪어야 할 것이라 하고"

1) 예수님이 이 세상에 오셔서 고난을 받으셨습니다.

선지자들은 예수님이 고난 받으실 것을 예언했으며 예수님이 왜 고난을 받으시며, 예수님이 고난 받으실 때 어떻게 하실 것도 예언했습니다. 예수님은 선지자들이 예언한 대로 이 세상에 오셔서 고난을 받으셨습니다. 그리고 예수님은 자신이 고난 받을 것을 아시고 제자들에게 가르치셨으며(마16:21), 예수님은 실제로 고난을 받으셨습니다. 예수님은 선지자들이 예언한 대로 고난을 받으시되 위협하지 아니하시고 오직 공의로 심판하시는 아버지 하나님께 부탁하셨습니다(벧전2:23).

마16:21   "이 때로부터 예수 그리스도께서 자기가 예루살렘에 올라가 장로들과 대제사장들과 서기관들에게 많은 고난을 받고 죽임을 당하고 제삼일에 살아나야 할 것을 비로소 나타내시니"
벧전2:23   "욕을 당하시되 맞대어 욕하지 아니하시고 고난을 당하시되 위협하지 아니하시고 오직 공의로 심판하시는 이에게 부탁하시며"

① 예수님은 왜 고난을 받으셨는가요?

예수님은 우리 때문에 그리고 우리를 위하여 고난을 받으셨습니다. 우리는 이를 알아야 합니다. 하나님은 우리 무리의 죄악을 예수님에게 담당시키셨습니다(사53:6). 그래서 예수님이 고난을 당하심은 우리의 질고를 지고 우리의 슬픔을 당하신 것입니다(사53:4). 그러나 사람들은 예수님은 징벌을 받아서 하나님에게 맞으며 고난을 당한다고 생각했습니다. 예수님이 찔림은 우리 허물 때문이요 그가 상함은 우리의 죄악 때문입니다(사53:5). 그러므로 우리는 예수님이 마땅히 형벌 받을 우리의 허물을 인하여 곤욕과 심문을 당하고 끌려가셨음을 알아야 합니다(사53:7).

그러면 예수님은 왜 고난을 받으셨는가요? 예수님은 모든 사람을 위하여 죽음을 맛보려고 고난을 받으셨으며(히2:9), 예수님은 자기 피로써 자기 백성을 거룩하게 하려고 고난을 받으셨고(히13:12), 예수님은 우리에게 본을 끼쳐 그 자취를 따라 오게 하려고 고난을 받으셨습니다(벧전2:21).

사53:6   "우리는 다 양 같아서 그릇 행하여 각기 제 길로 갔거늘 여호와께서는 우리 모두의 죄악을 그에게 담당시키셨도다"

사53:4   "그는 실로 우리의 질고를 지고 우리의 슬픔을 당하였거늘 우리는 생각하기를 그는 징벌을 받아 하나님께 맞으며 고난을 당한다 하였노라"

사53:5   "그가 찔림은 우리의 허물 때문이요 그가 상함은 우리의 죄악 때문이라 그가 징계를 받으므로 우리는 평화를 누리고 그가 채찍에 맞으므로 우리는 나음을 입었도다"

사53:7   "그가 곤욕을 당하여 괴로울 때에도 그의 입을 열지 아니하였음이여 마치 도수장으로 끌려 가는 어린 양과 털 깎는 자 앞에서 잠잠한 양 같이 그 입을 열지 아니하였도다"

히2:9   "오직 우리가 천사들보다 잠시 동안 못하게 하심을 입은자 곧 죽음의 고난 받으심으로 말미암아 영광과 존귀로 관을 쓰신 예수를 보니 이를 행하심은 하나님의 은혜로 말미암아 모든 사람을 위하여 죽음을 맛보려 하심이라"

히13:12   "그러므로 예수도 자기 피로써 백성을 거룩하게 하려고 성문 밖에서 고난을 받으셨느니라"

벧전2:21 "이를 위하여 너희가 부르심을 받았으니 그리스도도 너희를 위

하여 고난을 받으사 너희에게 본을 끼쳐 그 자취를 따라오게 하
려 하셨느니라"

② 예수님은 고난 받으심으로 어떻게 되셨는가요?

모든 사람을 위하여 죽음을 맛보시고 자기 백성을 거룩하게 하여
그 자취를 따라 오게 하려고 고난을 받으신 예수님은 그 고난을 받으
심으로 인하여 어떻게 되셨는가요? 예수님은 받으신 고난으로 순종
함을 배워서 온전하게 되셨으며 영원한 구원의 근원이 되시고(히5:8-
9), 육체의 고난을 받으신 예수님은 우리의 죄를 그쳤으며(벧전4:1),
예수님은 죽음의 고난 받으심으로 말미암아 영광과 존귀로 관을 쓰
셨습니다(히2:9). 그리고 예수님은 시험을 받아 고난을 당하셨음으로
시험 받는 자들을 능히 도우십니다(히2:18).

히5:8-9   "그가 아들이시면서도 받으신 고난으로 순종함을 배워서 온전
             하게 되셨은즉 자기에게 순종하는 모든 자에게 영원한 구원의
             근원이 되시고"

벧전4:1   "그리스도께서 이미 육체의 고난을 받으셨으니 너희도 같은 마
             음으로 갑옷을 삼으라 이는 육체의 고난을 받은 자는 죄를 그쳤
             음이니"

히2:9   "오직 우리가 천사들보다 잠시 동안 못하게 하심을 입은자 곧
            죽음의 고난 받으심으로 말미암아 영광과 존귀로 관을 쓰신 예
            수를 보니 이를 행하심은 하나님의 은혜로 말미암아 모든 사람
            을 위하여 죽음을 맛보려 하심이라"

히2:18   "그가 시험을 받아 고난을 당하셨은즉 시험 받는 자들을 능히
         도우실 수 있느니라"

 2) 우리는 예수 그리스도의 고난에 참여해야 합니다.

 우리는 그리스도를 알고 그리스도의 고난에 참여함을 알아야 합니
다(빌3:10). 그리스도는 우리를 위하여 고난을 받으사 우리에게 본을
끼쳐 그 자취를 따라 오게 하셨습니다(벧전2:21). 그러므로 우리는
그리스도와 같은 마음으로 그리스도의 고난에 참여해야 합니다(벧전
4:1). 우리가 하나님의 빛을 받으면 그리스도의 고난에 참여하게 됩
니다(히10:32). 선지자들과 사도들이 고난을 받았으며, 고난의 증인
이 되었습니다(약5:10, 벧전5:1). 그리고 세상에 있는 모든 성도들이
동일한 고난을 당합니다(벧전5:9).

빌3:10   "내가 그리스도와 그 부활의 권능과 그 고난에 참여함을 알고
         자 하여 그의 죽으심을 본받아"

벧전2:21   "이를 위하여 너희가 부르심을 받았으니 그리스도 너희를 위
         하여 고난을 받으사 너희에게 본을 끼쳐 그 자취를 따라오게 하
         려 하셨느니라"

벧전4:1   "그리스도께서 이미 육체의 고난을 받으셨으니 너희도 같은 마
         음으로 갑옷을 삼으라 이는 육체의 고난을 받은 자는 죄를 그쳤
         음이니"

히10:32   "전날에 너희가 빛을 받은 후에 고난의 큰 싸움을 견디어 낸 것
         을 생각하라"

약5:10	"형제들아 주의 이름으로 말한 선지자들을 고난과 오래 참음의 본으로 삼으라"
벧전5:1	"너희 중 장로들에게 권하노니 나는 함께 장로 된 자요그리스도의 고난의 증인이요 나타날 영광에 참여할 자니라"
벧전5:8-9	"근신하라 깨어라 너희 대적 마귀가 우는 사자 같이 두루 다니며 삼킬 자를 찾나니 너희는 믿음을 굳건하게 하여 그를 대적하라 이는 세상에 있는 너희 형제들도 동일한 고난을 당하는 줄 앎이라"

① 우리는 왜 고난을 받아야 하는가요?

예수님은 우리를 위하여 고난을 받으셨으며 우리에게 본을 끼쳐 고난의 자취를 따라 오게 하셨습니다(벧전2:21). 그러므로 우리는 고난을 받아야 합니다. 우리는 하나님께서 예수님을 위해 고난을 받게 하려고 은혜를 주셨으며(빌1:29), 하나님께서 고난을 받은 우리를 온전하게 하시며 굳건하게 하시며 강하게 하시며 터를 견고하게 하시므로 고난을 받아야 합니다(벧전5:10). 또한 우리는 그리스도와 함께 한 하나님의 후사로 영광을 받기 위하여 고난을 받아야 하며(롬8:17), 하나님의 나라에 합당한 자로 여기심을 얻기 위하여 고난을 받아야 합니다(살후1:5).

벧전2:21	"이를 위하여 너희가 부르심을 받았으니 그리스도도 너희를 위하여 고난을 받으사 너희에게 본을 끼쳐 그 자취를 따라오게 하려 하셨느니라"
빌1:29	"그리스도를 위하여 너희에게 은혜를 주신 것은 다만 그를 믿을

뿐 아니라 또한 그를 위하여 고난도 받게 하려 하심이라"

벧전5:10 　"모든 은혜의 하나님 곧 그리스도 예수 안에서 너희를 부르사
　　　　　자기의 영원한 영광에 들어가게 하신 이가 잠깐 고난을 당한 너
　　　　　희를 친히 온전하게 하시며 굳건하게 하시며 강하게 하시며 터
　　　　　를 견고하게 하시리라"

롬8:17 　　"자녀이면 또한 상속자 곧 하나님의 상속자요 그리스도와 함께
　　　　　한 상속자니 우리가 그와 함께 영광을 받기 위하여 고난도 함께
　　　　　받아야 할 것이니라"

살후1:5 　　"이는 하나님의 공의로운 심판의 표요 너희로 하여금 하나님 나
　　　　　라에 합당한 자로 여김을 받게 하려 함이니 그 나라를 위하여
　　　　　너희가 또한 고난을 받느니라"

　하나님은 우리를 금, 은을 단련함 같이 단련하십니다. 하나님은 이
스라엘 백성을 풍부한 곳에 들이시기 위하여 그들을 시험하사 단련하
시되 그들을 그물에 들게 하시며, 어려운 짐을 그들 허리에 두셨으며,
사람들로 그들 머리 위로 타고 가게 하셨습니다. 곧 불과 물을 통과하
게 하셨습니다(시66:10-12). 욥은 하나님께서 자기를 단련하신 후에
는 순금같이 될 것을 알았습니다(욥23:10).

　우리는 여러 가지 시험을 당할 때 온전히 기쁘게 여겨야 합니다(약
1:2). 왜냐하면 우리 믿음의 시련이 인내를 만들어 내는 줄 알기 때문
입니다(약1:3). 그리고 우리는 인내를 온전히 이루어서 온전하고 구
비하여 조금도 부족함이 없어야 합니다(약1:4). 또한 우리는 환난 중
에도 즐거워해야 하는데 이는 환난은 인내를, 인내는 연단을, 연단은

소망을 이루는 줄 알기 때문입니다(롬5:3-4).

시66:10-12 "하나님이여 주께서 우리를 시험하시되 우리를 단련하시기를
은을 단련함 같이 하셨으며 우리를 끌어 그물에 걸리게 하시며
어려운 짐을 우리 허리에 매어 두셨으며 사람들이 우리 머리를
타고 가게 하셨나이다 우리가 불과 물을 통과하였더니 주께서
우리를 끌어 내사 풍부한 곳에 들이셨나이다"

욥23:10 "그러나 내가 가는 길을 그가 아시나니 그가 나를 단련하신 후
에는 내가 순금 같이 되어 나오리라"

약1:2 "내 형제들아 너희가 여러 가지 시험을 당하거든 온전히 기쁘게
여기라"

약1:3 "이는 너희 믿음의 시련이 인내를 만들어 내는 줄 너희가 앎이라"

약1:4 "인내를 온전히 이루라 이는 너희로 온전하고 구비하여 조금도
부족함이 없게 하려 함이라"

롬5:3-4 "다만 이뿐 아니라 우리가 환난 중에도 즐거워하나니 이는 환난
은 인내를, 인내는 연단을, 연단은 소망을 이루는 줄 앎이라"

② 우리는 하나님의 뜻대로 고난을 받아야 합니다.

우리는 고난을 받되 하나님의 뜻대로 고난을 받아야 합니다. 우리
는 악을 행하는 자로 고난을 받지 말아야 하고, 그리스도인으로 고난
을 받아야 하며, 고난을 받으면 부끄러워하지 말고 도리어 하나님께
영광을 돌려야 합니다(벧전4:15-16). 우리가 선을 행함으로 고난 받
는 것이 하나님의 뜻이며, 악을 행함으로 고난 받는 것보다 낫습니다

(벧전3:17). 그리고 하나님의 뜻대로 고난 받는 자들은 선을 행하는 가운데에 그 영혼을 미쁘신 창조주 하나님께 부탁해야 합니다(벧전 4:19). 우리가 부당하게 고난을 받아도 하나님을 생각함으로 슬픔을 참으면 이는 아름다우며(벧전2:19), 우리가 오직 선을 행함으로 고난을 받고 참으면 이는 하나님 앞에 아름답습니다(벧전2:20). 그러므로 우리는 의를 위하여 고난을 받으면 복 있는 자니 고난을 두려워하지 말고 근심하지 말아야 합니다(벧전3:14). 우리가 그리스도의 이름으로 치욕을 당하면 복 있는 자며 영광의 영이신 하나님의 영이 우리 위에 계십니다(벧전4:14).

벧전4:15-16 "너희 중에 누구든지 살인이나 도둑질이나 악행이나 남의 일을 간섭하는 자로 고난을 받지 말려니와 만일 그리스도인으로 고난을 받으면 부끄러워하지 말고 도리어 그 이름으로 하나님께 영광을 돌리라"

벧전3:17 "선을 행함으로 고난 받는 것이 하나님의 뜻일진대 악을 행함으로 고난 받는 것보다 나으니라"

벧전4:19 "그러므로 하나님의 뜻대로 고난을 받는 자들은 또한 선을 행하는 가운데에 그 영혼을 미쁘신 창조주께 의탁할지어다"

벧전2:19 "부당하게 고난을 받아도 하나님을 생각함으로 슬픔을 참으면 이는 아름다우나"

벧전2:20 "죄가 있어 매를 맞고 참으면 무슨 칭찬이 있으리요 그러나 선을 행함으로 고난을 받고 참으면 이는 하나님 앞에 아름다우니라"

벧전3:14 "그러나 의를 위하여 고난을 받으면 복 있는 자니 그들이 두려워하는 것을 두려워하지 말며 근심하지 말고"

벧전4:14   "너희가 그리스도의 이름으로 치욕을 당하면 복 있는 자로다 영
            광의 영 곧 하나님의 영이 너희 위에 계심이라"

　우리는 그리스도를 위하여 고난을 받아야 하고(빌1:29), 우리는 교
회를 위하여 고난을 받아야 하며(골1:24), 우리는 하나님 나라를 위
하여 고난을 받아야 합니다(살후1:5). 그리고 우리는 믿음을 굳게 하
여 마귀를 대적함으로 고난을 받아야 합니다(벧전5:9). 그런데 고난에
는 선을 행함으로 부당하게 받는 고난이 있고, 악을 행함으로 받는 고
난이 있으며, 성도들을 고난 받게 함으로 하나님의 형벌로 받는 고난
이 있습니다. 하나님은 성도들로 환난 받게 하는 자들에게는 환난으
로 갚으시고 환난 받는 성들에게는 안식으로 갚으십니다(살후1:5-6).
그래서 성도들과 예수님의 증인들을 박해한 바벨론은 하나님의 심판
을 받으며 하루 동안에 재앙들이 임합니다(계17:1, 6, 18:8). 그리고
대환난의 때에 죽임을 당해도 짐승과 그의 우상에게 경배하지 아니
하고, 사고 팔지 못해도 그들의 이마와 손에 그의 표를 받지 아니한
자들은 살아서 그리스도와 더불어 천년 동안 왕 노릇 할 것입니다(계
20:4). 그러나 대환난의 때에 죽지 않기 위해 짐승과 그 우상에게 경
배하고, 사고 팔기 위해 이마에나 손에 짐승의 이름표를 받는 자는 불
과 유황으로 고난을 받으며 밤낮 쉼을 얻지 못할 것입니다(계14:11).

빌1:29   "그리스도를 위하여 너희에게 은혜를 주신 것은 다만 그를 믿을
            뿐 아니라 또한 그를 위하여 고난도 받게 하려 하심이라"

골1:24	"나는 이제 너희를 위하여 받는 괴로움을 기뻐하고 그리스도의 남은 고난을 그의 몸된 교회를 위하여 내 육체에 채우노라"
살후1:5	"이는 하나님의 공의로운 심판의 표요 너희로 하여금 하나님 나라에 합당한 자로 여김을 받게 하려 함이니 그 나라를 위하여 너희가 고난을 받느니라"
벧전5:9	"너희는 믿음을 굳게 하여 그를 대적하라 이는 세상에 있는 너희 형제들도 동일한 고난을 당하는 줄을 앎이라"
살후1:6-7	"너희로 환난 받게 하는 자들에게는 환난으로 갚으시고 환난을 받는 너희에게는 우리와 함께 안식으로 갚으시는 것이 하나님의 공의시니 주 예수께서 자기의 능력의 천사들과 함께 하늘로부터 불꽃 가운데에 나타나실 때에"
계17:1	"또 일곱 대접을 가진 일곱 천사 중 하나가 와서 내게 말하여 이르되 이리로 오라 많은 물 위에 앉은 큰 음녀가 받을 심판을 네게 보이리라"
계17:6	"또 내가 보매 이 여자가 성도들의 피와 예수의 증인들의 피에 취한지라 내가 여자와 그가 탄 일곱 머리와 열 뿔 가진 짐승의 비밀을 네게 이르리라"
계18:8	"그러므로 하루 동안에 그 재앙들이 이르리니 곧 사망과 애통함과 흉년이라 그가 또한 불에 살라지리니 그를 심판하시는 주 하나님은 강하신 자니라"
계20:4	"또 내가 보좌들을 보니 거기에 앉은 자들이 있어 심판하는 권세를 받았더라 또 내가 보니 예수를 증언함과 하나님의 말씀 때문에 목 베임을 당한 자들의 영혼들과 또 짐승과 그의 우상에게

경배하지 아니하고 그들의 이마와 손에 그의 표를 받지 아니한
자들이 살아서 그리스도와 더불어 천년 동안 왕 노릇 하니"

계14:11 "그 고난의 연기가 세세토록 올라가리로다 짐승과 그의 우상에
게 경배하고 그의 이름 표를 받는 자는 누구든지 밤낮 쉼을 얻
지 못하리라 하더라"

③ 우리가 그리스도의 고난에 참여하면 어떻게 되는가요?

우리가 그리스도의 고난에 참여하면 복 있는 자가 됩니다. 우리가
열심히 선을 행하면 우리를 해할 자가 없고, 우리가 의를 위하여 고난
을 받으면 복 있는 자입니다(벧전3:13-14). 그리고 우리가 그리스도
의 고난에 참여하면 그리스도의 위로에도 참여하게 됩니다. 그리스도
의 고난이 우리에게 넘친 것 같이 우리의 위로도 그리스도로 말미암
아 넘칩니다(고후1:5). 또한 우리가 그리스도의 고난에 참여하면 하나
님께서 우리를 온전하게 하시며 굳건하게 하시고 강하게 하시며 견고
하게 하십니다(벧전5:10). 그 뿐만 아니라 우리가 그리스도의 고난에
참여하면 하나님 나라에 합당한 자로 여기심을 얻으며(살후1:5), 우
리가 그리스도의 고난에 참여하면 그리스도와 함께 영광을 받습니다
(롬8:17). 우리가 그리스도의 고난에 참여하면 현재의 고난과 비교할
수 없는 영광이 나타날 것이며(롬8:18), 그리스도의 영광을 나타내실
때에 우리는 즐거워하고 기뻐할 것입니다(벧전4:13). 그러므로 우리
가 고난당하는 것이 우리에게 유익입니다. 우리가 고난당함으로 주의
말씀을 배우며(시119:71), 우리가 고난당하기 전에는 그릇 행하는데
고난당함으로 주의 말씀을 지키게 됩니다(시119:67).

벧전3:13-14 "또 너희가 열심으로 선을 행하면 누가 너희를 해하리요 그러나 의를 위하여 고난을 받으면 복 있는 자니 그들이 두려워하는 것을 두려워하지 말며 근심하지 말고"

고후1:5 "그리스도의 고난이 우리에게 넘친 것 같이 우리가 받는 위로도 그리스도로 말미암아 넘치는도다"

벧전5:10 "모든 은혜의 하나님 곧 그리스도 안에서 너희를 부르사 자기의 영원한 영광에 들어가게 하신 이가 잠깐 고난을 당한 너희를 친히 온전하게 하시며 굳건하게 하시며 강하게 하시며 터를 견고하게 하시리라"

살후1:5 "이는 하나님의 공의로운 심판의 표요 너희로 하여금 하나님 나라에 합당한 자로 여김을 받게 하려 함이니 그 나라를 위하여 너희가 고난을 받느니라"

롬8:17 "자녀이면 또한 상속자 곧 하나님의 상속자요 그리스도와 함께한 상속자니 우리가 그와 함께 영광을 받기 위하여 고난도 함께 받아야 할 것이니라"

롬8:18 "생각하건대 현재의 고난은 장차 우리에게 나타날 영광과 비교할 수 없도다"

벧전4:13 "오히려 너희가 그리스도의 고난에 참여하는 것으로 즐거워하라 이는 그의 영광을 나타내실 때에 너희로 즐거워하고 기뻐하게 하려 함이라"

시119:71 "고난 당한 것이 내게 유익이라 이로 말미암아 내가 주의 율례들을 배우게 되었나이다"

시119:67 "고난 당하기 전에는 내가 그릇 행하였더니 이제는 주의 말씀을 지키나이다"

예수님은 이 세상에 오셔서 고난을 받으셨습니다. 예수님은 모든 사람을 위하여 죽음을 맛보려고 고난을 받으셨고, 자기 백성을 거룩하게 하려고 고난을 받으셨으며, 본을 끼쳐 그 자취를 따라 오게 하려고 고난을 받으셨습니다.

예수님은 받으신 고난으로 순종함을 배워서 영원한 구원의 근원이 되셨으며, 죽음의 고난 받으심을 인하여 영광과 존귀로 관을 쓰셨습니다. 또 예수님은 시험을 받아 고난 당하셨음으로 시험 받는 자들을 능히 도우십니다.

우리는 그리스도의 고난에 참여해야 합니다. 우리는 예수님이 고난의 본을 끼쳐 그 자취를 따라 오게 하셨음으로 고난을 받아야 하며, 선을 행함으로 고난을 받기 위하여 부르심을 입었음으로 고난을 받아야 하고, 예수님을 위하여 고난 받게 하려고 우리에게 은혜를 주셨음으로 고난을 받아야 하며, 하나님께서 고난 받는 우리를 온전하게 하시므로 고난을 받아야 하고, 우리는 그리스도와 함께 한 하나님의 후사로 영광을 받기 위하여 고난을 받아야 합니다. 뿐만 아니라 우리는 하나님 나라에 합당한 자로 여기심을 얻기 위하여 고난을 받아야 합니다.

우리는 고난을 받되 하나님의 뜻대로 고난을 받아야 하며, 악을 행하는 자로 고난을 받지 말아야 합니다. 우리는 선을 행함으로 고난을 받아야 하며, 그리스도를 위하여 고난을 받고, 교회를 위하여 고난을 받아야 하며, 하나님 나라를 위하여 고난을 받아야 합니다. 그리고 우리는 믿음을 굳게 하여 마귀를 대적하므로 고난을 받아야 합니다.

우리가 그리스도의 고난에 참여하면 복 있는 자가 됩니다. 우리가 그리스도의 고난에 참여하면 하나님 앞에서 아름답고, 그리스도의 위로에도 참여하게 되며, 하나님께서 우리를 온전하게 하시며 굳건하게 하시고 견고하게 하시며, 하나님 나라에 합당한 자로 여기심을 얻고 그리스도와 함께 영광을 받게 됩니다. 할렐루야! 아멘.

8장
깨어 의를 행하며 거룩하라

1. 깨어 의를 행해야 합니다.
2. 거룩해야 합니다.

우리는 하나님의 은혜에 의하여 믿음으로 말미암아 구원을 받았습니다. 우리는 하나님의 은혜를 받았고 예수 그리스도를 믿음으로 구원을 받았습니다. 우리가 받은 구원은 하나님이 주신 것이요 하나님이 주신 구원은 죄 사함으로 말미암는 구원이며, 죄 사함을 받기 위해서는 회개해야 합니다. 그래서 우리는 하나님의 은혜를 받아 예수 그리스도를 믿고 회개하여 죄 사함을 받음으로 하나님이 주신 구원을 받았습니다. 그런데 하나님의 구원역사를 대적하고 방해하는 자가 있는데 그는 마귀(사탄)입니다. 그래서 구원 받은 우리는 마귀를 대적하여 이겨야 합니다. 우리가 마귀를 대적하여 이기고 천국에 들어가기 위해서는 예수 그리스도 안에 거하며 고난을 받으므로 보호를 받으며 양육을 받아야 합니다. 그래서 우리는 예수 그리스도 안에 거하며 고난을 받아야 합니다. 또한 예수 그리스도 안에 거하며 고난을 받는 우리는 깨어 의를 행하며 거룩한 자가 되어야 합니다.

1. 깨어 의를 행해야 합니다.

우리는 예수 그리스도를 믿음으로 하나님께 의롭다 하심을 받았습니다. 곧 불의한 우리가 주 예수 그리스도의 이름과 하나님의 성령 안에서 의롭다 하심을 받았습니다(고전6:11). 그리고 예수 그리스도를 믿음으로 의롭다 하심을 받은 우리는 깨어 의를 행하고 죄를 짓지 말아야 합니다(고전15:34). 왜냐하면 의를 행하지 아니하고 죄를 짓는 자는 하나님을 알지 못하며(고전15:34), 하나님께 속하지 아니하기 때문입니다(요일3:10). 그러므로 우리는 의를 행해야 합니다. 그런데 우리가 의를 행하기 위해서는 의를 알아야 합니다. 그리고 우리가 의를 알면 의를 행해야 합니다(벧후2:21). 모든 성경은 의로 교육하기에 유익합니다(딤후3:16). 그러므로 우리는 성경으로 의를 알아야 합니다.

고전6:11   "너희 중에 이와 같은 자들이 있더니 주 예수 그리스도의 이름과 우리 하나님의 성령 안에서 씻음과 거룩함과 의롭다 하심을 받았느니라"

고전15:34   "깨어 의를 행하고 죄를 짓지 말라 하나님을 알지 못하는 자가 있기로 내가 너희를 부끄럽게 하기 위하여 말하노라"

요일3:10   "이러므로 하나님의 자녀들과 마귀의 자녀들이 드러나나니 무릇 의를 행하지 아니하는 자나 또는 그 형제를 사랑하지 아니하는 자는 하나님께 속하지 아니하니라"

벧후2:21   "의의 도를 안 후에 받은 거룩한 명령을 저버리는 것보다 알지 못하는 것이 도리어 그들에게 나으니라"

딤후3:16   "모든 성경은 하나님의 감동으로 된 것으로 교훈과 책망과 바르게 함과 의로 교육하기에 유익하니"

1) 하나님은 의로우십니다.

예수님은 하나님 아버지를 "의로우신 아버지"라고 부르셨습니다(요 17:25). 의로우신 하나님은 예수님을 화목제물로 세우셔서 우리가 전에 지은 죄를 간과하심으로 자기의 의로우심을 나타내시고 예수님을 믿는 우리를 의롭다 하셨습니다(롬3:25-26). 그리고 하나님은 의로우시기에 우리가 우리 죄를 자백하면 우리 죄를 사하십니다(요일1:9). 또 하나님은 의로우시기에 그의 심판은 참되고 의롭습니다(계19:2).

요17:25   "의로우신 아버지여 세상이 아버지를 알지 못하여도 나는 아버지를 알았사옵고 그들도 아버지께서 나를 보내신 줄 알았사옵나이다"

롬3:25-26   "이 예수를 하나님이 그의 피로써 믿음으로 말미암는 화목제물로 세우셨으니 이는 하나님께서 길이 참으시는 중에 전에 지은 죄를 간과하심으로 자기의 의로우심을 나타내려 하심이니 곧 이 때에 자기의 의로우심을 나타내사 자기도 의로우시며 또한 예수 믿는 자를 의롭다 하려 하심이라"

요일1:9   "만일 우리가 우리 죄를 자백하면 그는 미쁘시고 의로우사 우리 죄를 사하시며 우리를 모든 불의에서 깨끗하게 하실 것이요"

계19:2   "그의 심판은 참되고 의로운지라 음행으로 땅을 더럽게 한 큰 음녀를 심판하사 자기 종들의 피를 그 음녀의 손에 갚으셨도다"

2) 예수님은 의로우십니다.

예수님은 거룩하고 의로운 자이십니다(행3:14). 선지자들은 의인이신 예수님이 오리라고 예언하였습니다(행7:52). 그런데 의인이신 예수님은 의인을 부르러 오신 것이 아니라 죄인을 부르러 오셨으며 (마9:13), 예수님은 의인으로서 불의한 자를 대신하여 죽으셨고(벧전3:18), 예수님은 우리를 의롭다 하심을 위하여 살아나셨습니다(롬4:25). 또 예수님은 모든 믿는 자에게 의를 이루기 위하여 율법의 마침이 되셨고(롬10:4), 예수님은 우리에게 의로움이 되셨습니다(고전1:30). 그리고 예수님의 심판은 의로우며(요5:30), 의로우신 재판장이신 예수님은 주의 나타나심을 사모하는 모든 자에게 의의 면류관을 주실 것입니다(딤후4:8).

행3:14   "너희가 거룩하고 의로운 이를 거부하고 도리어 살인한 사람을 놓아 주기를 구하여"

행7:52   "너희 조상들이 선지자들 중의 누구를 박해하지 아니하였느냐 의인이 오시리라 예고한 자들을 그들이 죽였고 이제 너희는 그 의인을 잡아 준 자요 살인한 자가 되나니"

마9:13   "너희는 가서 내가 긍휼을 원하고 제사를 원하지 아니하노라 하신 뜻이 무엇인지 배우라 나는 의인을 부르러 온 것이 아니요 죄인을 부르러 왔노라 하시니라"

벧전3:18   "그리스도께서도 단번에 죄를 위하여 죽으사 의인으로서 불의한 자를 대신하셨으니 이는 우리를 하나님 앞으로 인도하려 하심이라 육체로는 죽임을 당하시고 영으로는 살리심을 받으셨으니"

롬4:25   "예수는 우리가 범죄한 것 때문에 내줌이 되고 또한 우리를 의롭다 하시기 위하여 살아나셨느니라"

롬10:4   "그리스도는 모든 자에게 의를 이루기 위하여 율법의 마침이 되시니라"

고전1:30   "너희는 하나님으로부터 나서 그리스도 예수 안에 있고 예수는 하나님으로부터 나와서 우리에게 지혜와 의로움과 거룩함과 구원함이 되셨으니"

요5:30   "내가 아무 것도 스스로 할 수 없노라 듣는 대로 심판하노니 나는 나의 뜻대로 하려 하지 않고 나를 보내신 이의 뜻대로 하려 하므로 내 심판은 의로우니라"

딤후4:8   "이제 후로는 나를 위하여 의의 면류관이 예비되었으므로 주 곧 의로우신 재판장이 그 날에 내게 주실 것이며 내게만 아니라 주의 나타나심을 사모하는 모든 자에게도니라"

3) 우리는 예수 그리스도를 믿음으로 의롭게 되었습니다.

의인과 악인의 부활이 있을 것입니다(행24:15). 그리하여 의인들은 영생(천국)에 들어가고, 악인들은 영벌(지옥)에 들어갈 것입니다(마25:46). 곧 세상 끝에 천사들이 와서 의인 중에서 악인을 갈라내어 풀무 불에 던져 넣으며 악인들은 거기서 울며 이를 갈 게 될 것입니다(마13:49-50). 반면에 의인들은 자기 아버지 나라에서 해와 같이 빛날 것입니다(마13:43). 그런데 의인은 하나도 없습니다(롬3:10). 그러므로 사람은 누구나 자기를 의롭다고 믿고 다른 사람을 멸시해서는 안 됩니다(눅18:9). 사람은 누구나 자신이 자책할 아무것이 없어도 이를 인하여 의롭다 함을 얻지 못합니다(고전4:4). 오직 사람은 누구나 하나님께 의롭다 하심을 얻어야 합니다. 곧 우리는 예수 그리스도를 믿음으로 난 하나님의 의를 가져야 합니다(빌3:9). 하나님의 의는 예수 그리스도를 믿음으로 말미암아 모든 믿는 자에게 미치는 의며 차별이 없습니다(롬3:21-22). 만일 우리가 하나님의 의를 모르면 자기 의를 세우려고 하나님의 의를 복종하지 아니할 것입니다(롬10:3).

행24:15   "그들이 기다리는 바 하나님께 향한 소망을 나도 가졌으니 곧 의인과 악인의 부활이 있으리라 함이니이다"

마25:46   "그들은 영벌에, 의인들은 영생에 들어가리라 하시니라"

마13:49-50 "세상 끝에도 이러하리라 천사들이 와서 의인 중에서 악인을 갈라내어 풀무 불에 던져 넣으리니 거기서 울며 이를 갈리라"

마13:43   "그 때에 의인들은 자기 아버지 나라에서 해와 같이 빛나리라 귀 있는 자는 들으라"

롬3:10   "기록된 바 의인은 없나니 하나도 없으며"

눅18:9   "또 자기를 의롭다고 믿고 다른 사람을 멸시하는 자들에게 이 비유로 말씀하시되"

고전4:4   "내가 자책할 아무 것도 깨닫지 못하나 이로 말미암아 의롭다 함을 얻지 못하노라 다만 나를 심판하실 이는 주시니라"

빌3:9   "그 안에서 발견되려 함이니 내가 가진 의는 율법에서 난 것이 아니요 오직 그리스도를 믿음으로 말미암은 것이니 곧 믿음으로 하나님께로부터 난 의라"

롬3:21-22 "이제는 율법 외에 하나님의 한 의가 나타났으니 율법과 선지자들에게 증거를 받은 것이라 곧 예수 그리스도를 믿음으로 말미암아 모든 믿는 자에게 미치는 하나님의 의니 차별이 없느니라"

롬10:3 "하나님의 의를 모르고 자기 의를 세우려고 힘써 하나님의 의에
복종하지 아니하였느니라"

① 우리는 예수 그리스도를 믿어 의롭다 하심을 얻었습니다.

하나님은 예수님을 그의 피로 인하여 믿음으로 말미암는 화목제물
로 세우시고 예수님을 믿는 자를 의롭다 하십니다(롬3:25-26). 그래
서 우리는 사람이 의롭게 되는 것은 율법의 행위에서 난 것이 아니요
오직 예수 그리스도를 믿음으로 말미암는 줄 알고 예수 그리스도를
믿어 의롭다 함을 얻었습니다(갈2:16). 곧 우리는 그리스도 예수 안
에 있는 속량으로 말미암아 하나님의 은혜로 값없이 의롭다 하심을
얻은 자 되었습니다(롬3:24). 하나님은 우리를 중생의 씻음과 성령의
새롭게 하심으로 구원하셨으며, 성령을 우리에게 풍성히 부어주셔서
우리로 은혜를 힘입어 의롭다 하심을 얻어 영생의 소망을 따라 상속
자가 되게 하셨습니다(딛3:5-7). 우리가 믿음으로 의롭다 하심을 얻
었으며(롬5:1), 우리의 믿음은 행함이 있는 믿음입니다(약2:26). 우리
의 믿음은 우리의 행함과 함께 일하고 행함으로 우리의 믿음이 온전
하게 됩니다(약2:22).

롬3:25-26 "이 예수를 하나님이 그의 피로써 믿음으로 말미암는 화목제물
로 세우셨으니 이는 하나님께서 길이 참으시는 중에 전에 지은
죄를 간과하심으로 자기의 의로우심을 나타내려 하심이니 곧
이 때에 자기의 의로우심을 나타내사 자기도 의로우시며 또한

예수 믿는 자를 의롭다 하려 하심이라"

갈2:16　"사람이 의롭게 되는 것은 율법의 행위로 말미암음이 아니요 오직 예수 그리스도를 믿음으로 말미암는 줄 알므로 우리도 그리스도 예수를 믿나니 이는 우리가 율법의 행위로써가 아니고 그리스도를 믿음으로써 의롭다 함을 얻으려 함이라 율법의 행위로써는 의롭다 함을 얻을 육체가 없느니라"

롬3:24　"그리스도 예수 안에 있는 속량으로 말미암아 하나님의 은혜로 값없이 의롭다 하심을 얻은 자 되었느니라"

딛3:5-7　"우리를 구원하시되 우리가 행한 바 의로운 행위로 말미암지 아니하고 오직 그의 긍휼하심을 따라 중생의 씻음과 성령의 새롭게 하심으로 하셨나니 우리 구주 예수 그리스도로 말미암아 우리에게 그 성령을 풍성히 부어주사 우리로 그의 은혜를 힘입어 의롭다 하심을 얻어 영생의 소망을 따라 상속자가 되게 하려 하심이라"

롬5:1　"그러므로 우리가 믿음으로 의롭다 하심을 받았으니 우리 주 예수 그리스도로 말미암아 하나님과 화평을 누리자"

약2:26　"영혼 없는 몸이 죽은 것 같이 행함이 없는 믿음은 죽은 것이니라"

약2:22　"네가 보거니와 믿음이 그의 행함과 함께 일하고 행함으로 믿음이 온전하게 되었느니라"

② 우리는 죄에서 벗어남으로 의롭다 하심을 얻었습니다.

예수 그리스도를 믿음으로 하나님께 의롭다 하심을 얻은 우리는 죄에서 벗어남으로 의롭다 하심을 얻었습니다. 죽은 자가 죄에서 벗어나 의롭다 하심을 얻었음으로 우리는 우리 옛 사람이 예수님과 함께 십자가에 못 박혀 죄에게 종노릇 하지 아니하려 합니다(롬6:6-7). 곧 의롭다 하심을 얻은 우리는 죄에게 종노릇 하지 아니해야 합니다. 왜냐하면 우리가 자신을 죄에게 드려 순종하면 죄의 종이 되며, 죄의 종은 사망에 이르기 때문입니다(롬6:16). 우리가 죄의 종이 되었을 때에는 의에 대하여 자유 하였으나(롬6:20), 이제는 우리가 죄에게서 해방되어 의에게 종이 되었습니다(롬6:18).

의롭다 하심은 하나님이 값없이 주시는 은혜의 행동으로서 하나님께서 우리의 모든 죄를 용서하시고 그가 보시기에 의로운 자로 우리를 받아 주시는 것을 말합니다. 그것은 오직 그리스도의 의를 우리에게 덧입혀 주시기 때문이고 그리고 오직 그것을 믿음으로 받아들임으로 이루어지는 것입니다(요리문답 33문).

롬6:6-7	"우리가 알거니와 우리의 옛 사람이 예수와 함께 십자가에 못 박힌 것은 죄의 몸이 죽어 다시는 우리가 죄에게 종 노릇 하지 아니하려 함이니 이는 죽은 자가 죄에서 벗어나 의롭다 하심을 얻었음이라"
롬6:16	"너희 자신을 종으로 내주어 누구에게 순종하든지 그 순종함을 받는 자의 종이 되는 줄을 너희가 알지 못하느냐 혹은 죄의 종으로 사망에 이르고 혹은 순종의 종으로 의에 이르느니라"
롬6:20	"너희가 죄의 종이 되었을 때에는 의에 대하여 자유로웠느니라"
롬6:18	"죄로부터 해방되어 의에게 종이 되었느니라"

4) 우리는 의를 행해야 합니다.

예수 그리스도를 믿고 하나님께 의롭다 하심을 받은 우리는 의로워야 합니다. 왜냐하면 의와 불법이 함께 하지 못하기 때문입니다(고후6:14). 또한 우리는 예수 그리스도로 말미암아 의의 열매가 가득해야 합니다. 왜냐하면 하나님이 예수 그리스도로 말미암아 의의 열매를 가득하게 하시며(빌1:11), 의의 열매를 더하게 하시기 때문입니다(고후9:10). 그런데 사탄의 일꾼들도 의의 일꾼으로 가장을 합니다(고후11:15). 그러므로 우리는 의를 행하는 의의 일꾼이어야 합니다.

고후6:14   "너희는 믿지 않는 자와 멍에를 함께 하지 말라 의와 불법이 어찌 함께 하며 빛과 어둠이 어찌 사귀며"
빌1:11   "예수 그리스도로 말미암아 의의 열매가 가득하여 하나님의 영광과 찬송이 되기를 원하노라"
고후9:10   "심는 자에게 씨와 먹을 양식을 주시는 이가 너희 심을 것을 주사 풍성하게 하시고 너희 의의 열매를 더하게 하시리니"
고후11:15   "그러므로 사탄의 일꾼들도 자기를 의의 일꾼으로 가장하는 것이 또한 대단한 일이 아니니라 그들의 마지막은 그 행위대로 되리라"

① 우리는 하나님의 의를 구해야 합니다.

우리가 먼저 하나님의 나라와 그의 의를 구하면 하나님이 모든 것을 우리에게 더하십니다(마6:33). 그리고 하나님의 나라는 먹는 것과 마시는 것이 아니요 오직 성령 안에서 의와 평강과 희락입니다(롬14:17). 또한 의에 주리고 목마른 자는 복이 있습니다(마5:6). 그러므로 우리는 성령으로 믿음을 따라 의의 소망을 기다립니다(갈5:5).

마6:33   "그런즉 너희는 먼저 그의 나라와 그의 의를 구하라 그리하면
          이 모든 것을 너희에게 더하시리라"
롬14:17   "하나님의 나라는 먹는 것과 마시는 것이 아니요 오직 성령 안
          에 있는 의와 평강과 희락이라"
마5:6   "의에 주리고 목마른 자는 복이 있나니 그들이 배부를 것임이요"
갈5:5   "우리가 성령으로 믿음을 따라 의의 소망을 기다리노니"

  ② 우리는 의를 따라야 합니다.
  예수님은 의를 사랑하고 불법을 미워하셨습니다(히1:9). 우리도 불
법을 피하고 의를 사랑하며 의를 따라야 합니다(딤전6:11). 우리가 의
를 위하여 고난을 받으면 복 있는 자입니다(벧전3:14). 그러므로 우
리는 우리 지체를 의의 무기로 하나님께 드려야 합니다(롬6:13). 또
한 우리는 우리 지체를 의에게 내주어 거룩함에 이르러야 합니다(롬
6:19).

히1:9   "주께서 의를 사랑하시고 불법을 미워하셨으니 그러므로 하나
          님 곧 주의 하나님이 즐거움의 기름을 주께 부어 주를 동류들보
          다 뛰어나게 하셨도다 하였고"
딤전6:11   "오직 너 하나님의 사람아 이것들을 피하고 의와 경건과 믿음과
          사랑과 인내와 온유를 따르며"
벧전3:14   "그러나 의를 위하여 고난을 받으면 복 있는 자니 그들이 두려

워하는 것을 두려워하지 말며 근심하지 말고"

롬6:13   "또한 너희 지체를 불의의 무기로 죄에게 내주지 말고 오직 너
         희 자신을 죽은 자 가운데서 다시 살아난 자 같이 하나님께 드
         리며 너희 지체를 의의 무기로 하나님께 드리라"

롬6:19   "너희 육신이 연약하므로 내가 사람의 예대로 말하노니 전에
         너희가 너희 지체를 부정과 불법에 내주어 불법에 이른 것 같이
         이제는 너희 지체를 의에게 내주어 거룩함에 이르라"

③ 우리는 의를 행해야 합니다.

  하나님은 우리가 신중함과 의로움과 경건함으로 이 세상에 살도록
우리를 은혜로 양육하십니다(딛2:11-12). 그러므로 우리는 깨어 의
를 행하고 죄를 짓지 말아야 합니다(고전15:34). 우리는 믿음으로 의
를 행해야 합니다(히11:33). 우리 의가 서기관과 바리새인보다 더 낫
지 못하면 결코 천국에 들어가지 못합니다(마5:20). 또한 의를 행하
는 자는 하나님에게서 났으나(요일2:29), 의를 행하지 아니하는 자는
하나님께 속하지 아니합니다(요일3:10). 그리고 의를 행하는 자는 하
나님의 의로우심과 같이 의롭고(요일3:7), 하나님을 경외하며 의를 행
하는 사람은 하나님이 다 받으십니다(행10:35). 그러므로 우리는 의
를 행해야 합니다.

딛2:11-12   "모든 사람에게 구원을 주시는 하나님의 은혜가 나타나 우리를
            양육하시되 경건하지 않은 것과 이 세상 정욕을 다 버리고 신중
            함과 의로움과 경건함으로 이 세상에 살고"

고전15:34	"깨어 의를 행하고 죄를 짓지 말라 하나님을 알지 못하는 자가 있기로 내가 너희를 부끄럽게 하기 위하여 말하노라"
히11:33	"그들은 믿음으로 나라들을 이기기도 하며 의를 행하기도 하며 약속을 받기도 하며 사자들의 입을 막기고 하며"
마5:20	"내가 너희에게 이르노니 너희 의가 서기관과 바리새인보다 더 낫지 못하면 결코 천국에 들어가지 못하리라"
요일2:29	"너희가 그가 의로우신 줄을 알면 의를 행하는 자마다 그에게서 난 줄을 알리라"
요일3:10	"이러므로 하나님의 자녀들과 마귀의 자녀들이 드러나나니 무릇 의를 행하지 아니하는 자나 또는 그 형제를 사랑하지 아니하는 자는 하나님께 속하지 아니하니라"
요일3:7	"자녀들아 아무도 너희를 미혹하지 못하게 하라 의를 행하는 자는 그의 의로우심과 같이 의롭고"
행10:35	"각 나라 중 하나님을 경외하며 의를 행하는 사람은 다 받으시는 줄 깨달았도다"

하나님은 불의한 자는 그대로 불의를 하고 의로운 자는 그대로 의를 행하게 하라고 명하셨습니다(계22:11). 그러므로 우리는 의를 행하며 의로운 자로 살아야 합니다. 징계로 말미암아 연단 받은 자들은 의와 평강의 열매를 맺으며(히12:11), 화평하게 하는 자들은 의의 열매를 거두며(약3:18), 흩어 가난한 자들에게 주는 자는 그의 의가 영원토록 있습니다(고후9:9). 그러나 사람이 성내는 것이 하나님의 의를 이루지 못합니다(약1:20).

계22:11	"불의를 행하는 자는 그대로 불의를 행하고 더러운 자는 그대로 더럽고 의로운 자는 그대로 의를 행하고 거룩한 자는 그대로 거룩하게 하라"
히12:11	"무릇 징계가 당시에는 즐거워 보이지 않고 슬퍼 보이나 후에 그로 말미암아 연단 받은 자들은 의와 평강의 열매를 맺느니라"
약3:18	"화평하게 하는 자들은 화평으로 심어 의의 열매를 거두느니라"
고후9:9	"기록된 바 그가 흩어 가난한 자들에게 주었으니 그의 의가 영원토록 있느니라 함과 같으니라"
약1:20	"사람이 성내는 것이 하나님의 의를 이루지 못함이라"

5) 의인은 어떻게 살며, 어떻게 될까요?

하나님께 의롭다 하심을 받아 의를 행하며 의로운 자로 사는 의인은 어떻게 살까요? 의인은 오직 믿음으로 살며 뒤로 물러가지 아니합니다(히10:38). 의인은 고난이 많으나 하나님이 그 모든 고난에서 건지시며(시34:19), 의인은 일곱 번 넘어질지라도 다시 일어나며(잠24:16), 의인은 하나님으로 말미암아 즐거워하며 그에게 피합니다(시64:10). 그리고 의인의 입은 지혜로우며 정의를 말하며(시37:30), 의인은 가난한 자의 사정을 알아주며(잠29:7), 의인은 은혜를 베풀고 줍니다(시37:21). 또한 의인은 의로운 일을 행하고서도 자기 공로를 내세우지 아니합니다(마25:37-39).

히10:38	"나의 의인은 믿음으로 말미암아 살리라 또한 뒤로 물러가면 내 마음이 그를 기뻐하지 아니하리라 하셨느니라"

시34:19	"의인은 고난이 많으나 여호와께서 그의 모든 고난에서 건지시는도다"
잠24:16	"대저 의인은 일곱 번 넘어질지라도 다시 일어나려니와 악인은 재앙으로 말미암아 엎드러지느니라"
시64:10	"의인은 여호와로 말미암아 즐거워하며 그에게 피하리니 마음이 정직한 자는 다 자랑하리로다"
시37:30	"의인의 입은 지혜로우며 그의 혀는 정의를 말하며"
잠29:7	"의인은 가난한 자의 사정을 알아주나 악인은 알아 줄 지식이 없느니라"
시37:21	"악인은 꾸고 갚지 아니하나 의인은 은혜를 베풀고 주는도다"
마25:37-40	"이에 의인들이 대답하여 이르되 주여 우리가 어느 때에 주께서 주린 것을 보고 음식을 대접하였으며 목마르신 것을 보고 마시게 하였나이까 어느 때에 나그네 되신 것을 보고 영접하였으며 헐벗으신 것을 보고 옷 입혔나이까 어느 때에 병드신 것이나 옥에 갇히신 것을 보고 가서 뵈었나이까 임금이 대답하여 이르시되 내가 진실로 너희에게 이르노니 너희가 여기 내 형제 중에 지극히 작은 자 하나에게 한 것이 곧 내게 한 것이니라 하시고"

하나님께 의롭다 하심을 받아 의를 행하며 의로운 자로 사는 의인은 어떻게 될까요? 의인은 하나님께서 붙드십니다(시37:17). 주의 눈은 의인을 향하시고 주의 귀는 의인의 간구에 기울이시므로(벧전3:12), 의인은 버림을 당하지 아니하며(시37:25), 의인의 간구는 역사하는 힘이 큽니다(약5:16). 그래서 의인은 그 원하는 것이 이루어지며(잠

10:24), 의인은 땅을 차지하며(시37:29), 의인은 뿔(권위. 권세)이 높아지며(시75:10), 의인은 번성하며 성장합니다(시92;12). 또한 의인의 장막에는 기쁜 소리, 구원의 소리가 있으며(시118:15), 의인들은 영생에 들어가며(마25:46), 의인들은 자기 아버지 나라(천국)에서 해와 같이 빛날 것입니다(마13:43).

시37:17   "악인의 팔은 부러지나 의인은 여호와께서 붙드시는도다"

벧전3:12   "주의 눈은 의인을 향하시고 그의 귀는 의인의 간구에 기울이시되 주의 얼굴은 악행하는 자들을 대하시느니라"

시37:25   "내가 어려서부터 늙기까지 의인이 버림을 당하거나 그의 자손이 걸식함을 보지 못하였도다"

약5:16   "그러므로 너희 죄를 서로 고백하며 병이 낫기를 위하여 서로 기도하라 의인의 간구는 역사하는 힘이 큼이니라"

잠10:24   "악인에게는 그의 두려워하는 것이 임하거니와 의인은 그 원하는 것이 이루어지느니라"

시37:29   "의인이 땅을 차지함이여 거기서 영원히 살리로다"

시75:10   "또 악인들의 뿔을 다 베고 의인의 뿔은 높이 들리로다"

시92:12   "의인은 종려나무 같이 번성하며 레바논의 백향목 같이 성장하리로다"

시118:15   "의인들의 장막에는 기쁜 소리, 구원의 소리가 있음이여 여호와의 오른 손이 권능을 베푸시며"

마25:46   "그들은 영벌에, 의인들은 영생에 들어가리라 하시니라"

마13:43   "그 때에 의인들은 자기 아버지 나라에서 해와 같이 빛나리라 귀 있는 자는 들으라"

우리는 하나님의 은혜를 받아 예수 그리스도를 믿고 회개하여 죄 사함을 받음으로 구원을 받았습니다. 그리고 구원 받은 우리는 이 세상에 사는 동안 천국에 들어가도록 그리스도 안에 거하여 하나님의 보호를 받으며 하나님의 양육을 받아 고난을 받으며 온전하게 자랍니다. 천국에 들어가도록 이 세상에서 하나님의 보호를 받으며 하나님의 양육을 받는 우리는 깨어 의를 행해야 합니다.

하나님은 의로우시고, 예수님도 의로우십니다. 그래서 하나님의 심판은 의롭고, 예수님은 의로운 재판장이시오 그의 심판은 의롭습니다. 그리고 의인과 악인의 부활이 있으며, 의인들이 영생에 들어갑니다. 그러므로 사람은 누구나 의롭게 되어야 합니다.

우리는 하나님의 은혜와 예수 그리스도의 은혜로 말미암아 하나님과 예수 그리스도를 믿음으로 의롭다 하심을 받았습니다. 또한 우리는 행함이 있는 믿음으로 의롭다 하심을 받았으며, 죄에서 벗어남으로 의롭다 하심을 받았습니다.

예수 그리스도를 믿고 하나님께 의롭다 하심을 받은 우리는 의로워야 하며, 의의 열매가 가득해야 합니다. 그러므로 우리는 하나님의 의를 구하고, 의를 따르며, 의를 행해야 합니다. 우리는 우리 지체를 의에게 내주어야 하며, 깨어 의를 행해야 하며, 의로운 자로 살아야 합니다. 의인은 오직 믿음으로 살며, 넘어져도 다시 일어나며, 지혜로우며 정의를 말하고, 영생에 들어가며, 천국에서 해와 같이 빛날 것입니다.

할렐루야! 아멘.

2. 거룩해야 합니다.

하나님의 은혜에 의하여 믿음으로 말미암아 구원을 받은 우리는 거룩해야 합니다. 곧 믿음으로 하나님께 의롭다 하심을 받고 의를 행하며 의로운 자로 사는 우리는 거룩해야 합니다. 우리는 우리를 부르신 거룩하신 하나님처럼 모든 행실에 거룩한 자가 되어야 합니다(벧전1:15-16). 우리가 전에 우리 지체를 부정과 불법에 내주어 불법에 이른 것 같이 이제는 우리 지체를 의에게 종으로 내주어 거룩함에 이르러야 합니다(롬6:19). 이는 우리가 이제는 죄로부터 해방되고 하나님께 종이 되어 거룩함에 이르는 열매를 맺었으므로 그 마지막이 영생이기 때문입니다(롬6:22).

벧전1:15-16 "오직 너희를 부르신 거룩한 이처럼 너희도 모든 행실에 거룩한 자가 되라 기록되었으되 내가 거룩하니 너희도 거룩할지어다 하셨느니라"

롬6:19 "너희 육신이 연약하므로 내가 사람의 예대로 말하노니 전에 너희가 너희 지체를 부정과 불법에 내주어 불법에 이른 것 같이 이제는 너희 지체를 의에게 종으로 내주어 거룩함에 이르라"

롬6:22 "그러나 이제는 너희가 죄로부터 해방되고 하나님께 종이되어 거룩함에 이르는 열매를 맺었으니 그 마지막은 영생이라"

1) 하나님은 거룩하십니다.

하나님은 거룩하시며 전능하십니다(계4:8). 하나님은 그 이름이 거룩하십니다(눅1:49). 예수님은 하나님 아버지를 "거룩하신 아버지"라고 부르셨으며(요17:11), 하나님은 자신이 "거룩하다"고 말씀하셨습니다(벧전1:16). 그러므로 우리는 하나님이 거룩하심을 알고, 거룩하신 하나님을 경배하고 찬양해야 합니다(시99:3, 5).

계4:8	"네 생물은 각각 여섯 날개를 가졌고 그 안과 주위에는 눈들이 가득하더라 그들이 밤낮 쉬지 않고 이르기를 거룩하다 거룩하다 주 하나님 곧 전능하신 이여 전에도 계셨고 이제도 계시고 장차 오실 이시라 하고"
눅1:49	"능하신 이가 큰 일을 내게 행하셨으니 그 이름이 거룩하시며"
요17:11	"나는 세상에 더 있지 아니하오나 그들은 세상에 있사옵고 나는 아버지께로 가옵나니 거룩하신 아버지여 내게 주신 아버지의 이름으로 그들을 보전하사 우리와 같이 그들도 하나가 되게 하옵소서"
벧전1:16	"기록되었으되 내가 거룩하니 너희도 거룩할지어다 하셨느니라"
시99:3	"주의 크고 두려운 이름을 찬송할지니 그는 거룩하심이로다"
시99:5	"너희는 여호와 우리 하나님을 높여 그의 발등상 앞에서 경배할지어다 그는 거룩하시도다"

하나님께 속한 모든 것이 거룩합니다. 천국은 거룩한 성이며(계22:19), 천사들이 거룩하며(막8:38), 하나님의 언약이 거룩하며(눅1:72), 하나님의 명령이 거룩하며(벧후2:21), 선지자들과 사도들이 거룩하며(엡3:5), 첫째 부활에 참여하는 성도들이 거룩합니다(계

20:6).

계22:19	"만일 누구든지 이 두루마리의 예언의 말씀에서 제하여 버리면 하나님이 이 두루마리에 기록된 생명나무와 및 거룩한 성에 참여함을 제하여 버리시리라"
막8:38	"누구든지 이 음란하고 죄 많은 세대에서 나와 내 말을 부끄러워하면 인자도 아버지의 영광으로 거룩한 천사들과 함께 올 때에 그 사람을 부끄러워하리라"
눅1:72	"우리 조상을 긍휼히 여기시며 그 거룩한 언약을 기억하셨으니"
벧후2:21	"의의 도를 안 후에 받은 거룩한 명령을 저버리는 것보다 알지 못하는 것이 도리어 그들에게 나으니라"
엡3:5	"이제 그의 거룩한 사도들과 선지자들에게 성령으로 나타내신 것 같이 다른 세대에서는 사람의 아들들에게 알리지 아니하셨으니"
계20:6	"이 첫째 부활에 참여하는 자들은 복이 있고 거룩하도다 둘째 사망이 그들을 다스리는 권세가 없고 도리어 그들이 제사장이 되어 천 년 동안 그리스도와 더불어 왕 노릇 하리라"

2) 예수님은 거룩하십니다.

하나님 아버지께서 예수님을 거룩하게 하셔서 세상에 보내셨습니다(요10:36). 곧 예수님은 하나님의 기름 부으신 거룩한 종이십니다(행4:27). 그래서 예수님은 주의 거룩한 자이십니다(행13:35). 그리고 예수님은 거룩하고 악이 없고 더러움이 없고 죄인에게서 떠나 계시고 하늘보다 높이 되신 이십니다(히7:26). 그러므로 우리는 예수님이 거룩하심을 알고 믿어야 합니다.

요10:36	"하물며 아버지께서 거룩하게 하사 세상에 보내신 자가 나는 하나님의 아들이라 하는 것으로 너희가 어찌 신성모독이라 하느냐"
행4:27	"과연 헤롯과 본디오 빌라도는 이방인과 이스라엘 백성과 합세하여 하나님께서 기름 부으신 거룩한 종 예수를 거슬러"
행13:35	"또 다른 시편에 일렀으되 주의 거룩한 자로 썩음을 당하지 않게 하시리라 하셨느니라"
히7:26	"이러한 대제사장은 우리에게 합당하니 거룩하고 악이 없고 더러움이 없고 죄인에게서 떠나 계시고 하늘보다 높이 되신 이라"

3) 하나님이 우리를 거룩하게 하십니다.

하나님은 우리를 거룩하게 하십니다(레20:8). 하나님은 우리를 거룩하게 하시려고 부르셨으며(살전4:7), 하나님은 창세전에 그리스도 안에서 우리를 택하셔서 그 앞에 거룩하고 흠이 없게 하시며(엡1:4), 하나님이 친히 우리로 온전히 거룩하게 하십니다(살전5:23). 또한 하나님은 열매를 더 맺게 하려고 우리를 깨끗하게 하시며(요15:2), 하나님은 우리의 유익을 위하여 그의 거룩하심에 참여하게 하십니다(히12:10). 그러므로 우리는 거룩하게 하심을 입은 자이며(행20:32), 우리는 하나님께서 깨끗하게 하신 것을 속되다 하지 말아야 합니다(행10:15).

거룩하게 하심은 하나님이 값없이 주시는 은혜의 사역으로서 우리의 영육 전체가 하나님의 형상을 따라서 새로워지며, 점점 더 죄에 대하여 죽고 의에 대하여 살 수 있게 하시는 것입니다(요리문답 35문).

레20:8	"너희는 내 규례를 지켜 행하라 나는 너희를 거룩하게 하는 여호와니라"
살전4:7	"하나님이 우리를 부르심은 부정하게 하심이 아니요 거룩하게 하심이니"
엡1:4	"곧 창세 전에 그리스도 안에서 우리를 택하사 우리로 사랑 안에서 그 앞에 거룩하고 흠이 없게 하시려고"
살전5:23	"평강의 하나님이 친히 너희를 온전히 거룩하게 하시고 또 너희의 온 영과 혼과 몸이 우리 주 예수 그리스도께서 강림하실 때에 흠 없게 보전되기를 원하노라"
요15:2	"무릇 내게 붙어 있어 열매를 맺지 아니하는 가지는 아버지께서 그것을 제거해 버리시고 무릇 열매를 맺는 가지는 더 열매를 맺게 하려 하여 그것을 깨끗하게 하시느니라"
히12:10	"그들은 잠시 자기의 뜻대로 우리를 징계하였거니와 오직 하나님은 우리의 유익을 위하여 그의 거룩하심에 참여하게 하시느니라"
행20:32	"지금 내가 여러분을 주와 및 그 은혜의 말씀에 부탁하노니 그 말씀이 여러분을 능히 든든히 세우사 거룩하게 하심을 입은 모든 자 가운데 기업이 있게 하시리라"
행10:15	"또 두 번째 소리가 있으되 하나님께서 깨끗하게 하신 것을 네가 속되다 하지 말라 하더라"

① 하나님은 예수 그리스도로 우리를 거룩하게 하십니다.

예수님은 우리를 거룩하게 하시는 자요, 우리는 거룩하게 함을 입은 자입니다(히2:11). 그래서 우리는 그리스도 안에서 거룩하여지고 성도라 부르심은 받은 자들입니다(고전1:2). 곧 우리는 예수 그리스도를 믿어 거룩하게 된 무리 가운데서 기업을 얻는 자들입니다(행26:18).

히2:11   "거룩하게 하시는 이와 거룩하게 함은 입은 자들이 다 한 근원에서 난지라 그러므로 형제라 부르시기를 부끄러워 하지 아니하시고"

고전1:2   "고린도에 있는 하나님의 교회 곧 그리스도 예수 안에서거룩하여지고 성도라 부르심을 받은 자들과 또 각처에서 우리의 주 곧 그들과 우리의 주 되신 예수 그리스도의 이름을 부르는 모든 자들에게"

행26:18   "그 눈을 뜨게 하여 어둠에서 빛으로, 사탄의 권세에서 하나님께로 돌아오게 하고 죄 사함과 나를 믿어 거룩하게 된 무리 가운데서 기업을 얻게 하리라 하더이다"

예수님이 우리의 거룩함이 되셨습니다(고전1:30). 예수님은 자기 피로써 백성을 거룩하게 하려고 성문 밖에서 고난을 받으셨습니다(히13:12). 곧 예수님은 우리를 대신하여 자신을 주심으로 모든 불법에서 우리를 구속하시고 우리를 깨끗하게 하셨습니다(딛2:14). 그리고 예수 그리스도께서 몸을 단번에 드리심으로 말미암아 우리가 거룩함을 얻었습니다(히10:10). 곧 예수님이 그 육체의 죽음으로 말미암아 우리를 거룩하고 흠 없고 책망할 것이 없는 자로 그 앞에 세우신 것입니다(골1:22). 그러므로 예수 그리스도의 피는 우리를 거룩하게 한 언약의 피며(히10:29), 영원하신 성령으로 말미암아 흠 없는 자기를 하나님께 드린 예수 그리스도의 피가 우리 양심을 죽은 행실에서 깨끗하게 합니다(히9:14). 곧 우리가 빛 가운데 행하면 예수의 피가 우리를 모든 죄에서 깨끗하게 합니다(요일1:7). 그리고 예수님은 한번의 제사로 거룩하게 된 우리를 영원히 온전하게 하셨습니다(히10:14).

고전1:30   "너희는 하나님으로부터 나서 그리스도 예수 안에 있고 예수는 하나님으로부터 나와서 우리에게 지혜와 의로움과 거룩함과 구원함이 되셨으니"

히13:12   "그러므로 예수도 자기 피로써 백성을 거룩하게 하려고 성문 밖에서 고난을 받으셨느니라"

딛2:14   "그가 우리를 대신하여 자신을 주심은 모든 불법에서 우리를 속량하시고 우리를 깨끗하게 하사 선한 일을 열심히 하는 자기 백성이 되게 하려 하심이라"

히10:10   "이 뜻을 따라 예수 그리스도의 몸을 단번에 드리심으로 말미암아 우리가 거룩함을 얻었노라"

골1:22   "이제는 그의 육체의 죽음으로 말미암아 화목하게 하사 너희를 거룩하고 흠 없고 책망할 것이 없는 자로 그 앞에 세우고자 하셨으니"

히10:29   "하물며 하나님의 아들을 짓밟고 자기를 거룩하게 한 언약의 피를 부정한 것으로 여기고 은혜의 성령을 욕되게 하는 자가 당연히 받을 형벌은 얼마나 더 무겁겠느냐 너희는 생각하라"

히9:14 "하물며 영원하신 성령으로 말미암아 흠 없는 자기를 하나님께 드린 그리스도의 피가 어찌 너희 양심을 죽은 행실에서 깨끗하게 하고 살아 계신 하나님을 섬기게 하지 못하겠느냐"

요일1:7 "그가 빛 가운데 계신 것 같이 우리도 빛 가운데 행하면 우리가 서로 사귐이 있고 그 아들 예수의 피가 우리를 모든 죄에서 깨끗하게 하실 것이요"

히10:14 "그가 거룩하게 된 자들을 한 번의 제사로 영원히 온전하게 하셨느니라"

② 하나님은 성령으로 우리를 거룩하게 하십니다.

하나님은 우리를 택하셔서 성령의 거룩하게 하심과 진리를 믿음으로 구원을 받게 하셨습니다(살후2:13). 곧 우리는 성령의 거룩하게 하심으로 순종함을 얻기 위하여 택하심을 입었고(벧전1:2), 우리는 성령 안에서 거룩하게 되어 하나님이 받으실 만한 제물이 되었습니다(롬 15:16). 곧 불의한 우리가 예수 그리스도의 이름과 하나님의 성령 안에서 씻음과 거룩함과 의롭다 하심을 받았습니다(고전6:11).

살후2:13 "주께서 사랑하시는 형제들아 우리가 항상 너희에 관하여 마땅히 하나님께 감사할 것은 하나님이 처음부터 너희를 택하사 성령의 거룩하게 하심과 진리를 믿음으로 구원을 받게 하심이니"

벧전1:2 "곧 하나님 아버지의 미리 아심을 따라 성령이 거룩하게 하심으로 순종함과 예수 그리스도의 피 뿌림을 얻기 위하여 택하심

을 받은 자들에게 편지하노니 은혜와 평강이 너희에게 더욱 많

을지어다"

롬15:16   "이 은혜는 곧 나로 이방인을 위하여 그리스도 예수의 일꾼이

되어 하나님의 복음의 제사장 직분을 하게 하사 이방인을 제물

로 드리는 것이 성령 안에서 거룩하게 되어 받으실 만하게 하려

하심이라"

고전6:11   "너희 중에 이와 같은 자들이 있더니 주 예수 그리스도의 이름

과 하나님의 성령 안에서 씻음과 거룩함과 의롭다 하심을 받았

느니라"

③ 하나님은 진리의 말씀으로 우리를 거룩하게 하십니다.

하나님은 우리를 말씀으로 깨끗하게 하사 거룩하게 하십니다(엡

5:26). 그래서 예수님은 모든 믿는 자들이 진리로 거룩함을 얻기를 원

하셨고(요17:19), 예수님은 하나님 아버지께 믿는 자들을 진리로 거

룩하게 하시기를 기도하셨습니다(요17:17). 그리고 예수님은 그 제

자들에게 일러 주신 말씀으로 이미 깨끗하여졌다고 말씀하셨습니다

(요15:3).

엡5:26   "이는 곧 물로 씻어 말씀으로 깨끗하게 하사 거룩하게 하시고"

요17:19   "또 그들을 위하여 내가 나를 거룩하게 하오니 이는 그들도 진

리로 거룩함을 얻게 하려 함이니이다"

요17:17   "그들을 진리로 거룩하게 하옵소서 아버지의 말씀은 진리니이다"

요15:3   "너희는 내가 일러 준 말로 이미 깨끗하여졌으니"

4) 우리는 모든 더러운 것을 내버려야 합니다.

하나님은 예수 그리스도와 성령님과 진리의 말씀으로 우리를 거룩하게 하십니다. 우리는 하나님께서 우리의 옛 죄를 깨끗하게 하심을 잊지 말아야 하고(벧후1:9), 모든 더러운 것과 악을 내어 버려야 합니다(약1:21). 하나님은 특별히 육체를 따라 더러운 정욕 가운데서 행하며 하나님을 멸시하는 자들에게는 형벌하십니다(벧후2:10). 또한 더러운 자는 하나님 나라에서 기업을 얻지 못합니다(엡5:5). 그러므로 우리는 더러운 것과 악을 내버려야 합니다.

벧후1:9   "이런 것이 없는 자는 맹인이라 멀리 보지 못하고 그의 옛 죄가 깨끗하게 된 것을 잊었느니라"

약1:21   "그러므로 모든 더러운 것과 넘치는 악을 내버리고 너희 영혼을 능히 구원할 바 마음에 심어진 말씀을 온유함으로 받으라"

벧후2:10   "특별히 육체를 따라 더러운 정욕 가운데서 행하며 주관하는 이를 멸시하는 자들에게는 형벌할 줄 아시느니라 이들은 당돌하고 자긍하며 떨지 않고 영광 있는 자들을 비방하거니와"

엡5:5   "너희도 정녕 이것을 알거니와 음행하는 자나 더러운 자나 탐하는 자 곧 우상 숭배자는 다 그리스도와 하나님의 나라에서 기업을 얻지 못하리니"

① 우리는 마음(속)의 더러움을 내버려야 합니다.

서기관들과 바리새인들은 겉은 깨끗이 하나 그 속은 더러웠습니다. 그들은 회칠한 무덤 같아서 겉으로는 아름답게 보이나 그 안에는 죽은 사람의 뼈와 모든 더러운 것이 가득하였습니다. 그래서 예수님은 그들에게 "너는 먼저 안을 깨끗이 하라 그리하면 겉도 깨끗하리라"고 말씀하셨습니다(마23:26-27). 그러므로 우리는 속의 더러움을 내버려야 합니다. 우리 속에 있는 더러움은 탐욕과 악독입니다(눅11:39).

마23:26-27 "눈 먼 바리새인이여 너는 먼저 안을 깨끗이 하라 그리하면 겉도 깨끗하리라 화 있을진저 외식하는 서기관들과 바리새인들이여 회칠한 무덤 같으니 겉으로는 아름답게 보이나 그 안에는 죽은 사람의 뼈와 모든 더러운 것이 가득하도다"

눅11:39 "주께서 이르시되 너희 바리새인은 지금 잔과 대접의 겉은 깨끗이 하나 너희 속에는 탐욕과 악독이 가득하도다"

② 우리는 더러운 말을 내버려야 합니다.

사람은 마음에 가득한 것을 입으로 말합니다(눅6:45). 그러므로 우리는 입의 부끄러운 말을 버려야 합니다(골3:8). 그리고 더러운 말은 입 밖에도 내지 말고 선한 말을 하여 듣는 자들에게 은혜를 끼치게 해야 합니다(엡4:29). 혀는 능히 길들일 사람이 없는 쉬지 아니하는 악이요 죽이는 독이 가득한 것이며(약3:8), 혀는 곧 불이요 불의의 세계이며, 혀는 우리 지체 중에서 온 몸을 더럽히고 삶의 수레바퀴를 불사르며 지옥 불에 들어가게 합니다(약3:6). 그러므로 우리는 말에 실수가 없도록 해야 하고(약3:2), 저주의 말을 하지 말아야 합니다(약3:9-10).

눅6:45	"선한 사람은 마음에 쌓은 선에서 선을 내고 악한 자는 그 쌓은 악에서 악을 내나니 이는 마음에 가득한 것을 입으로 말함이니라"
골3:8	"이제는 너희가 이 모든 것을 벗어버리라 곧 분함과 노여움과 악의와 비방과 너희 입의 부끄러운 말이라"
엡4:29	"무릇 더러운 말은 너희 입 밖에도 내지 말고 오직 덕을 세우는 데 소용되는 대로 선한 말을 하여 듣는 자들에게 은혜를 끼치게 하라"
약3:8	"혀는 능히 길들일 사람이 없나니 쉬지 아니하는 악이요 죽이는 독이 가득한 것이라"
약3:6	"혀는 곧 불이요 불의의 세계라 혀는 우리 지체 중에서 온몸을 더럽히고 삶의 수레바퀴를 불사르나니 그 사르는 것이 지옥 불에서 나느니라"
약3:2	"우리가 다 실수가 많으니 만일 말에 실수가 없는 자라면 곧 온전한 사람이라 능히 온 몸도 굴레 씌우리라"
약3:9-10	"이것으로 우리가 주 아버지를 찬송하고 또 이것으로 하나님의 형상대로 지음을 받은 사람을 저주하나니 한 입에서 찬송과 저주가 나오는도다 내 형제들아 이것이 마땅하지 아니하니라"

③ 우리는 육체의 더러움을 내버려야 합니다.

우리 안에 하나님의 성령이 계시는 우리는 하나님의 성전입니다(고전3:16). 곧 우리 몸은 우리 가운데 계신 성령의 전이며(고전6:19), 우리 몸은 그리스도의 지체로(고전6:15), 우리 몸은 그리스도의 것입니다(골2:17). 그리고 하나님의 성전은 거룩하며 누구든지 하나님의 성전을 더럽히면 하나님이 그 사람을 멸하십니다. 그러므로 하나님의 성전인 우리는 거룩해야 합니다(고전3:17). 그러나 예수 그리스도를 부인하는 자들은 육체를 더럽힙니다(유1:8). 우리는 우리 몸을 하나님이 기뻐하시는 산 제물로 드려야 하며(롬12:1), 우리 몸으로 하나님께 영광을 돌려야 합니다(고전6:20). 또한 우리는 혼인을 귀히 여기고 침소를 더럽히지 말아야 합니다(히13:4). 하늘에 있는 성도들은 여자와 더불어 더럽히지 아니하고 순결한 자들입니다(계14:4).

고전3:16   "너희는 너희가 하나님의 성전인 것과 하나님의 성령이 너희 안에 계시는 것을 알지 못하느냐"

고전6:19   "너희 몸은 너희가 하나님께로부터 받은 바 너희 가운데 계신 성령의 전인 줄을 알지 못하느냐 너희는 너희 자신의 것이 아니라"

고전6:15   "너희 몸이 그리스도의 지체인 줄을 알지 못하느냐 내가 그리스도의 지체를 가지고 창녀의 지체를 만들겠느냐 결코 그럴 수 없느니라"

골2:17   "이것들은 장래 일의 그림자이나 몸은 그리스도의 것이니라"

고전3:17   "누구든지 하나님의 성전을 더럽히면 하나님이 그 사람을 멸하시리라 하나님의 성전은 거룩하니 너희도 그러하니라"

유1:8   "그러한데 꿈꾸는 이 사람들도 그와 같이 육체를 더럽히며 권위를 업신여기며 영광을 비방하는도다"

롬12:1   "그러므로 형제들아 내가 하나님의 모든 자비하심으로 너희를 권하노니 너희 몸을 하나님이 기뻐하시는 거룩한 산제물로 드리라 이는 너희가 드릴 영적 예배니라"

고전6:20	"값으로 산 것이 되었으니 그런즉 너희 몸으로 하나님께 영광을 돌리라"
히13:4	"모든 사람은 결혼을 귀히 여기고 침소를 더럽히지 않게 하라 음행하는 자들과 간음하는 자들을 하나님이 심판하시리라"
계14:4	"이 사람들은 여자와 더불어 더럽히지 아니하고 순결한 자라 어린 양이 어디로 인도하든지 따라가는 자며 사람 가운데에서 속량함을 받아 처음 익은 열매로 하나님과 어린양에게 속한 자들이니"

④ 우리는 행실의 더러움을 내버려야 합니다.

재림하시는 예수님의 아내로 자신을 준비한 자들은 빛나고 깨끗한 세마포 옷을 입도록 하나님이 허락하셨는데 이 세마포 옷은 성도들의 옳은 행실입니다(계19:7-8). 또한 흰옷을 입고 천국에 있는 자들은 어린 양(예수 그리스도)의 피에 그 옷(행실)을 씻어 희게 한 자들입니다(계7:14). 그러므로 우리는 행실의 더러움을 내버리고, 모든 행실에 거룩한 자가 되어야 합니다(벧전1:15). 행실을 더럽히지 아니한 자들이 흰 옷을 입고 예수님과 함께 다닐 것입니다(계3:4). 그러나 자기의 행실을 삼가지 아니하는 자는 죽을 것입니다(잠19:16). 그러므로 우리는 영으로서 몸의 행실을 죽이며(롬8:13), 또한 어떤 자를 그 육체로 더럽힌 옷(행실)까지도 미워하되 두려움으로 긍휼히 여겨야 합니다(유1:23).

계19:7-8	"우리가 즐거워하고 크게 기뻐하며 그에게 영광을 돌리세 어린

양의 혼인 기약이 이르렀고 그의 아내가 준비하였으므로 그에게 빛나고 깨끗한 세마포 옷을 입도록 허락하셨으니 이 세마포 옷은 성도들의 옳은 행실이로다"

계7:14 "내가 말하기를 내 주여 당신이 아시나이다 하니 그가 나에게 이르되 이는 큰 환난에서 나오는 자들인데 어린 양의 피에 그 옷을 씻어 희게 하였느니라"

벧전1:15 "오직 너희를 부르신 거룩한 이처럼 너희도 모든 행실에 거룩한 자가 되라"

계3:4 "그러나 사데에 그 옷을 더럽히지 아니한 자 몇 명이 네게 있어 흰옷을 입고 나와 함께 다니리니 그들은 합당한 자인 연고라"

잠19:16 "계명을 지키는 자는 자기의 영혼을 지키거니와 자기의 행실을 삼가지 아니하는 자는 죽으리라"

롬8:13 "너희가 육신대로 살면 반드시 죽을 것이로되 영으로써 몸의 행실을 죽이면 살리니"

유1:23 "또 어떤 자를 불에서 끌어내어 구원하라 또 어떤 자를 그 육체로 더럽힌 옷까지도 미워하되 두려움으로 긍휼히 여기라"

5) 우리는 거룩해야 합니다.

하나님께서 우리를 거룩하게 하셨고, 우리는 모든 더러운 것을 내버렸습니다. 그러므로 우리는 거룩해야 합니다. 우리는 하나님이 택하신 거룩하고 사랑 받는 자이며(골3:12), 하늘의 부르심을 입은 거룩한 자이며(히3;1), 거룩하게 하심을 입은 자입니다(행20:32). 그러므로 우리는 하나님을 따라 의와 진리의 거룩함으로 지으심을 받은 새사람을 입으며(엡4:24), 하나님을 두려워하는 가운데서 거룩함을 온전히 이루어야 합니다(고후7:1). 하나님의 뜻은 우리의 거룩함입니다(살전4:3).

골3:12   "그러므로 너희는 하나님이 택하사 거룩하고 사랑 받는 자처럼 긍휼과 자비와 겸손과 온유와 오래 참음을 옷 입고"

히3:1   "그러므로 함께 하늘의 부르심을 받은 거룩한 형제들아 우리가 믿는 도리의 사도이시며 대제사장이신 예수를 깊이 생각하라"

행20:32   "지금 내가 여러분을 주와 및 그 은혜의 말씀에 부탁하노니 그 말씀이 여러분을 능히 든든히 세우사 거룩하게 하심을 입은 모든 자 가운데 기업이 있게 하시리라"

엡4:24   "하나님을 따라 의와 진리의 거룩함으로 지으심을 받은 새사람을 입으라"

고후7:1   "그런즉 사랑하는 자들아 이 약속을 가진 우리는 하나님을 두려워하는 가운데서 거룩함을 온전히 이루어 육과 영의 온갖 더러운 것에서 자신을 깨끗하게 하자"

살전4:3   "하나님의 뜻은 이것이니 너희의 거룩함이라 곧 음란을 버리고"

① 우리는 영과 마음과 행실이 거룩해야 합니다.

우리는 영이 거룩해야 합니다. 우리가 진리를 순종함으로 영혼을 깨끗하게 합니다(벧전1:22), 또한 우리는 주의 일을 염려하므로 몸과 영을 다 거룩하게 합니다(고전7:34). 우리는 마음을 성결하게 해야 합니다(약4:8). 그리스도의 교훈의 목적은 청결한 마음과 선한 양심과 거짓이 없는 믿음으로 나는 사랑입니다(딤전1:5). 그러므로 우리는 우리 마음이 그리스도를 향하는 깨끗함에서 떠나 부패할까 두려워해야 합니다(고후11:3). 그리고 우리는 모든 행실에 거룩한 자가 되어야 하며(벧전1:15), 우리는 거룩한 행실을 하는 사람이 되어야 합니다(벧후3:11).

벧전1:22	"너희가 진리를 순종함으로 너희 영혼을 깨끗하게 하여 거짓이 없이 형제를 사랑하기에 이르렀으니 마음으로 뜨겁게 서로 사랑하라"
고전7:34	"마음이 갈라지며 시집 가지 않은 자와 처녀는 주의 일을 염려하여 몸과 영을 다 거룩하게 하려 하되 시집 간 자는 세상 일을 염려하여 어찌하여야 남편을 기쁘게 할까 하느니라"
약4:8	"하나님을 가까이 하라 그리하면 너희를 가까이 하시리라 죄인들아 손을 깨끗이 하라 두 마음을 품은 자들아 마음을 성결하게 하라"
딤전1:5	"이 교훈의 목적은 청결한 마음과 선한 양심과 거짓이 없는 믿음에서 나오는 사랑이거늘"
고후11:3	"뱀이 그 간계로 하와를 미혹한 것 같이 너희 마음이 그리스도를 향하는 진실함과 깨끗함에서 떠나 부패할까 두려워하노라"
벧전1:15	"오직 너희를 부르신 거룩한 이처럼 너희도 모든 행실에 거룩한 자가 되라"
벧후3:11	"이 모든 것이 이렇게 풀어지리니 너희가 어떠한 사람이 되어야 마땅하냐 거룩한 행실과 경건함으로"

② 우리는 모든 사람으로 더불어 거룩함을 따라야 합니다.

우리는 모든 사람으로 더불어 화평함과 거룩함을 따라야 합니다. 이것이 없이는 아무도 주를 보지 못할 것입니다(히12:14). 우리는 믿는 자들을 향하여 거룩하고 옳고 흠 없이 행해야 합니다(살전2:10). 우리는 성도들을 대할 때 늙은 남자에게는 아버지에게 하듯 하며, 젊은 남자에게는 형제에게 하듯 하고, 늙은 여자에게는 어머니에게 하듯 하며, 젊은 여자에게는 온전히 깨끗함으로 자매에게 하듯 해야 합니다(딤전5:1-2).

히12:14	"모든 사람과 더불어 화평함과 거룩함을 따르라 이것이 없이는 아무도 주를 보지 못하리라"
살전2:10	"우리가 너희 믿는 자들을 향하여 어떻게 거룩하고 옳고 흠 없이 행하였는지에 대하여 너희가 증인이요 하나님도 그러하시도다"
딤전5:1-2	"늙은이를 꾸짖지 말고 권하되 아버지에게 하듯 하며 젊은이에게는 형제에게 하듯 하고 늙은 여자에게는 어머니에게 하듯 하며 젊은 여자에게는 온전히 깨끗함으로 자매에게 하듯 하라"

③ 우리가 거룩하기 위해 어떻게 해야 할까요?

우리는 예수님께서 재림하실 때에 하나님 우리 아버지 앞에서 거룩함에 흠이 없어야 합니다(살전3:13). 그러면 우리가 거룩하기 위해서는 어떻게 해야 할까요? 우리는 거룩하기 위해 예수 그리스도를 믿어야 합니다. 성도는 예수 그리스도를 믿어 거룩하게 된 무리이며(행26:18), 하나님이 믿음으로 우리 마음을 깨끗이 하셨습니다(행15:9).

그리고 우리는 우리 마음에 그리스도를 주로 삼아 거룩하게 해야 하며(벧전3:15), 진리를 순종하여 영혼을 깨끗하게 하고(벧전1:22), 하나님을 두려워하는 가운데서 거룩함을 온전히 이루어 육과 영의 온갖 더러운 것에서 자신을 깨끗하게 해야 합니다(고후7:1). 또한 우리는 자신을 지켜 정결하게 해야 하고(딤전5:22), 우리 지체를 의에게 내주어 거룩함에 이르러야 합니다(롬6:19). 우리가 빛 가운데 행하면 예수의 피가 우리를 모든 죄에서 깨끗하게 하며(요일1:7), 우리가 우리 죄를 자백하면 하나님이 우리 죄를 사하시며 모든 불의에서 우리를 깨끗하게 하십니다(요일1:9). 그래서 우리가 죄로부터 해방되고 하나님께 종이 되어 거룩함에 이르는 열매를 맺었으므로 그 마지막은 영생입니다(롬6:22).

살전3:13   "너희 마음을 굳건하게 하시고 우리 주 예수께서 그의 모든 성도와 함께 강림하실 때에 하나님 우리 아버지 앞에서 거룩함에 흠이 없게 하시기를 원하노라"

행26:18   "그 눈을 뜨게 하여 어둠에서 빛으로, 사탄의 권세에서 하나님께로 돌아오게 하고 죄 사함과 나를 믿어 거룩하게 된 무리 가운데서 기업을 얻게 하리라 하더이다"

행15:9   "믿음으로 그들의 마음을 깨끗이 하사 그들이나 우리나 차별하지 아니하셨느니라"

벧전3:15   "너희 마음에 그리스도를 주로 삼아 거룩하게 하고 너희 속에 있는 소망에 관한 이유를 묻는 자에게 대답할 것을 항상 준비하되 온유와 두려움으로 하고"

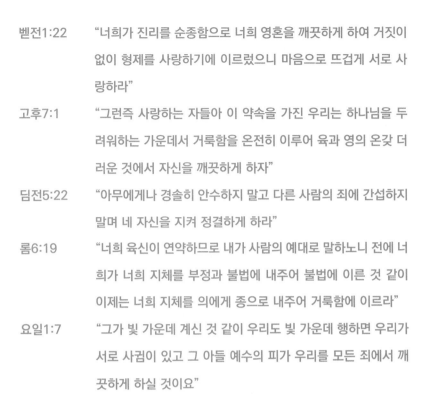

벧전1:22	"너희가 진리를 순종함으로 너희 영혼을 깨끗하게 하여 거짓이 없이 형제를 사랑하기에 이르렀으니 마음으로 뜨겁게 서로 사랑하라"
고후7:1	"그런즉 사랑하는 자들아 이 약속을 가진 우리는 하나님을 두려워하는 가운데서 거룩함을 온전히 이루어 육과 영의 온갖 더러운 것에서 자신을 깨끗하게 하자"
딤전5:22	"아무에게나 경솔히 안수하지 말고 다른 사람의 죄에 간섭하지 말며 네 자신을 지켜 정결하게 하라"
롬6:19	"너희 육신이 연약하므로 내가 사람의 예대로 말하노니 전에 너희가 너희 지체를 부정과 불법에 내주어 불법에 이른 것 같이 이제는 너희 지체를 의에게 종으로 내주어 거룩함에 이르라"
요일1:7	"그가 빛 가운데 계신 것 같이 우리도 빛 가운데 행하면 우리가 서로 사귐이 있고 그 아들 예수의 피가 우리를 모든 죄에서 깨끗하게 하실 것이요"
요일1:9	"만일 우리가 우리 죄를 자백하면 그는 미쁘시고 의로우사 우리 죄를 사하시며 우리를 모든 불의에서 깨끗하게 하실 것이요"
롬6:22	"그러나 이제는 너희가 죄로부터 해방되고 하나님께 종이되어 거룩함에 이르는 열매를 맺었으니 그 마지막은 영생이라"

하나님의 은혜에 의하여 믿음으로 말미암아 영을 살리신 구원을 받고 이 세상에 살며 천국에 들어가도록 하나님의 보호와 양육하심을 받는 우리는 거룩해야 합니다. 하나님 아버지께서 거룩하시며, 예수님도 거룩하십니다. 그리고 하나님께 속한 모든 것이 거룩합니다.

하나님은 우리를 거룩하게 하십니다. 하나님은 예수 그리스도로, 성령으로, 진리의 말씀으로 우리를 거룩하게 하십니다. 그러므로 우리는 거룩해야 하고 거룩할 수 있습니다. 우리는 모든 더러운 것을 내버려야 합니다. 우리는 우리 속에 있는 더러움을 내버려야 하고, 더러운 말을 내버려야 하며, 육체의 더러움과 행실의 더러움을 내버려야 합니다. 그래서 우리는 영이 거룩해야 하고, 마음이 거룩해야 하며, 행실이 거룩해야 합니다. 그뿐만 아니라 우리는 모든 사람으로 거룩함을 따라야 합니다.

우리가 거룩하기 위해서는 하나님께서 우리를 거룩하게 하셨음을 굳게 믿고, 믿음으로 받아야 합니다. 우리가 거룩하기 위해서는 예수 그리스도를 믿고, 예수 그리스도를 마음에 주로 삼아야 하며, 진리를 순종해야 하고, 하나님을 두려워하는 가운데서 거룩함을 온전히 이루며, 자신을 지켜 정결하게 하고, 우리 지체를 의에게 내주어 거룩함에 이르러야 합니다. 그러면 우리가 죄로부터 해방되고 하나님께 종이 되어 거룩함에 이르는 열매를 맺었으므로 그 마지막은 영생이며 천국에 들어갑니다. 할렐루야! 아멘.

참고도서

1) 구원론- 밀라드J.에릭슨 저, 기독교문서선교회, 1995

2) 신학개론- 뻘콥 저, 선윤택 역, 세종문화사, 1974

3) 뻘콥 조직신학(기독론)- 뻘콥 저, 고영민 역, 기독문화사, 1979